西安外国语大学学术著作出版专项资助；西安外国
资助；教育部人文社科青年项目"创新网络治理下
机制与实证分析研究"（21YJC630137）；陕西
保护与新创企业双元创新：基于创新网络治理的视角

经管文库·管理类
前沿·学术·经典

制度转型情境下创业企业持续性竞争优势的培育路径与实证分析

THE PATH OF SUSTAINABLE COMPETITIVE
ADVANTAGES OF ENTREPRENEURIAL
ENTERPRISES IN THE CONTEXT OF
INSTITUTIONAL TRANSITION

王 钰 著

经济管理出版社
ECONOMY & MANAGEMENT PUBLISHING HOUSE

图书在版编目（CIP）数据

制度转型情境下创业企业持续性竞争优势的培育路径与实证分析/王钰著 . —北京：
经济管理出版社，2023.11
ISBN 978-7-5096-9444-2

Ⅰ.①制…　Ⅱ.①王…　Ⅲ.①企业管理—研究　Ⅳ.①F272

中国国家版本馆 CIP 数据核字（2023）第 222744 号

组稿编辑：王　洋
责任编辑：王　洋
责任印制：黄章平
责任校对：张晓燕

出版发行：经济管理出版社
　　　　　（北京市海淀区北蜂窝 8 号中雅大厦 A 座 11 层　100038）
网　　址：www.E-mp.com.cn
电　　话：（010）51915602
印　　刷：唐山玺诚印务有限公司
经　　销：新华书店
开　　本：720mm×1000mm/16
印　　张：14
字　　数：249 千字
版　　次：2023 年 11 月第 1 版　　2023 年 11 月第 1 次印刷
书　　号：ISBN 978-7-5096-9444-2
定　　价：98.00 元

前　言

　　当前，中国经济发展正在呈现"三期叠加"遇见"三重压力"的转型特征，科技革命加速演进、国际形势错综复杂，加快推动经济由高速度向高质量发展转变成为大势所趋。企业作为嵌入市场中的开放式组织，在外部不确定性与日俱增的背景下，创新成为其成长新韧性的内驱动力，更是获取持续性竞争优势的战略要求；尤其对于创业企业，创新发展更是其唯一的竞争之道，但"小而弱"的创业企业受制于"合法性"约束，在"与鲨共舞"的竞争之下往往难以从外部要素市场获取充足的资源支持，其竞争优势的培育本源理应回归企业内部。然而，创业企业资源有限的惯性思维往往掩盖了其冗余存在的事实，事实上，组织内部的冗余资源不仅表现为资源在"数量上的不断累积"，同时也体现为资源在"使用效率上的非最优化"。尤其在我国经济社会深化转型的关键时期，一方面，"创新驱动发展"的国家战略推动市场重心向创业企业倾斜，创新创业扶持政策不断推出，创业企业资源约束的固有态势得到了极大缓解，为冗余资源的累积创造了条件，并且创业企业自身也会倾向于通过维持一定的冗余资源以保证核心业务的连续性；另一方面，创业企业持续性发展战略与外部情境息息相关，现阶段经济制度加速换挡的外部环境呈现出典型的二元化特征，正式制度和非正式制度动态交互，以市场经济为核心的正式制度日趋规范，以道德认知为核心的非正式制度也在不断转变，企业既定的资源配置等战略计划需不断进行调整以应对难以预估的环境动态性，由此同样增加了企业内部冗余资源存在的可能，进而影响企业的战略决策和创新绩效。因此，相较于更加成熟的大中型企业，创业企业持续性竞争优势的培育关键是更应强调对其自身资源禀赋的深入挖掘与高效配置。综上，本书旨在以我国经济制度深化转型为特定情境，探索性地将"冗余资源"引入"创业企业"的研究范畴，为创业企业的创新发展战略的有效实施提供崭新视角；但值得注意的是，若仅是停留在对冗余资源的客观静态描述必然难以对资源产生价值的内在过程进行充分剖析，组织资源产生价值增量的过程不仅取决于既有资源的特定属性，以创业导向为核心的战略认知能力也尤为重要。换言之，创业企业持续性竞争优势也是基于组织资源禀赋演变的认知驱动行为的过程，资源禀赋一定程度塑造了组织生态位势，但组织跃迁离不开创业导向的动态认知驱动，其为资源的"种子"结出创新的"果实"提供了"光合作用"，成为应对环境变化提高企业竞争力的关键。由此可见，创业企业创新发展战略目标的实现同样需要基于创业导向先动性地追逐把握市场潜在机会，进而提升企业价值。

基于上述分析，本书首先以创业企业的内部冗余资源为研究起点，以创业导向为中介路径，分别揭示了企业内部非沉淀性冗余资源、沉淀性冗余资源向创新价值转化的理论"黑箱"与差异化路径；其次，通过对创业导向的特征剖析，分别明晰了自主研发型与技术引进型两种类型的创业导向在冗余资源与创新绩效过程中的差异化中介作用机制与效果，揭示了关于创业企业的"资源—能力—绩效"的内部要素匹配过程；最后，进一步结合中国经济制度深化转型的特定情境，通过制度情境影响企业战略的理论逻辑，从正式市场制度和非正式社会制度两个视角分别探索了制度要素对创业企业资源价值提升内源路径的影响机制与作用效果，即正式制度情境下的知识产权保护水平与非正式制度情境下的组织社会网络联结情况；并且更加深入地通过二者相互之间所产生的动态协同效应揭示了经济制度转型的情境特征，以及对创业企业的动态影响。

与既有研究相比，本书旨在以创业企业持续性竞争优势的培育机制为靶向，不仅在理论架构上通过冗余资源、创业导向以及经济制度转型情境三者相互融合，分别构建了创业企业内源化中介效应与外源化调节效应两大理论模型；还通过相应的实证分析形成了以下主要结论：第一，创业企业内部的非沉淀性冗余资源、沉淀性冗余资源分别与创新绩效具有直接的"倒U"形关系；第二，创业企业不同类型的冗余资源与创业导向之间同样具有非线性"倒U"形关系；第三，通过进一步对创业导向的特征剖析，构建了关于创业企业的"非沉淀性冗余资源—自主研发型创业导向—创新绩效"，以及"沉淀性冗余资源—技术引进型创业导向—创新绩效"两大内源发展路径，并由此揭示了创业导向在"资源—绩效"转换过程中所具有的差异化中介效应；第四，将创业企业内部成长路径嵌入经济制度转型情境中，分别明确了知识产权保护的正式制度作用机制以及社会网络的非正式制度作用机制，剖析并验证了两大外部要素分别在冗余资源与创业导向的转化过程中所具有的差异化调节作用；第五，通过进一步对知识产权保护与社会网络二者之间的协同效应进行分析，揭示了在转型情境下正式制度与非正式制度二者对于创业企业资源配置与战略导向不仅具有协同互补效应，同时也产生平衡契合效应。

本书可能具有以下边际贡献：第一，基于我国经济制度深化转型以及"双创"国家级战略的现实情境，将创业企业创新发展本源回归企业内部，为创业企业管理战略研究提供了新的视角；第二，在理论分析上，将资源基础理论、动态能力理论及创新理论等相互融合，不仅通过"资源—能力—绩效"的研究框架明确了创业企业成长的内源性驱动路径，也进一步通过对关键要素特征的细致剖析，以"自主研发导向"和"技术引进导向"两大中介效应明确了不同类型冗余资源向创新绩效转化的差异化路径；第三，通过将宏观视角下的制度理论与微观视角下的组织战略管理理论进行情境融合，更加全面地揭示了经济制度转型情境对创业企业创新发展的影响效果及作用机制，提出了一个创业企业内源性驱动与外源性调节的战略管理动态路径整合框架，使之对于指导创业企业成长实践能够具有借鉴性作用。综上所述，创业企业创新发展的过程既要合理利用冗余资源，又要突破冗余资源的藩篱，准确把握技术创新的市场规律，采取与之相匹配的创业导向策略，同时要注重把握外部制度转型情境对组织资源配置有效性的影响。本书通过"内外兼修"的系统化研究，以期为制度转型情境下创业企业实施差异化战略决策、促进技术进步与创新发展提供来自我国创业企业的新证据。

目　录

第一章 绪论

一、研究背景与研究意义

（一）研究背景

1. 现实背景

当今世界正在经历百年未有之大变局，新一轮科技革命和产业变革深入发展，我国经济发展战略机遇与风险挑战并存。创新作为"开启经济增长之锁的钥匙"，愈发成为不确定环境下中国经济高质量发展的重要"引擎"，随着创新驱动发展国家级战略不断迈向深入，近些年来涌现了众多充满生机且蓬勃兴起的创业企业，这类企业由于运行机制较为灵活、成长适应性较快、科技含量较高，对提高创新效率和市场活力均具有与生俱来的优势，不仅促进了传统企业生产经营管理等方式的变革，同时也催生了宏观制度创新、缩短了创新路径，成为转型经济下实现技术创新最为活跃的组织形态，创业企业由此成为推动我国新旧动能转换以及产业结构转型升级的重要载体，为我国经济高质量发展注入了新鲜血液。进而言之，创业企业具有"创新性"和"战略性"双重属性：一方面，从"创新性"的属性来看，创业企业是新技术、新产品和新工艺的重要发源地，成为驱动经济高质量转型发展的支柱，同时还能具有更优的生产函数，如更好的经济效益、更高的技术含量和更集约的资源使用，与传统大中型企业相比，由于其自身"弱性"往往需要吸收最新的技术成果，并依靠技术进步创造更高的生产效率；另一方面，从"战略性"的属性来看，创业企业更加依靠创新要素投入刺激结构调整，这种创新发展的内在动力不仅能够有效提高要素水平、优化要素结构，同时能够刺激相关市场与法律制度的完善，因此其在推动经济转型发展和产业结构转型升级中起到了重要带动作用。在此背景下，将创业企业作为本书的研究对象，对其持续性竞争优势的内在机制进行分析，不仅能够符合"双创战略"深入实施的现实背景，更重要的是，能够有效解决传统组织战略管理领域中将大中型成熟企业作为研究对象所无法回避的天然缺陷，即无法对企业持续性竞争优势实现过程的关键要素条件进行有效捕捉与剖析。

值得注意的是，在创业企业成长与发展的过程中，"新生弱性"始终是其无法摆脱的天然属性，不同于一般意义上的企业成长，创业企业的成长过程具有独特性，一方面，由于缺乏较为完整的绩效记录导致信息不对称等问题加剧，阻碍了资源所有者对创业企业进行有效评估，使其难以通过交易形式获得外部资源，与此同时，在愈发激烈的市场竞争中，创业企业受制于大中型企业竞争下的资源挤出效应影响却又不得不"与狼共舞"，更为严厉的外部资源约束使其不得不身陷于创新发展困境之中；另一方面，"小而弱"的组织脆弱特性也使其更加容易受到外部诸如经济波动、技术升级、市场转型、政策调整等宏观环境不确定性的影响，进一步阻碍了外部资源流入与内部资源创造性利用，为生存而挣扎更是成为一种普遍现象，在此背景下，为创业企业持续性竞争优势的培育寻找"破局之道"成为现实所需。但既有关于创业企业研究的理论解释大多拘泥于战略适应视角，对于企业创新过程的内部要素特征缺少足够关注，内部要素为组织活动提供机会并设定行为边界。因此，要增进对创业企业持续性竞争优势培育机制的理解和认识，必须以组织内部关键要素为根本，归纳并总结其实现规律，进而探寻培育其持续性竞争优势的内在机理。具体来讲，企业创新创业的成长过程必然不断伴随着冗余资源，冗余资源在一定程度上决定了企业开展竞争活动的数量和速度，因此如何提高组织内部冗余资源的潜在价值、突破资源约束瓶颈，是创业企业获得持续性成长的关键；Bradley 等（2011）进一步强调，创业企业的冗余资源并非纯粹表现为"资源在数量上的积累"，同时体现为"资源的利用效率未能实现最优"。基于当前我国宏观产业政策可以发现，一方面，为切实提高创业企业的成长存活率及组织创新绩效，国家层面及各地政府层面针对创业企业的补贴扶持优惠政策力度不断加大，其中以两种方式最为典型：一是以直接流动资金支持为表现形式的政府补贴，如研发补贴、IPO 公司补贴、贷款补贴、创业补贴、高端人才补贴及其他项目资助等，将小额担保贷款调整为创业担保贷款，提高创业企业金融服务的可获得性；鼓励金融机构合理确定贷款利率水平，在贷款基础利率基础上再上浮 3 个百分点以内的由财政给予贴息等扶持政策；在一定程度上增加了创业企业内部非沉淀性冗余资源；直接税收减免等。二是通过调整供给侧结构，无偿划拨非货币性资产，搭建创业企业发展平台，如打造以众创空间、创新工场、创业咖啡等为主的新型孵化与加速模式，实现创新创业、线上线下、孵化投资等相互结合的服务平台与发展空间，为创业企业发展提供低成本、便利化、开放式的全要素支持，这种集成化模式也增加了创业企业内部沉淀性冗余资源的存在可能。另一方面，随着制度转型不断深化，资本市场更加风起云涌，大量速生型企业的出现正在不断刷新传统认知，无一不是资本催生下快速崛起的代表；但与此同时，转型时期制度的复杂性演变也加剧了环境的不确定性，环境的难以预测驱使企业主动调整资源配置策略，由此必然会对组织内部冗余资源产生新的情境及影响效果（耿新和王象路，2021），进而言之，受制于制度约束下的创业企业更加难以按照稳定预期进行长期战略部署，而战略应变及调整过程都需要消耗大量资源，创业企业需要不断根据目标变化重新进行资源配置以适应环境的不确定性，由此增加了企业内部冗余资源积累的主动倾向，如主动提取任意盈余公积金等；此外，制度转型的不确定也可能导致外部金融等市场的投资持续性或连贯性不足，进一步增加了创业企业对其内部冗余资源进行培育并积累的倾向，如提高企业留存收益比率等。由此可见，对处于经济制度转型时期的创业企业而言，积累一定的冗余资源不仅有助于提高组织内部战略调整能力，同时能够有效增强抵御外部冲击的应对能力，进而为组织竞争优势的培育凝心聚力。基于以上分析，对创业企业战略管理的研究若仍以传统的"资源约束"作为起点显然难以符合制度转型深化时期的情境特征，因此，本书尝试打破既有关于创业企业"资源约束"的枷锁，提出转型情境下创业企业以冗余资源驱动创新发展的现实可能，创新性地将"冗余资源"引入"创业企业"的研究范畴之中，将创业企业发展本源回归企业内部。充分挖掘并合理配置既有的冗余资源不仅成为创业企业克服"麦克米伦缺口"的关键，也是培育其持续性竞争优势的内在"驱动力"。

需要强调的是，尽管资源是驱动企业成长与发展的内源式基础性核心要素，但发展模式或路径是创业企业得以持续性创新成长的关键串联逻辑，而精准的市场定位和战略导向则是其创新路径选择的重要前提。创业企业面对内部冗余资源存在的"新态势"，如何通过更加高效且合理地配置组织既有资源，释放资源所能创造的最大价值，是实现持续性发展需要克服的另一关键问题。当前时期传统产业政策的红利正在消退殆尽，企业路径选择的主基调应逐步转为能力导向，相较于传统的项目导向发展模式，能力导向是以企业对要素和市场环境的适应为根本基础，以发现和强化企业核心能力为关键；尤其是在外部环境不断变化的创新型经济时代，创业导向作为一种致力于追求创新的战略倾向，更被视作整合既有资源、应对环境变化、创造竞争优势的有效途径，是管理者基于企业特定状况通过不同决策导向对既有资源所实施的更新、扩展和创造的能力，是组织追求创新发展动态而持续的战略行为与路径模式，体现了管理驱动下将资源转化为创新产出以提升企业创新绩效的决策倾向性。由此可见，作为创业企业以创新获取竞争优势的关键驱动要素，创业导向无疑是经济制度深化转型时期创业企业释放冗余资源潜在价值、培育持续性竞争优势的重要"牵引力"。

在此基础上，从我国创业企业当前所处的外部宏观环境视角来看，由于创业企业本身缺乏劳动力等关键性要素市场，其经营行为、战略决策等对外源性制度环境或制度结构存在更为明显的依赖性，因此，不确定性与日俱增的外部制度情境对企业而言是机遇与挑战并存，如何适应外源性变化必将对于组织内部成长路径具有战略性影响，而外源性影响方式可划分为单向（unilateral）流入型与双向（bilateral）交换型两大类（梁强等，2016）。具体而言，创业企业作为创新经济下知识资产创造价值的市场主体，需要注重自主创新和技术追赶，而创业企业具体的创新行为往往是对制度规则的主观反应，在中国制度转型的特定情境下，制度呈现出较为典型的二元结构特征，即正式市场化制度与非正式社会化制度二者在同一体系中共同存在，复杂的社会结构塑造了与西方情境大相径庭的制度逻辑；进而言之，我国当前的制度环境既包括了法律规制等正式制度环境，也包括了内嵌于社会规范之中的非正式制度。其中，正式制度对企业产生的是一种单项流入型影响，其资源配置方式本质上是由政府通过法律条文规范所主导的经济逻辑，尤其随着知识经济创新经济时代的到来，知识产权保护制度对企业创新行为的影响更加引起关注；而非正式制度则体现了市场与企业之间的双向交换关系，即在不断开放的市场经济体制下，通过市场规则或价格机制进行资源配置或交换，社会网络关系的构建无疑成为创业企业获取成长资源的关键外部载体。Baumol 和 Strom（2007）进一步强调了关于创业的制度环境，将其明确定义为"针对创业企业或创业活动所发挥作用的正式和非正式制度"，两种经济制度共同构建了市场经济的各类活动主体如何选择创业机制，以及其可能选择的创业方式等关键战略决策问题。由此可见，将经济制度转型情境应用于对我国创业企业创新发展领域的研究具有十分重要的实践价值。基于上述分析，本书在以冗余资源和创业导向作为明晰创业企业内源性驱动机制的现实基础上，进一步通过引入正式制度与非正式制度两大外源性制度调节要素，同时基于企业发展的内外部两大维度，以剖析转型情境下创业企业获取创新绩效的内在机理，增强创业企业创新发展的适应性，不仅能够为组织创新研究的相关领域提供具有针对性的研究情境，并且为动态路径下创业企业以创新发展获取持续性竞争优势的策略体系构建提供更加系统、全面的研究视角。

2. 理论背景

企业战略管理的核心问题是明确其价值使命并探寻与之相适应的发展路径，随着"可持续性发展"概念的提出，激发了学术界对于微观市场主体战略行为的关注，即如何（How）能够更加有效地促进企业创造可持续性价值，并逐渐成为组织战略管理领域研究者所关注的焦点，而将价值命题进一步嵌入外部情境中才能更加有助于实现可持续发展，正如德鲁克所言"经济活动的本质在于以现在的资源，实现对未来的期望，这就意味着不确定性和风险"，由此，可持续性发展战略的相关研究视角主要是从企业内部与外部两个方面进行分析的。早期最具代表性的理论研究来自 20 世纪 30 年代产业经济学领域哈佛学派提出的"市场结构（Structure）—企业行为（Conduct）—经营绩效（Performance）"（S-C-P）的分析框架，该模型主要以实证研究手段强调了在面临外部冲击时（如外部经济、政治、文化变迁等），市场结构决定企业具体行为，而企业行为又进一步决定了市场运行的经济绩效；然而，尽管该研究分析了企业在应对外部环境变化时如何调整战略行为以获取竞争优势，但却忽视了企业自身能力是否能够支持相关战略行为等问题。学者 Rumelt（1991）研究指出，处于同一产业中的企业利润差异甚至更加明显，说明与市场或产业结构相比，企业自身资源对绩效的影响更为关键，由此，战略理论的发展也逐渐转向对企业内部成长的关注。

在关于组织内部成长理论的发展过程中，关于创业的独特性引起了现代战略管理理论学者的关注，并主要形成了两个相互独立又互相补充的理论体系与重要流派，即由 Wernerfelt（1984）、Barney（1991）等学者为代表的资源学派，又称为资源基础理论研究，及以 Prahalad 和 Hamel（1990）、Teece 等（1997）学者为代表的企业能力学派，又称为动态能力理论研究，这两大理论从不同方面揭示了企业竞争优势的内生性根本来源，即绩效的差异是由组织所拥有的不同资源及相关能力要素所引起的而非源自外部产业环境所致；但关于这两大理论基础也有内在差异性，其中前者更加侧重于强调组织内部所拥有并控制的异质性及难以模仿或替代的资源是创造企业竞争优势的根本，它更加关注企业能否通过内部资源禀赋来创造竞争优势；而企业能力理论则强调企业对于其动态核心能力的依赖，即竞争优势是在资源基础上通过主观能动性进而增强对资源的配置及使用效率。Heavey 等（2009）进一步研究指出，企业为在复杂的外部环境中获取可持续竞争优势应具备包括创新性、主动性、及时性、灵活性和适应性在内的五种特质，而这些特质归结整合在一起便可定义为创业导向，创业导向是一种行动态势而不是人格特征。因此，通过上述理论追溯可以发现，资源基础理论与企业动态能力理论应当成为企业内部成长研究的两大理论基石，而内部资源与创业导向则分别是这两大理论基础的关键要素。

值得注意的是，尽管创业的资源基础理论引起了学术界对组织内部冗余资源价值的关注，但长期以来学者们关于冗余资源的观点却莫衷一是，究其根本，其中最为关键的原因在于研究者们往往忽略了重要的情境因素影响。杨俊等（2015）学者基于中国情境化研究强调"组织战略管理具有情境敏感性"，对现象进行理论化的过程离不开情境因素，情境为组织活动提供机会并设定行为边界，情境的不同往往引致截然相反的论点，因此只有将组织情境与战略管理理论进行整合才能对结论完备性进行探究。战略管理理论中经典的"悖论式认知模型"(Paradoxical Cognition Model)强调战略矛盾下的一种动态平衡,即企业需要对组织认知与管理认知进行相互协调,以实现两种反作用力战略矛盾下的动态平衡(Smith and Tushman, 2005),其中,"组织认知"着重强调企业自身的禀赋特征,由于创业企业容易受到外部资源挤出效应的影响,因此更应探寻以内部冗余资源为核心范式的组织认知模式;而"管理认知"则强调了管理者行为决策的重要性,创业导向作为创业企业提高竞争优势的一项重要战略决策,是管理者基于企业特定状况,追求创新发展动态而持续的战略行为,体现了管理认知驱动下企业将资源转化为创新产出以提升企业绩效的决策倾向性。但尽管如此,现有关于组织战略管理的理论机制研究却较少聚焦于创业企业,随着"创新驱动发展"的国家级战略不断深化,创业企业日渐成为市场经济活动中最为活跃的组织形态,为我国经济发展的提质增效输入了新鲜血液。因此,本书通过对创业企业进行更加具体的情境化剖析,在传统战略管理理论的基础上,进一步利用资源基础理论与动态能力理论两大传统理论对创业企业创新发展的动态演进进行深入拓展研究,通过资源和能力两大可识别要素相互匹配共同构建的组织行为过程寻找有规律可循的主张,明确创业企业实现创新发展的内部规律性。进而言之,组织战略创业观(Strategic Entrepreneurship View)强调创业企业对于资源开发、机会识别与优势构建的兼顾(Hitt 等,2011),认为企业的创业成长过程既依赖于对内部资源开发编配能力,又需要通过认知并开发创业机会,进而实现组织可持续竞争优势的构建,对处于快速成长期的创业企业而言更加具有重要意义。由此可见,创业企业以持续性创新发展为目标的内源性要素驱动理论演化是以组织内部的资源基础观为起点,以创业导向为核心的动态能力观为中介传导路径,通过要素之间的相互匹配进而对创新产生影响,而创新绩效则是对于这一理论过程下企业决策有效性的创新结果的直观反映。简而言之,创业企业内源性驱动机制是组织通过协调配置自身资源及能力,发现新机会、开发新市场、创造新服务的过程,基于此,创业企业创新发展的内部基本路径可概括为"资源—能力—绩效"的理论研究范式。

需要注意的是,内源性驱动路径分析更加关注对内部关键要素特征的交互效应研究,而完整的研究情境同样离不开对外部情境特征的理论剖析。内源式战略发展模式虽然为企业获取竞争优势提供了重要视角及理论贡献,但离开外部情境特征所构建的创业企业可持续发展模型必将成为无本之木。因此，在对特定现象进行描述、理解以及理论化的过程中，应该把所在的内外部要素结合起来。换言之，具有针对性的情境化是将研究对象置于某种特定情境当中，包括特定对象所处的组织内部环境以及客观外部环境。我国当前经济制度转型发展的情境特征必然会诱发微观组织的要素、行为、过程及边界产生变化，从而会涌现出一些值得探究的现象。基于此，本书进一步以"情境—思维—行为"为理论范式，通过内外部要素及情境的整合，探索创业企业培育持续性竞争优势的路径机制及成因。具体而言，由于企业创新发展具有周期长、风险大、成本高及信息非对称等特点，更加离不开制度的保障。制度作为最为重要的客观情境要素，对微观组织的战略行为选择具有塑造作用，进而对探寻与分析创业企业创新绩效的差异具有无法忽视的重要影响，而市场制度的逐步转型是中国与西方制度环境的最大差异，关于中国企业战略管理的相关研究必然不能脱离开当下所处的制度环境这一重要情境。进而言之，新制度经济学研究指出，制度环境应包括正式性制度维度与非正式性制度维度。其中，在正式制度维度下特别将产权与法律法规等进行组合，强调了产权所具有的重要正式制度价值；而在非正式制度维度下则强调了内嵌于各种社会安排、道德规范框架下的非正式制度以及由此具体形成的非正式治理制度。基于上述分析，对创业企业外源性制度要素的剖析可以通过知识产权制度观与社会网络嵌入观二者共同构建，从而有助于更好地明确外部制度环境对创业企业内部创新发展路径的调节影响机制；并且进一步通过将战略创业观与制度观进行互相融合，为完善创业企业战略管理的理论研究提供有益洞见。综上所述，本书通过对创业企业的组织认知、管理认知与外部情境进行系统性分析，不仅能够为组织战略管理理论提供独特的制度转型情境化研究视角，同时也能够更加有效地映射出创业企业获取竞争优势过程中关键要素的交互作用。

（二）研究意义

1. 理论意义

中国市场经济的快速发展带来经济制度转型发展的特殊情境，对于组织战略行为及决策具有显著影响，作为嵌入制度环境中普遍存在且愈发重要的创新现象，创业企业的资源、能力及创新等要素之间可能存在更为复杂且动态的内在关系，因此只有将创业企业发展所处的特定制度情境与战略管理理论进行整合才更加有助于将情境背景进行具象化，进而对研究结论的完备性进行概括性总结。具体而言，一方面，全球经济格局的急剧变化已极大程度颠覆了传统组织管理实践，Estrin 和 Aidis（2008）指出，剧烈变化的外部环境正在迫使许多传统运行的商业模式或运营规则不再适用，创新变革的浪潮席卷并波及着每一个微观组织结构，现代企业的发展过程必须不断进行主动创新以立足环境变化获得生存空间；另一方面，我国制度深入转型的特定背景，必将诱发微观组织属性和形态发生根本性的变化，作为市场"后发者"的创业企业，由于其与生俱来"小而弱"的特有属性，创新发展更是其立足市场竞争寻求发展的根基。具体来说，创业企业具有"创新性"和"战略性"双重属性。从"创新性"的属性来看，创业企业不仅依靠创新成为经济高质量增长的支柱，还能具有更优的生产函数，比如更好的经济效益、更高的技术含量和更集约的资源使用，与传统大中型企业相比，由于其自身"弱性"，往往需要吸收最新的技术成果，并依靠技术进步创造更高的生产效率；从"战略性"的属性来看，创业企业的创新发展能够提高要素水平、优化要素结构，同时能够刺激相关市场与法律制度的完善，因此其在推动经济转型发展和产业结构转型升级中起到了重要的带动作用。因此，传统理论所界定的资源、能力、战略、制度等属性可能会被实践颠覆，组织成长的行为逻辑、规律、过程及边界也会因此而产生变化，从而涌现出一些有趣且值得探索的新现象。因此，对于创业企业创新发展路径的探究，需要从特定的情境化视角出发，以资源、能力、制度为核心的三大要素应该构成一个情境化的研究模式，忽视其中任何一个要素都容易导致片面性的研究结论。因此，本书的理论意义主要表现在以下方面：

首先，关于冗余资源。资源基础观强调，组织内部的资源积累是创造市场竞争优势的关键，企业成长是通过对未利用资源进行不断发掘整合及优化配置、获得持续性绩效回报的组织过程，这部分未被利用的"富余资源"即为组织的冗余资源。由于创业企业在其成长发展过程中往往受制于外部资源，并且其资源匮乏的表象更加容易使人忽视其内部冗余资源的存在价值及重要作用，实际上，资源的使用需要结构化和杠杆化，进而通过资源的有效编排管理产生竞争优势。因此，本书首先以资源基础观与资源编排理论等为理论基础，将创业企业创新发展的资源根本回归于企业内部，重新审视并剖析了不同类型冗余资源所具有的潜在价值，分别阐释了非沉淀性冗余资源、沉淀性冗余资源二者各自对于创业企业创新绩效的非线性影响效果以及内部形成机制，不仅有助于在组织管理研究过程中对于冗余资源的内在作用性的关注，而且有助于在实践活动中对内部既有冗余资源合理开发及优化配置，一定程度上缓解创业企业发展过程中所面临的资源约束，加强了对"资源—绩效"价值提升机制的深入理解。

其次，关于创业导向。Shane 和 Venkataraman（2000）指出，创业研究主要关注"创业者做了什么"，创业企业进行创新创业活动主要是通过对机会的先动开发、积极识别及有效利用，而这一主观实施过程其本质就是"创业导向"。与更加成熟的大中型企业相比，创业企业的成长过程由于缺乏惯性往往更加需要依靠管理者的主观战略导向驱动，创业导向作为动态能力理论的核心，强调以管理者的风险承担能力、主观能动性及创新精神等素质将资源转化为创新产出，进而获取持续性竞争优势。但既有文献大都强调对于创业导向所产生效果的分析，却忽略了对创业导向前置因素的探究，实际性的创新行为实施过程离不开充足有效的资源支持，因此，本书拟以资源为前置要素，以创业导向为中介变量，通过二者的因果逻辑来明晰创业导向作用形成的内在机理。

再次，企业创新发展离不开创业导向，但创业导向的核心在微观主体行为决策中最直接的体现是其创新研发的战略模式，即市场后发者如何处理好"自主研发"与"技术引进"的关系；对于创业企业而言就是在创新追赶过程中如何选择最佳追赶路径的问题。由此，本书通过对创业企业不同类型创业导向的深入剖析，按照市场定位分别对"自主研发型导向"和"技术引进型导向"进行阐释，通过资源与能力两大要素的内部匹配效应，更加有助于理解创业企业"资源—能力—绩效"的形成转化路径机理与差异化过程，以资源基础观与创业机会观相结合的视角，打开组织内部"资源—绩效"转化过程的理论"黑箱"，从而为理解创业企业创新发展路径提供关键切入点。

最后，关于制度转型情境。市场并非上天所赐的自然禀赋，而是在时间演进过程中不断形成的经济交换的结果，是维持社会正常运转的交易场所，是人类通过博弈和制度建设而形成的最重要"公共物品"。我国经济制度转型情境所产生的市场环境不确定性对组织战略管理具有重要影响，尤其对于"小而弱"的创业企业必然更加明显。然而当前多数研究往往只针对某种单一制度要素进行研究，其理论研究结论一定程度会脱离实际，现实经济活动对于企业资源配置既不存在单一的正式性制度方式，也没有纯粹的非正式性制度方式。一方面，制度转型情境下，市场制度的不够完善使创业企业难以通过正式市场交易获取足够的外部资源支持；另一方面，环境动态性下企业又必须通过一定程度的社会关系网络以降低交易成本取得外部资源支持。由此可见，经济制度转型时期探究外部制度对创业企业冗余资源与创业导向二者路径的影响效应，需要将正式制度及非正式制度二者视为矛盾统一体，重视发挥正式制度积极引导作用的同时，也要依靠非正式制度对资源配置的关键导向作用。由此，本书希冀通过辩证性地对制度转型情境进行刻画，不仅有助于抑制企业创新发展过程中可能出现的"政策性调节失灵"，又能够有助于缓解潜在的"市场调节失灵"，进而对创业企业战略决策具有实践性指导意义。本书理论意义框架如图1-1所示。

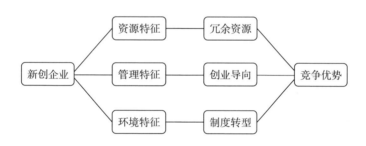

图1-1　理论意义框架

2. 实践意义

随着市场经济的快速发展，当前我国经济制度转型情境呈现出"计划向市场让步、垄断向竞争过渡、传统向新兴升级"的多元化过渡态势；与此同时，"增长速度换挡期、结构调整阵痛期、前期刺激政策消化期"的"三期叠加"阶段性特征又为企业发展带来了新的挑战。创业企业作为创新创业活动的重要载体和驱动主体，市场体量不断增长，是市场经济快速发展中最具创新动力、最活跃的经济单元，成为推动技术进步、促进产业结构升级、实现经济高质量发展的关键力量，使这一具有高成长性的组织形式引起了理论研究与创新实践界的广泛关注，因此探究创业企业可持续性创新发展的内部驱动路径具有重要的实践指导意义。然而，当前却鲜有研究关注创业企业冗余资源的作用，主要是由于创业企业资源约束的表象往往掩盖了其冗余存在的事实，冗余资源作为组织既有资源存量与实际资源需求总量之间的差异，必然是普遍存在于企业之中，然而由于大中型企业往往被视为是资源丰富的集合体，因此学术界对于冗余资源的研究目前重点关注大中型企业情境，但存在的尖锐矛盾是其对于创新的资源需求与供给不匹配等问题并不突出，因此企业是否需要启用冗余资源促进创新研发难以界定。而对于创业企业而言，需要强调的是这类组织在资源禀赋、组织能力等特征方面与大中型企业都存在明显差异，因此探究创业企业冗余资源的价值具有现实意义。具体来讲，一方面，受限于自身资源存量与创新资源需求的不匹配，往往存在更加尖锐的资源配置的矛盾和冲突；另一方面，创业企业受制于外部资源挤出效应影响，反而更加倾向于维持一定的冗余资源以保证核心业务的连续性，并且在新旧动能转换升级的过程中，既定的资源安排可能需要重新进行配置，加剧了组织内部冗余资源的存在，如留存收益、超额的薪酬、暂时闲置的设备、过剩的生产力、较多的库存以及较低的商品价格等。在此基础上，创业导向被视为一种依赖于消耗资源模式下的战略导向，其本质是在组织内部资源禀赋的基础上，通过对机会的识别、开发及选择，不断整合资源以满足成长需求的过程。由此可见，创业企业持续性竞争优势是以提高创新绩效为靶向，其路径过程一方面需要内部资源的"助推力"，重视对冗余资源的开发利用；另一方面也离不开创业导向的"牵引力"，不断加强对创业导向主观驱动能力的培育。

与此同时，我国经济制度深入转型时期所具有的特殊情境特征，一方面自由的市场经济不断开放，另一方面政府依然起到重要引导作用，蔡莉和单标安（2013）研究指出，政府和市场成为影响我国经济社会发展的双重力量，忽略任何一方都无法充分解释中国情境的独特环境。尤其在知识经济、网络经济和信息经济的共同作用下，企业竞争环境已从相对稳定的静态环境转向日益复杂多变的动态环境，企业所面临竞争环境的不确定性与日俱增，对于"小而弱"的创业企业更是如此。进而言之，当前制度环境处于不断转型发展过程中，通过具有强制约束力的法律法规等制度安排能够更加明确产权边界并进行法律有效保护，知识产权制度能够更加有效降低产权所有者所需负担的经济成本，在其保护下的创新行为逐渐成为企业竞争优势的决定性因素；但正式性制度约束只是制度约束机制的其中之一，强调于社会性认知规范的非正式制度对于资源配置等市场行为同样具有不可忽视的决定性作用，而社会网络则无疑是社会性规范下潜移默化形成的核心映射。总而言之，我国制度转型发展情境引发宏观环境政策具有高度不确定性，创业企业外部资源获取渠道的不稳定性更加凸显，由此可见，以组织内部冗余资源为核心的资源禀赋对企业创新绩效的影响不仅能够从新的视角呈现组织成长的本源，而且能够从策略制定等视角为创业企业实践提供参考，识别并把握创新机会，主动开发培养企业自身的动态资源管理能力，缓解外部资源约束性进而构筑可持续性竞争优势。

在此背景下，本书试图以资源基础理论、动态能力理论、创新理论等为基础，明晰创业企业冗余资源、创业导向对创新绩效的影响机制和整合关系，以"资源—能力—绩效"的研究范式揭示创业企业内部创新发展路径，并将资源的异质性拓展并匹配至企业能力的异质性，对创业企业战略管理动态路径进行整合研究，不仅深刻揭示了冗余资源与创新绩效二者的内在联系，而且明确了其内在的层次关系及作用机理，丰富了创业管理理论。在此基础上，我国当前正处于经济制度深入转型的特定阶段，以知识产权保护为核心的市场经济正式制度正在逐步完善，社会网络等非正式制度也不断发生着显著变化，由此本书分别探究正式制度及非正式制度对该内源化路径的调节机制及作用效果；并进一步基于制度变迁理论，对知识产权保护与社会网络二者之间可能具有的协同效应进行分析，揭示了在我国制度转型情境下，正式制度与非正式制度对创业企业资源配置与创新战略不仅具有互补效应，同时产生平衡契合效应，从而为创业企业战略管理理论与制度经济学的相互融合提供新的观点。综上所述，立足于当前我国制度转型的情境特征，剖析创业企业创新发展过程的独特性，需要对组织资源、认知、能力、决策等要素的内在联系进行系统关注，并进一步结合组织创业过程的外显化特征进行整合研究，从而使研究更加具有实践意义。基于此，本书展开了关于创业导向的中介驱动与制度环境的调节效应动态整合下，创业企业冗余资源影响创新绩效的机制研究，不仅为创业企业的适应性、成长性和创新性发展提供了具体策略，并在一定程度上为创业企业构筑持续性竞争优势提供政策参考，为制度转型时期我国创新经济的发展提供实践参考。

二、研究问题与研究思路

(一) 研究问题

中国特色社会主义经济正在经历由高速增长转向高质量发展的新阶段，激发市场主体活力是新时期全面深化改革的鲜明要求，创业企业作为宏观经济的微观构成，是经济创新发展的中坚力量，其高质量发展对经济提质增效至关重要。值得注意的是，经济制度深入转型的外部情境特征必然会诱发组织成长发展过程、边界及规律产生一系列变化，从而涌现出一些值得进一步探究的新现象。具体来讲，对"小而弱"的创业企业而言，在外部不确定性日渐加剧的情境下，如果资源难以从要素市场获取，内部培育将成为其克服成长困境的唯一途径，而资源积累机制强调内部资源是竞争优势生成的根本。但随之而来的问题是，大多企业在创业阶段都会受到资源约束，那么这些"丑小鸭"如何能够成长为"白天鹅"？答案的关键在于冗余资源，如留存收益、超额的薪酬、闲置的设备、较多的库存等，它们起初看似并无多少价值，甚至是企业"低效率"的表现，但是由于其所具有的内在不完全模仿性等特征，仍然具有培育竞争优势的潜能，重点在于企业如何有效利用不同类型的冗余资源塑造企业创新行为。并且，创新行为也并非一成不变，战略创业理论进一步强调了兼顾组织资源利用、机会开发与构建竞争优势的重要性，持续性竞争优势的培育需要兼顾短期目标与长期目标，从创新投入与产出的双元视角对创新绩效进行考量有助于追求同时并存却又彼此相异的组织目标，做到兼而有之；换言之，创业企业作为创新经济时期资产创造价值的重要市场主体，需要同时兼顾自主创新和技术追赶，对其持续性竞争优势的培育也是基于组织资源禀赋演变的"认知驱动行为"的过程，创业导向在资源价值创造的过程中扮演了重要角色。在此基础上，创业企业获取持续性竞争优势的本质是基于组织内部各关键要素之间以及组织内部与外部环境之间相互进行有效的适应性匹配，进而不断提高创新绩效的过程；这意味着，在不同的要素特征及情境因素共同影响下，要素之间的差异性匹配效果很可能重新塑造企业的发展方式及创新过程。制度差异作为转型发展中最为显著的客观情境之一，通过正式制度及非正式制度给组织认知、行为及规则带来了不尽相同的机遇和约束，但既有大部分研究缺乏必要的情境解析，尤其缺乏对当前我国经济制度转型情境的特殊性剖析，致使未能充分体现出我国创业企业成长过程及外部环境的特殊性。在创业企业从"丑小鸭"成长为"白天鹅"的过程中，组织内外部要素的动态匹配往往会导致微观层面企业创新绩效的差异性，因而创业企业持续性竞争优势的培育机理是要以不同类型的冗余资源为起点，以由此形成的差异化创业导向认知为中介传导路径，结合外部情境特征，通过要素之间的相互匹配分别对创新投入与产出产生不同影响效应。基于此，本书具体研究将立足于对"情境如何影响创业企业创新过程进而导致创新绩效差异"这一深层次问题，通过"情境诱发思维，思维产生行为"的理论研究范式进行要素之间的匹配效应分析。具体来讲，本书主要聚焦于以下问题并分别展开具体探讨：

1. 分析不同类型的冗余资源对创业企业创新绩效的影响机理

以我国经济制度转型情境下"双创战略"深入实施，外部政策环境动态性不断加剧为现实背景，揭示创业企业以组织内部冗余资源打破资源约束"紧箍咒"，驱动实现创新发展的理论可能。并由此以冗余资源为研究起点，按照资源特征的内在差异性将冗余资源具体划分为非沉淀性冗余资源和沉淀性冗余资源两大类，通过对不同类型冗余资源特性的具体分析，进一步揭示关于差异化冗余资源如何成为创业导向的"培养皿"进而提高创新绩效，从而切实有助于实现创业企业内部资源价值创造的有效性，更加辩证地探究了冗余资源对创业企业创新绩效所具有的内在价值与作用机理。

2. 以创业导向的作用机制揭示创业企业创新发展的内部路径

组织内部不同类型的冗余资源对于企业创新绩效具有直接影响，本书进一步通过对经由资源基础观发展形成的动态能力观的理论演化过程进行分析，能够更加明确创业企业实现创新发展的内部驱动路径过程。一方面，清晰地揭示了创业导向形成的重要前置要素——冗余资源；另一方面，通过对创业导向内在差异进行细致剖析，分别明确了自主研发与技术引进两种类型创业导向的作用机制，进而通过剖析创业导向在资源投入与价值产出过程中的差异化作用机制，揭示了创业企业成长的"资源—能力—绩效"的内部要素匹配过程。由此，有助于将冗余资源、创业导向、创新绩效三大要素之间的内在逻辑进行清晰而系统的呈现，从而完善创业企业内源创新发展的差异化路径。

3. 分析正式制度与非正式制度对冗余资源与创业导向的调节作用

当前我国经济制度转型不断深化，正式性市场制度还处于完善阶段，非正式性社会制度重要性也不容忽视，创业企业所处外部环境存在较大不确定性，现实中大量创业企业无法顺利实现企业行为与外部情境的良性互动导致发展停滞甚至失败。由此，本书利用中国制度转型这个天然的实验场，将两大关键的制度要素引入创业企业内源化创新成长的研究框架中，具体分析以知识产权保护为表征的正式制度和以社会网络为表征的非正式制度分别对于创业企业"资源—能力"动态路径的外源性调节作用；在此基础上，通过进一步对两种制度环境相互交织所产生的协同效应进行分析检验，揭示正式制度与非正式制度相互之间具有的互补及平衡契合效应，从而有助于明确创业企业如何有效利用外部制度环境以提高组织内部资源能力配置效率的方法和对策。

为了更为直观地展示以问题导向标定而引出的研究逻辑，本书构建了主要研究问题框架（见图1-2）：

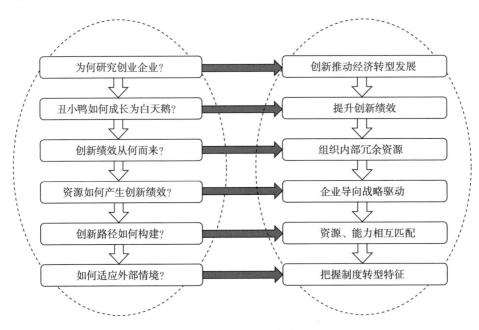

图1-2 研究问题框架

（二）研究思路

本书以我国制度转型为现实背景，以创业企业创新发展为研究核心，通过组织认知刻画下的冗余资源，管理认知刻画下的创业导向，以及制度转型情境刻画下的知识产权保护正式市场性制度与社会网络非正式社会性制度，基于关键要素之间的相互匹配性研究，构建了"资源—能力—绩效"的理论研究范式，不仅首先打开了创业企业冗余资源存在的客观事实，明确了创业企业以资源基础观与动态能力观二者共同驱动下的创业企业创新发展内部路径，揭示了创业导向所具有的中介作用；而且进一步通过宏观视角的制度理论与微观视角的组织战略管理理论的情境融合，更加全面地揭示了制度转型发展对创业企业创新发展的作用机制。在此基础上，通过采用较为先进的实证方法，为理论推演提供了实证支持，进而为政策体系的制定提供了理论与实证双重依据。

基于上述研究思路，本书主要采用了"特征识别—现状梳理—理论推演—实证研究—政策建议"的规范化技术路线，具体如下：第一，运用客观规范的研究方法，厘清研究所涉及的制度转型深化时期背景特征，以及冗余资源、创业导向及创新绩效等关键要素的内涵与外延；第二，对创业企业的研究现状及动态进行细致梳理，寻找研究缺口及突破口，构建关于内部创新发展过程的跨层次匹配模型；第三，进一步以制度转型为特定情境，通过对我国当前转型制度环境特殊性的规范化分析，构建具有制度转型深化期特殊性的外部双重制度调节的概念模型，以及不同制度环境相互影响所产生的协同效应；第四，在理论框架的基础上，运用先进的实证研究方法，逐一验证本书提出的理论假说及模型推导结论；第五，通过理论推演与实证检验，进而运用实用主义方法进行对策性研究，强化本书的研究意义与价值。

基于上述分析，本书所采用的技术路线如图 1-3 所示：

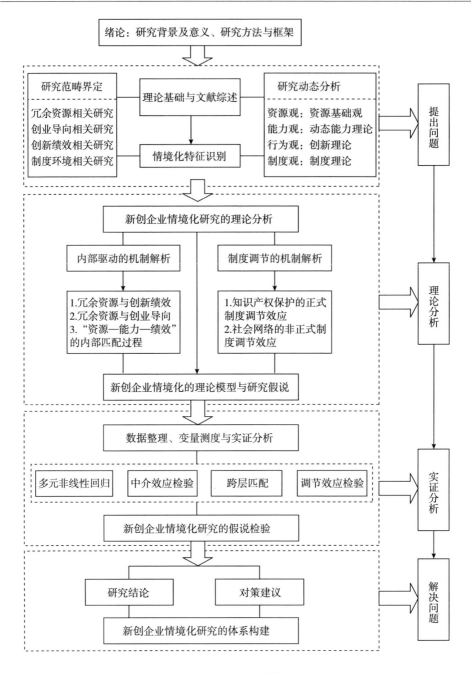

图1-3 技术路线

三、研究方法与结构安排

（一）研究方法

在上文所述背景的基础上，本书拟采用如下的主要研究方法：

（1）文献分析法。文献分析是理论研究的重要起始点，是寻找理论突破与留白的关键基础性工作。本书通过对国内外权威数据库进行关键词检索，明确并阐述关于冗余资源、创业导向、创新绩效、知识产权保护及社会网络等变量的内涵及外延，跟踪与各研究要素相关的经典文献及研究动态，构建本书的理论框架。通过这种基于文献积累的规范分析法有助于深入剖析研究现状，审视研究不足之处，并以此发现新的研究突破口。对我国制度转型深入时期创业企业研究现状进行梳理，以此明确本书研究的切入点，进而明晰创业企业创新发展的主要研究框架。

（2）定类研究法。对研究对象的过程定位首先需要进行准确的要素"定类"分析。一方面，对客观事物与规律的准确认知是一种类别化认知，类别是管理者进行战略决策的起点，因此"类别化定位"对组织战略决策具有重要作用；另一方面，"类"是一种认知范畴、"位"是在范畴之中的点，要能准确进行针对性研究必然需要找准对应范畴，即某一要素内在表现的差异性需要进行"定类研究"，进而寻找各自的"位势"。本书采取定类研究法，即分别对关键要素进行分类剖析，具体分别为"冗余资源——非沉淀冗余资源、沉淀性冗余资源""创业导向——自主研发型导向、技术引进型导向""创新绩效——创新投入、创新产出"，在此基础上，构建其要素间的影响位势及作用关系。

（3）理论推演法。在结合上述文献分析的基础上，通过对创业企业创新发展相关理论进行系统性分析，深入挖掘现象并揭示本质。具体来讲，本书首先基于内部视角，通过以冗余资源为核心的组织情境，以及以创业导向为核心的管理情境，共同构建了创业企业创新发展的内部要素匹配路径，完善"资源—能力—绩效"的内部路径过程；并以转型制度观的外部视角，同时基于知识产权保护的正式制度与社会网络的非正式制度的调节效应分析，以该社会情境强化创业企业的外部研究范畴，并通过对知识产权保护与社会网络二者之间的协同效应进行分析，更加深刻揭示出关于制度转型情境所发挥的协同机制，为关系模型的构建与研究假说的提出奠定理论基础。

（4）实证研究法。合理有效的实证研究是规范化、科学化研究的重要环节。基于本书的研究内容，通过收集整理样本企业的财务数据、董事会背景资料及有关宏观统计数据等，对所有研究假设进行实证分析与验证。本书采用的实证研究法主要包括描述性统计分析、相关性分析、多元回归分析、主成分分析、社会网络分析、跨层匹配分析等。具体来说：对于面板数据采用多元线性回归分析法进行主效应及中介与调节效应分析，对于变量之间互为因果关系所导致的内生性问题通过固定效应模型进行稳健性检验；对于创业导向的中介效应的内在机理采用跨层匹配分析法进行分析，对于知识产权保护的度量采用主成分分析法进行测度，对于样本企业独立董事间社会网络的构建状况采用社会网络分析法进行测度，对于冗余资源和创业导向二者的调节效应通过多元回归分析进行调节效应检验；并以此为基础对不同制度环境的交互效应进行机理分析。

（二）结构安排

本书主要结构安排如下：

第一章绪论。绪论部分作为本书的开篇内容，重点分为以下三个部分对全书主要内容进行概括性介绍：首先，阐述了本书所聚焦的研究背景，明确相关研究的理论意义与实践价值；其次，提出本书拟要研究的主要问题与对应的研究思路，绘制研究路线图；最后，介绍本书拟要采用的科学研究方法，以及各章节具体的结构安排，由此三部分内容对文章的主要研究思路与分析框架进行整体性论述。

第二章相关文献综述。本章首先基于系统论研究范式对创业企业持续性竞争优势培育的关键视角进行明确；在此基础上，分别对国内外既有研究中关于冗余资源、创业导向、创新绩效、制度情境、知识产权保护、社会网络等关键要素的研究动态与脉络进行梳理，通过明确各关键要素的内涵和外延，进一步总结分析组织内外部要素之间的潜在关系与维度划分；最后，通过针对性的研究述评寻找既有研究的不足与可能的研究突破口，为展开下文的理论推演进行较为扎实的研究铺垫。

第三章概念界定与理论框架。在第二章对文献脉络进行梳理的基础上，本章对本书的研究对象"新创企业"及其相关范畴进行明确界定，明确本书所关注的三大内源性要素：冗余资源、创业导向及创新绩效的具体定义与维度划分，以及外部制度转型情境的内涵与特征；在此基础上，分别通过内源性驱动效应、要素匹配效应、外源性调节效应以及要素交互效应等方面构建本书的总体理论框架。

第四章冗余资源、创业导向对创新绩效的影响研究。本章在第三章总体理论框架构建的基础上，重点介绍了关于创业企业持续性竞争优势培育的内源式驱动路径："冗余资源—创业导向—创新绩效"的理论机制，提出围绕三个关键变量之间影响关系的假说，主要包括以下四个方面：冗余资源与创新绩效、冗余资源与创业导向、创业导向与创新绩效，以及由此进一步推演出的关于创业导向差异化中介作用及其匹配效应的理论框架，并通过实证分析对研究假设进行——验证。

第五章正式制度环境：知识产权保护的调节效应。本章重点介绍经济制度转型情境下创业企业持续性竞争优势培育的一项外源性调节效应，即关于正式制度环境对"资源—能力"所具有的调节效应进行分析，具体是以知识基础理论为根本，通过知识产权保护制度作为正式制度环境的核心表征，明晰了其对冗余资源和创业导向二者关系所具有的差异化调节效应，并提出相关研究假设；在此基础上，通过构建调节效应模型，并重新对我国省际知识产权保护水平进行测度，进而对相关研究假设分别进行验证。

第六章非正式制度环境：社会网络的调节效应。本章重点介绍经济制度转型情境下创业企业持续性竞争优势培育的另一项外源性调节效应，即关于非正式制度环境对"资源—能力"所具有的外源性影响效应进行分析，具体是以社会网络理论为基础，通过独立董事社会网络作为非正式制度环境的核心表征，明晰了其对冗余资源和创业导向二者关系所具有的差异化调节效应，并提出相关研究假设；在此基础上，通过构建调节效应模型与变量测度，对研究假设进行验证。

第七章转型情境：正式制度与非正式制度的动态效应。本章主要是在前述两章内容的基础上，进一步通过构建知识产权保护与社会关系网络的相互关系，揭示出在制度转型情境下正式制度与非正式制度并非是各自独立的，而是相互交织并对微观企业战略行为不仅具有协同互补效应，同时还具有平衡契合效应，从而对指导创业企业在创新发展过程中提高环境适应性的相关对策增加了外部效度。

第八章研究结论、启示与展望。本章主要是对本书各章节所研究内容进行系统性总结，将研究所得到的相关结论进行深度提炼与阐述；在此基础上，进一步总结本书的研究意义及创新之处，并针对前述的理论分析与实证研究内容的不足与局限进行说明，以此对未来研究方向进行展望。

第二章　相关文献综述

对既有研究文献进行跟踪梳理与动态剖析是推动理论发展最为重要的基础性与扎根性工作，因此，文献的研究综述首先是在对研究问题中所涉及的关键要素进行明确的基础上，进一步对当前国内外研究现状及进展的回顾与总结，以及对研究动态进行的梳理和评价，从而在既有文献的基础上为本书的理论研究框架寻找突破口和切入点提供翔实的科学依据。进而言之，随着国内外学者对组织战略管理与创新发展相关研究的不断深化拓展，关于创业企业以创新发展获取持续性竞争优势这一路径机制的主要特征及内在规律的研究视角也愈发丰富，资源基础理论、动态能力理论、制度理论、知识经济理论、社会网络理论、高阶理论、创新理论等相继被引入其中。基于组织创新发展的视角，这些理论无一不围绕着以下三大关键问题展开：一是组织内部要素之间对创新发展的动态演化过程；二是如何培育企业持续性竞争优势；三是组织如何更加有效地适应外部环境变化。由此，本书关于"创业企业以创新获取持续性竞争优势"研究的一般框架如图 2-1 所示。

但值得注意的是，上述理论尽管从不同方面对相关问题进行探究，但因其局部有限性导致了对组织战略管理整体性研究的人为割裂（Disintegration）或因果模糊（Causal Ambiguity）；正如图 2-1 所示，前期研究大多主要是基于"A+B""A+C""B+C""A+B+C""D+E"等研究范式，但却缺乏一个关于"A+B+C+D+E"具有整体性的系统结构形态关系认知，以及由此衍生出的潜在机理与路径分析研究。例如：尽管资源基础理论或者是动态能力理论单独对于解释组织成长或创新发展相关领域内的一些现象具有不同的侧重与贡献，但与此同时，单一的理论基础必然会存在一定程度的理论局限性。事实上，组织

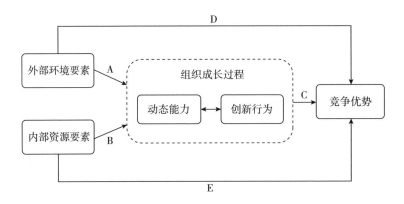

图 2-1　组织竞争优势研究的一般框架

战略管理是由相互之间具有联系性的关键要素共同形成的一系列动态而持续的过程，尤其对于两大基础性要素——资源与能力，二者的作用不可完全进行分割，许多学者由此逐渐开始将研究重点关注于资源与能力两大要素的相互关系上。同样值得注意的是，通过以资源基础观和动态能力观为视角的理论研究虽然为企业创新发展的内部演化路径提供了较为连贯的理论基础，但组织创新过程内嵌于外部经济、社会、制度等客观环境中，若仅仅关注于对内源性视角的剖析而忽略外部情境，将会导致内外部要素之间的相互脱节，使研究结论被束之高阁，比如：缺乏对于组织成长过程外源性驱动机理的有效探究，抑或是过度关注外源性制度环境等要素影响，忽视了企业成长的内在路径及差异性机理，从而难以对相似的外部情境下企业绩效异质性的形成原因进行合理解释。基于以上分析，本章将首先通过构建不同要素相互融合的创业企业创新情境研究视角，并以此为着力点，对"持续性竞争优势"的研究范畴进行阐述；在此基础上，分别通过对资源基础理论、动态能力理论、创新理论及制度理论等进行梳理归纳，即同时基于内源性驱动与外源性调节作用下创业企业创新发展过程的研究，不仅有助于明晰各个要素内部的演进过程，如资源基础理论与冗余资源、动态能力理论与创业导向、创新理论与创新绩效、制度理论与知识产权保护、网络嵌入理论与社会网络等，同时还能够为要素之间的贯通性与互动性提供扎实的依据，形成一个整体结构形态，从而为本书的研究进行铺垫。

一、系统论与持续性竞争优势

（一）系统论

系统论的思想最早是由奥地利生物学家 Bertalanffy 于 20 世纪三四十年代提出并创立的，他在 1968 年出版的个人论著《一般系统理论基础、发展和应用》中进一步明确了系统论的原理，并由此奠定了无可取代的学术地位；社会系统理论则是系统论相关范式在人文社会学科中不断应用的产物。系统论的核心思想在于"整体观念"，系统的功能只有在各要素彼此联结的状态下才能得以实现，该性质强调了对一切事物的理解和认识都要首先基于其整体性、全局性的相关视角，即"整体大于部分之和"，进而探寻并剖析其具体结构性的内在本质，因此，他将系统界定为是由"若干要素通过一定的形态结构相互联结，构成具有某种功能的有机整体"，通过该定义分别对"要素与要素""要素与系统"以及"系统与环境"之间的相互作用关系进行了明确，并在此基础上对要素、系统和环境三者关系和运作机制进行研究。系统观之所以能够有效应用于企业管理研究，关键在于该思想弥补了机械论观点中"单项因果决定论"的不足，强调系统是由各基本要素以某种结构组织而成的，并且企业组织不仅本身是一个系统，各要素自身也是一个系统，同类系统的特征往往由不完全相同但也无较大差异的要素组成，同时又以一定的结构嵌入一个更大的系统之中；而特定系统之间通过某种结构耦合（Strukturelle Kopplung）相互渗透或者彼此嵌入，形成相互关系。因此，系统论视角下的组织形态具有整体性、秩序性、开放性及目标性等特征，并通过其内在结构形态差异性，以及要素之间能量交换的效率性等最终呈现出不同的价值结果；组织成长过程正是遵循着系统观中由资源、能力、机会、环境等不同要素之间相互作用、耦合而成的一系列复杂行为过程、秩序规范与客观规律，并不断进行结构优化，提升符合自身"合法"行为的纲要标准，从而最终完成特定系统的独特使命。由此可见，系统的一切表现形式都是由组成系统的要素和要素之间通过某种组织方式与结构特征决定的，而通过要素之间进行跨层次的情境化思维正是基于系统论产生的，该研究范式体现了要素间的相互联系，通过要素之间的相互作用构成了一个整体；换言之，基于系统论观点对于过程的关注克服了将要素视为离散事件的片面认识，强化了企业成长是由若干可识别关键要素组成的有规律可遵循的过程性主张。

在当前开放式创新情境下对采用企业持续成长机制的理解也离不开对系统稳定性的分析，系统存在时间的差异性正是由其稳定性决定的，系统能够存在的根本是由于其耦合的形态具有较为稳定的结构，能够应对环境变化的冲击并做出反应性调整。Henkel（2006）研究指出，开放式创新是企业对组织内外部资源、技术和思想的整合利用，并通过多种渠道开发市场机会、规范产品流程、提高企业服务等的一种创新模式。因此，开放式创新环境下对创业企业获取持续性竞争优势的相关研究必须从系统性视角进行分析，同时基于整体的视角更加有助于剖析研究其中的个体所具有的相应功能及运行方式。组织方式往往呈现出一定的层次性和开放性特征，许庆瑞等（2013）学者指出，转型情境最为显著的特征就是构建一种广泛的跨层次联系，正是由于组织层次之间不断进行物质和能量的转换，由此企业内部资源和能力的基础，以及外部环境的不确定性可能同时引致组织发展绩效呈现差异，因此通过对组织内外部研究视角的整合，有助于更加全面剖析创业企业创新演化过程的路径实现机理。

（二）持续性竞争优势

持续性竞争优势是企业在市场竞争中不断成长和发展的立足根本。自20世纪70年代学者 Hofer 和 Schendel 开创性地把"竞争优势"的概念引入到战略管理研究领域之中，指出"组织的竞争优势是指通过使用或配置其所拥有的资源从而相较于竞争对手占据更加领先的市场地位"以来，关于企业持续性竞争优势的研究成为长期以来战略管理领域的重要课题。商业管理界"竞争战略之父"迈克尔·波特教授在其《竞争战略》《竞争优势》等书中分别对组织竞争优势进行了详细而深入的论述，系统提出了"五种竞争战略"以及"三种竞争优势"的标志性观点，强调外部产业环境及结构对组织竞争优势的决定性意义；但显而易见的是，这种"竞争优势外生论"的观点忽视了组织内部资源与能力的重要作用（董保宝和李全喜，2013）。由此可见，创业企业

"持续性竞争优势"一般应具有以下四大特征：其一是持续性。持续性特征包含两层含义：第一层是相对于时间维度而言的，是指在可预见的相对较长一段时间内保持或者维持着的某种状态，它是企业长期竞争优势的动力来源；第二层体现了一种保持或者维持过程的机制或者状态，是企业在发展过程中慢慢培育和累积起来的、与企业自身惯性有关的难以被竞争对手模仿或复制的某种状态或者机制，是随着企业的发展而不断调整和提升，从而实现竞争优势的持续性。其二是动态性。企业成长和发展必然是处在不断动态变化的内外部环境之中，因此企业要想不断创造竞争优势实现长期发展，保持竞争持久性也必然需要相应地实现动态发展，即其持续性也决定了其必然具有动态性特征。其三是开放性。企业持续性竞争优势是在企业所拥有的资源和能力相互整合、协调作用下而形成的动态匹配过程，并且绝不能与所处的外部环境相互隔绝，随着外部环境的不断变化，企业发展战略也在不断地进行调整变化，从而能够适应新的发展要求，推动更具优势的核心竞争力的形成，因此，企业持续性竞争优势也应具有开放性特征。其四是系统性。企业独立或离散的资源或能力并不能形成其持续性竞争优势，而是需要将各种资源、能力及价值观等要素进行系统化整合，注重各个组成要素的协调发展并发挥协同效应，进而形成企业对内部优势的提炼和升华以获得持续性绩效回报，构建持续性竞争优势。

　　基于以上分析，本章首先将通过构建组织内部不同要素相互融合的创业企业创新情境研究视角，并以此为主要着力点，分别对基于冗余资源、创业导向、创新绩效三大组织内部要素，以及由知识产权保护与社会网络两大外部要素共同构成的制度转型情境进行梳理，对研究范畴进行阐述；在此基础上，进一步分别通过对资源基础理论、动态能力理论、创新理论及制度理论等进行梳理归纳，构建一个同时基于内源性驱动与外源性调节共同作用下创业企业创新发展路径过程的系统化研究范式，不仅有助于明晰各个要素内部的演进过程，如资源基础理论与冗余资源、动态能力理论与创业导向、创新理论与创新绩效、制度理论与知识产权保护、网络嵌入理论与社会网络等，同时也能够为要素之间的贯通性与互动性提供扎实的依据，形成一个整体结构形态，从而为本书的研究做铺垫。

二、冗余资源的相关研究

（一）资源基础理论

对企业资源的研究长期以来一直是组织战略管理领域的焦点，企业所拥有或控制的资源特性不仅能够减少对于外部环境的依赖，而且有助于提高组织自身持续性竞争优势。关于资源观的理论基础最早可追溯到关于"专业化分工的出现促进组织不断进化成长"的组织成长论述，作为组织战略管理领域中最为重要的核心理论之一，资源基础理论对属于同一产业的企业间绩效差异的原因及竞争优势的来源进行了最根本的系统阐释，但在众多文献当中由于研究者对资源的理解仍然存在差异，导致未能形成较为统一的关于企业成长持续性竞争优势的理论基础。Penrose（1959）研究指出，企业成长的本质是通过有效利用其资源禀赋函数而取得利润的一种组织形式，并在其著作《企业成长理论》中根据资源的差异性特质对企业成长进行分析，且进一步提出了"企业增长理论"，将企业的增长有效性定义为"对资源的获取、整合以及管理的能力"，该理论作为资源观的基石关注了资源与竞争优势之间的关系，基于"资源—能力—成长"的理论范式引出了企业竞争优势内生论，这一理论开创性地把"资源"与"能力"进行区分，并指出企业成长源自企业能力，而能力则源自企业内部资源，企业成长主要取决于对既有资源的有效利用，换言之是对企业内部尚未利用资源的发掘和利用的动态过程，因此，企业内部资源所蕴含的或潜在的能力异质性驱动企业成长发展，由此可见，企业的内部资源对获取竞争优势及企业绩效更加具有决定性作用。Penrose 所提出的研究观点不但极大地拓展了资源基础观的研究范式，还为组织资源、能力的多元化研究奠定了理论基础。Wernerfelt（1984）早期所发表的重要文章《企业资源基础观》（*Resource-based View of the Firm*）就是建立在 Penrose 的研究基础之上，他进一步指出企业内部资源、能力等自身要素的积累较之外部环境对企业创造竞争优势更加具有决定性的作用，是企业占据并保持市场竞争优势地位、产生持续性租金的关键。由此发展形成的企业资源基础理论认为,资源的获取及配置贯穿于组织的经济活动,企业是通过其拥有并控制的独特资源集合来创造价值,即使处于外部无差别环境下的企业,其绩效仍然存在显著差异,内部资源禀赋是引致绩效差异产生的根本原因,该理论对企业成长具有奠基性作用。Barney(1991)在随后的研究中对资源的含义进行了明确,即"企业所控制的包括组织能力、流程、信息、知识等各类资产",并且更加深入地阐释了资源与企业竞争优势的关系,认为内部资源的价值性(Value)、稀缺性(Rare)、难以模仿性(Imitable)及不可替代性(Non-substitutable)等特质决定了企业战略方向及最终的竞争优势,企业正是从资源的异质性特质中获得持续性绩效;Peteraf(1993)更进一步明确指出关于组织资源创造竞争优势所需具备的相关条件,包括资源异质性、事前竞争限制、事后竞争限制以及不完全流动性,企业能够通过对所拥有资源的限制性垄断进而取得相应的经济租金及垄断利润,即通过"资源选择机制"从而能够创造经济租。在随后的研究中,经过诸如温特(S. Winter)、库尔(K. Conner)、科里斯(D. Collies)、蒙哥马利(C. Montgomery)等众多学者的共同推进,基于资源基础理论的战略研究框架不断完善,并逐渐演化成为关于组织战略管理相关研究领域的主要理论脉络。资源基础理论认为企业拥有的资源基础是其保持竞争优势的必要条件,而对创业企业而言,对资源的开发过程正是其构筑资源基础、奠定竞争优势的过程(Brush 和 Greene,2001)。

资源基础理论研究的重要意义在于将组织战略管理理论的研究范畴重新回归到企业内部,对于企业战略管理而言,尤其是创业企业的战略管理与实践具有十分重要的意义和价值;换言之,创业企业的成长与其所拥有的资源密切相关,由于创业企业仍旧处于资源不断累积的初始成长阶段,无法具备同大中型企业类似的市场地位及对等的议价能力,因此,对有限资源进行合理开发利用及优化配置更加成为影响创业企业创新绩效的关键要素。Bamford 等(2000)强调资源禀赋对创业企业的成长路径、战略选择与长期绩效都具有影响;类似地,Das 和 Teng(1998)研究认为,资源基础理论对揭示中小企业的技术创新、企业成长过程等都具有实际价值。对于创业企业而言,Aspelund 等(2005)也研究指出,创业过程就是开发与配置资源、获取竞争优势的过程,内部资源是动态环境下企业生存的先决因素,创业企业在很大程度上是由资源特性决定的；魏谷和孙启新（2014）研究指出，应当从资源基础观入手对中小企业绩效进行实证研究；张路等（2021）通过文献梳理进一步总结出以"资源管理影响因素—资源行动开展路径—资源与能力互动关系"为主线的资源基础理论框架。内部资源作为创业企业成长过程中构建组织竞争优势的第一要义，合理配置资源而不被资源牵着鼻子走是释放组织创造力和实现商机的关键，是企业创新驱动的重要来源（Cai 和 Li，2018），资源基础观无疑成为理解创业企业绩效获得的理论基础。经过学者们的共同研究与不断推进，资源基础理论打破了经济利润来自垄断的传统思想，而将内部资源的价值性推向了组织竞争创新战略研究的中心。本书基于资源基础观的理论研究，将内部资源具象化为冗余资源，并进一步聚焦于其特征的剖析，以明确冗余资源的作用及价值，研究脉络如图 2-2 所示。

图 2-2　冗余资源的研究脉络

（二）冗余资源的内涵及作用

1. 冗余资源的内涵

冗余资源作为组织战略管理中的关键要素，其所具有的作用正源自资源观，即组织可以运用其独特的内部资源获得持续性竞争优势，资源管理过程理论观点强调冗余资源是企业进行资源管理的起点，由于管理者在制定决策过程中不可能保持完全理性，因此企业内部既有资源不可能达到充分利用的状态，因此必然会产生冗余的存在，并且冗余资源为企业进行资源利用、整合等提供了"资源池"，由此，组织冗余资源所蕴含的作用与价值被不断挖掘。Cyert 和March（1963）早期研究指出，资源按照其使用状态可被划分为正在使用的以及暂时闲置的两大类，而在维持正常生产经营过程中暂时未被充分使用的富余资源就是组织的冗余资源，具体包括库存现金、未被使用的银行信用、企业所负担的超额工资、超额股息、暂时闲置的设备仪器、库存商品等。Thompson（1967）基于宏观组织理论指出，组织有效性通常表现为应对外部环境变化的核心能力，而企业承担环境影响的能力与组织内部冗余资源密切相关，至此，冗余资源的概念被扩大，其被认作为是由组织所拥有的且在满足实际资源需求之外而保存的余量资源。March（1991）进一步将其定义为，组织需要付出一定的额外成本而使组织管理者能够根据自身偏好对组织进行结构安排，或者获得绩效利润及盈余；并指出由于组织无法实现绝对优化，因此组织内部所累积的未利用资源或机会能够缓解环境冲击，有助于企业绩效保持稳定。随后，Bourgeois（1981）将冗余资源看作一种既有的抑或是潜在的以应对环境变化的内部资源缓冲器，当企业面临内外部环境变化时，能够通过冗余资源进行资源重新配置，调整组织决策，并进行相应的战略变革。Nohria 和 Gulati（1996）则指出冗余资源是企业在日常生产经营过程中产出的超过最低投入量而累积的资源，包括多余的人员、超额的投入及未开发的潜在机会等，组织内部冗余资源的存在能够减轻管理控制及心理约束，进而驱使组织尝试创新性活动。Brush（2001）、Aspelund（2005）等学者纷纷指出，创业过程就是开发与配置资源、获取竞争优势的过程，内部资源是动态环境下企业生存的先决因素，创业企业在很大程度上是由资源特性决定的，对于创业企业而言，对创新资源进行开发利用的过程正是以资源基础构筑竞争优势的过程；类似地，Ireland 等（2009）也指出，组织对资源的有效获取、整合及积累有助于企业进入持续性机会开发的良性循环中。George（2005）将冗余资源定义为"企业在日常生产经营过程中积累的、存在于组织内部的一股潜在可利用资源，它能够通过转移或者重置等方式实现组织目标，其特性决定了企业以其获得了一定空间的风险偏好性或自由裁量权"；我国学者方润生（2005）将其定义为，企业所超出的在其现有技术状况下由最小代价的投入而获得的超额资源回报或利润价值；Simsek（2013）认为，超过企业正常业务需要并且可供管理者自由支配的剩余资源就是组织所拥有的冗余资源。冗余资源在我国企业的管理实践中也不断发展，如张建涛（2018）基于资源编排与机会发掘的相互关系的研究指出，企业内部的冗余资源，例如暂时闲置的土地、设备、人才或专利中往往存在着许多潜在机会，对冗余资源的优化配置或合理开发利用有助于企业发现新机遇；于飞等（2019）进一步指出，冗余资源是留存于组织内部，但暂时超出正常经营需求的且可随时被利用的闲置资源；孙永波等（2022）指出冗余资源是企业创新的一个可能来源，它不仅代表所拥有的现实资源本身，同时包括那些杠杆性、可用性资源，即超出企业日常业务需求、相关资助信用等基准线或是完成设定目标要求的一系列可编配资源。在综合前人研究并结合本书相关研究背景的基础上，本书将冗余资源的研究范畴界定为"是在满足企业日常生产经营活动的基础上，存在于组织内部可直接利用或迅速转移的暂未使用的流动性资源，即企业的非沉淀性冗余资源；抑或是潜在的或已纳入组织管理的，可供重新挖掘、调配、编排或重置的资源集合，即企业的沉淀性冗余资源"。

2. 冗余资源的作用

冗余资源作为各种组织形式内部一种普遍存在的资源现象，往往被视为与组织目标、经营效率及创新绩效等息息相关，在关于冗余资源的作用方面，长期以来研究界主要形成了"组织理论"与"代理理论"两大观点对立学派。其中，以 Bourgeois（1981）等学者为代表的组织理论学派其核心观点认为，"企业类似于一种生物有机体，冗余资源是其生存发展过程中必不可少的要素"。具体来讲，首先，冗余资源可被视为企业发展的一种诱因，代表企业有能力支付超额报酬、获取盈余资金及可利用银行信用等，有助于"诱导"企业主动对不确定性进行探究和利用，或通过积极挖掘非对称市场中一些潜在的盈利机会并及时做出反应，形成正向反馈促进组织成长。其次，由于组织之间以及组织内部的冲突往往是由于资源稀缺引起的，冗余资源的松弛性不仅可以适度放宽内部管理约束，化解内部资源冲突，并且可作为企业应对外部环境变化的一种"缓冲减震器"，减少外部环境变化等不确定性对组织内部的核心技术冲击的影响，如胡海峰等学者以新冠肺炎疫情为研究背景，实证分析指出企业所持有的流动性货币资金具有较高的"预防价值"（胡海峰等，2020），有助于其有效应对疫情冲击；更重要的是，冗余资源能够为投资回报周期较长、不确定性较大的项目，尤其是研发创新等高风险项目提供资源保障，鼓励培育企业创新文化、有利于形成创新的氛围或惯性；并且冗余资源更加具有易获取性、更加便于创业企业主动将资源进行创新投入，推动对不确定性市场机会的识别与创造，甚至获得超出预期的产出绩效。

然而，以 Leibenstein（1969）等研究者为代表的代理理论学派则持相反意见，其观点主要认为由于企业管理者与股东之间的契约关系存在一定程度的利益冲突，因此将冗余资源视为一种"未被组织充分利用的而只对经理人有利的内部资源"，其加剧了组织内部委托代理双方的目标冲突及行为摩擦，降低了组织运营效率，更被视为企业低效率（X-inefficiency）的表现，不仅滋生了组织内部的委托代理冲突，而且容易滋生管理层自满等非理性乐观，导致企业忽视预算把握、形成资源浪费、降低组织绩效，甚至在一定程度上出现管理者对"宠物项目"（Pet Project）进行投资等自利现象，成为诱发代理问题的"罪魁祸首"；另外，冗余资源亦会增加企业的管理成本及其他额外成本，降低组织运行效率，尤其对中小企业的运营产生相当负担。Voss 和 Sirdeshmukh（2008）研究认为，由于可吸收冗余资源具有锁定效应，容易使企业产生"路径依赖"，从而难以及时调整战略目标，而不可吸收冗余资源具有稀缺性，因此可吸收与不可吸收这两类冗余资源都较难投入到企业创新活动中，甚至容易成为企业创新发展的"绊脚石"（Herold 等，2006）。

总结而言，关于冗余资源对企业成长的影响作用可归纳如表 2-1 所示：

表 2-1　冗余资源的积极与消极作用

冗余资源的积极作用	为高风险项目提供资源支持，有助于长期目标实现；有助于化解组织内部资源冲突，放宽刚性资源约束；应对环境变化的"缓冲器"，巩固组织内核稳定性；有助于培育组织创新惯性、鼓励形成创新文化氛围
冗余资源的消极作用	容易滋生管理者自满自利等行为，加剧代理问题；增加企业管理运营成本，降低组织运转效率；具有资源锁定与路径依赖效应，导致企业行为僵化；容易导致企业过度投资、盲目扩张等资源浪费行为

（三）冗余资源与企业绩效的相关研究

关于冗余资源与企业绩效二者的关系，早期学术界的研究中基本延续了上述组织理论派与代理理论派的两大分歧。其中，前者指出组织内部的冗余资源对企业绩效具有积极作用，如 Singh（1986）指出冗余资源带来的资源松弛可缓解内部资源约束，从而促进企业勇于尝试更多的具有风险性创新性的战略行为，如研发新产品、开拓新市场等高风险活动；李晓翔和刘春林（2013）进一步强调，冗余资源能够缓解外界环境对组织的冲击，提高企业的稳定性，因此其对企业绩效的促进作用在环境动荡时更加显著。冗余资源能够为投资回报周期较长、不确定性较大的项目，尤其是研发创新等高风险项目提供资源保障，培育企业创新文化，提高创新绩效；Tushman 和 O'Reilly（1996）研究了冗余资源对企业绩效的作用，提出冗余资源不仅能够通过提升利用式创新获得短期绩效，同时能够有助于通过探索式创新提升企业的长期绩效。Ben-Oz 和 Greve（2015）将冗余资源视为企业所拥有控制的一种独特资源，能够支持更多的研发实验和试错，从而促进了企业创新活动，他们将其称为"冗余驱动搜寻"（Slack Search）；苏昕和刘昊龙（2018）研究指出，组织内部的冗余资源不仅能够增强企业内部的知识创造能力，并且提高了其对外部资源的远端搜寻能力，从而推动企业进行研发投入以进行根本性的自主创新；Yin 等（2017）以我国企业为研究对象指出，冗余资源对企业开展合作式创新具有重要作用。而代理理论学派则强调冗余资源对企业绩效具有一定的负面作用，组织内部由于存在委托代理问题，作为代理人的管理者往往会优先基于自身利益而不是以资源的最优配置为目标，不利于企业对绩效目标的追求，因此它是组织内部积累的阻碍因素。Cheng 和 Kesner（1997）认为，冗余资源是存在于企业内部的"闲置"资源，其存在增加了组织本身的运营维护成本，对企业绩效具有不利影响；Peng 和 Health（1996）针对我国企业的研究指出，国有企业低效率运营是冗余资源对绩效负面影响的典型例证；于飞等（2019）指出，冗余资源一定程度反映了企业的资源较为分散，不利于集中资源于某一特定领域内进行创新研发，导致企业需要付出额外成本进行资源整合。

Nohria 和 Gulati（1996）开创性地对传统研究中较为对立的分歧进行辩证分析与整合，指出对冗余资源利弊的讨论应在适度范围之内，即组织的冗余资源和企业绩效二者可能呈现出"倒 U"形的非线性关系，具体而言，当组织内部的冗余资源累积较少时，冗余资源具有激发创新投入的独特资源作用，然而随着冗余资源的存在超出合理阈值范围后，委托代理问题则会逐渐显现，即二者之间转为负相关关系。之后的理论研究基本延续这一观点脉络进行深入细化，如 Geiger 和 Cashen（2002）研究结果显示，"倒 U"形关系只存在于可恢复冗余资源和创新绩效之间，而难以恢复冗余资源对创新绩效的影响则是积极的；Herold 等（2006）、Bradley 等（2011）、Dan 和 Scott（2015）等学者研究均指出适当数量的组织冗余有利于创新，过量则会造成负面影响；我国学者蒋春燕和赵曙明（2004）则在"倒 U"形关系的基础上构建出了一个组织冗余和绩效之间的倒置 S 模型；Tan 和 Peng（2003）则首次以新兴经济国家为特定情境，通过对中国经济转型时期冗余资源和企业绩效进行研究，发现冗余资源和企业绩效二者之间具有先升后降的非线性影响，他们对组织内部的冗余资源与企业绩效相互关系的情境研究弥补了西方研究的缺陷；倪昌宏（2011）在此基础上研究指出，由于在经济转型情境下市场制度不够完善，企业所面临的外部不确定性较高，更加需要通过持有一定的冗余资源进而弥补外部制度缺陷以及可能产生的环境冲击，从而提升组织绩效，但冗余资源存在一个最优值，在达到该最优值之前冗余资源对企业净收益具有递增效应，而超过这一存量则净收益随之递减；Ju和Zhao（2009）研究发现，产业因素对冗余资源与组织绩效之间的关系具有显著作用，但其具体的影响机制有待进一步研究；Wei和Wiboon（2014）进一步以此为基础研究发现，相较而言，组织冗余对私营企业的积极作用比国有企业更加显著，此外竞争强度在二者之间具有调节效应；贺新闻和梁莱歆（2011）同样验证了组织冗余与创新之间的"倒U"形关系，并进一步发现国有企业与非国有企业之间存在显著的差异性。随后，研究者们纷纷引入不同情境因素进行分析，如王娜和衣长军（2010）以在美上市的中国企业为研究对象，辩证分析了冗余资源对创新强度的影响，并在此基础上进一步引入了国际化水平进行调节效应分析发现二者之间的显著正向作用，且可吸收冗余资源的积极影响更显著；傅皓天等（2018）学者也纷纷开始关注转型经济背景下外部环境动态性对冗余资源的影响问题，通过引入外部权变因素对冗余和绩效问题进行研究；于晓宇等（2020）则通过创业拼凑的中介路径对冗余资源与创业企业竞争优势的形成关系进行解析，可以看出，既有研究对冗余资源与企业创新二者的相互关系进行了不断拓展，对其作用机制的探究也愈发清晰。

（四）基于现有研究对本书的思考

可以看出，资源观的核心视角是将企业视为一种资源的组成形式，外部资源约束必然成为企业发展的掣肘，因此企业的成长基础与韧性离不开其内生性资源，由资源内生论演化而来的冗余资源在一定程度上解答了"创业企业竞争优势从何而来"的问题，相关理论基础主要是由资源基础理论衍生出的资源冗余理论（张吉昌等，2022），即企业竞争优势首先来自组织内部资源的累积过程而非市场交易获得的战略要素，组织资源的存量决定了企业在市场竞争中所处的位势。在此基础上，根据资源冗余理论，基于资源存在属性可以进一步把冗余资源划分为非沉淀性冗余资源和沉淀性冗余资源，现有研究主要探讨这两类资源对组织韧性的作用；但值得注意的是，非沉淀性冗余和沉淀性冗余二者具有明显差异，其对于创业企业持续性创新发展的内在机理也不尽相同，综观既有研究也支持了这种差异化影响效果，即冗余资源对企业发展的影响可能是把"双刃剑"，但当前对其差异化作用机制的分析仍较为模糊，存在一定的理论"黑箱"。另外，基于资源基础观对冗余资源与企业竞争优势关系的研究仍旧停留于对资源静态作用的关注，无法充分解释"资源如何产生竞争优势"的动态问题。因此，基于资源观发展而来的能力观成为深化创业企业竞争优势培育机理的重要方向，基于此，本书将进一步通过动态能力理论，分别探究非沉淀冗余和沉淀性冗余对创业企业战略行为影响的内在机理。

三、创业导向的相关研究

（一）动态能力理论

尽管资源基础理论突破了传统的组织竞争优势外生论，表明企业所控制的资源是发展竞争优势的关键基础，推动组织价值创造，但完全依附于该理论将无可避免地出现一个最大问题，就是将企业竞争优势全部归因于既有资源之上，而忽略了技术能力、市场变化动态环境等对组织发展的影响，这使得资源基础观的应用存在一定的局限性，为了实现价值创造，企业必须有能力整合和利用既有资源。Prahalad 和 Hamel（1990）基于资源基础观的既有研究创造性地提出了有关"企业核心能力"的概念，强调企业追求持续竞争优势的过程中"为未来而竞争"的重要性，在该视角下将企业认作是一种能力的集合体，企业将资源转化成为活动的过程就是能力，而构建组织核心能力则对竞争优势的取得具有关键作用，即资源是静态的，企业对其能力的有效利用才是获取竞争优势的关键，从而掀起了一项"归核化"运动；Amit 和 Schoemaker（1993）指出核心能力作为组织中的某种积累性学识，聚焦于对资源的动态运用，反映了企业对其拥有资源进行有效配置和利用的可能，一定程度解释了具有某些相似资源的企业表现出绩效差异的原因，即隐藏在资源背后的能力是企业绩效差异性的根本。然而在动态环境下企业的能力并非一劳永逸，由此 Teece 等（1997）逐渐发展出了企业动态能力理论（Dynamic Capabilities），该理论将企业的动态能力具体化为根据组织所处的外部环境变化，而对组织资源战略等进行调整或重构的主观应对能力，主要包含管理流程（Process）、资源位势（Position）以及作用路径（Paths）三个维度，即"3P 动态能力"。由此可见，能力观的核心逻辑在于强调随着外部市场规则等的不断变化，企业能够对既有资源进行优化配置、整合重构，以增强对外部环境变化适应的能力；而由此产生的动态能力理论作为组织能力理论的支撑，其核心框架包括以下三大关键要素，即资源位势、管理过程、发展路径。其中，"资源位势"是指组织既有的资源、技术或关系的禀赋；"管理过程"是指组织惯性、学习模式或做事方式等；"发展路径"则是指组织的战略选择或路径依赖等。由此可见，动态能力观不仅强调了组织资源的动态获取及差异演化等内在特性及其对内部资源的开发与整合能力，还进一步反映了组织所具有的基于外部环境的战略认知与适应性能力，因而愈发受到关于"竞争优势"理论相关研究者的关注。Helfat（1997）指出，动态能力是使企业通过新产品研发投入或生产流程重构等方式来应对环境变化的胜任力；Eisenhardt（2000）将动态能力视为一种组织惯例或战略过程，指出动态能力的组织嵌入性特征，展现了企业活力及核心能力，这种能力无法通过市场购买，企业通过对自身资源禀赋或战略惯例的不断更新重构以适应外部环境变化，在不断学习和实践过程中逐渐建立起来的，具有较强的企业嵌入性特征；Zahra 和 George（2002）等学者进一步明确了动态能力的本质是一种能使企业通过重新配置或整合现有资源来应对环境变化的主动变革导向能力；Winter（2009）进一步强调企业能力的阶层理论，指出动态能力不同于企业的一般营运的低阶能力，其呈现出的是一种高阶能力，而高阶能力才是为企业带来竞争优势的关键。Liao 等（2009）则将企业动态能力区分为内部整合导向和外部整合导向两个维度，其中，内部整合导向体现了企业对机会的利用能力，是通过资源整合、组织重构等方式以利用外部机会的过程，而外部整合导向表现出企业对机会的识别能力，强调的是企业感知、识别外部市场机会的过程；Khedhaouria 等（2015）指出，仅仅拥有异质资源对企业发展是远远不够的，企业还需要具备对内外部资源进行整合或重构的动态能力，使其能够持续不断地创造、提升并保护自身所具有的独特资源基础。

随着研究的不断深入拓展，越来越多的研究者强调企业动态能力并不是单一的，它更是一个复杂多维的现象。比如，张路等（2021）认为，创业企业动态能力不仅涵盖了管理层对于企业发展的基础性业务及收益保证、对于发展目标的综合统筹，还包括组织行为层对其所拥有的资源和能力的适应性配置、对外界不同影响因素的准确聚焦等；Cepeda 等（2007）基于知识管理视角将动态能力划分为感知能力、学习能力、整合能力和协调能力；Ambrosini 等（2009）则基于组织管理视角指出，动态能力一般包括感知能力、捕捉能力和转换能力三个维度，企业通过这些能力力求实现绩效回报；姚艳虹等（2018）在实证研究中基于感知、利用及再配置三个方面对动态能力进行界定与测度；卢启程等（2018）则指出企业动态能力是创新能力的先决条件，并将其划分为感知响应能力、整合利用能力以及重构转变能力。基于上述分析可以看出，创业企业的初始创立往往是基于某种商业模式或某个市场机会而出现的。资源基础观的相关研究更加聚焦于资源静态的视角，无法进一步针对从资源到竞争优势的形成机制进行解释；而动态能力正是反映了企业为提升自身价值识别把握机会、优化资源配置、重构组织流程等的胜任力及变革力，强调企业为适应内外部环境变化而不断开发、培养、运用及改善自身能力，并通过持续性的能力提升进而获取持续性竞争优势。Wiklund 和 Shepherd（2003）则明确将创业导向视作动态能力理论的核心，是企业管理者整合创业资源、追求创业机会、从事创业行为的意愿及过程的一种战略导向，是企业在不断变化的商业环境中寻求成功的先决条件，反映了企业追求创业行为的承诺、能力和抱负。因而，企业动态能力理论不仅强调了资源基础对组织能力的支持，而且解释了创业者在面临资源约束的情况下如何对既有资源进行充分挖掘及有效利用，进一步拓展了组织价值实现的动态路径，是创业导向形成的基础。Riviezzo 和 Garofano（2018）在此基础上指出，创业导向作为企业决策过程的重要内容，不仅是一种资源消耗型战略导向，同时也体现了组织对资源整合配置的动态过程。

由此可见，企业的动态能力具有如下主要特征：首先，动态能力能够改变资源，实现生产效率的跃升，是企业获取并利用其资源以取得更高业绩的一种动态机制；其次，动态能力是以企业人力资本（如企业文化、企业家精神等）为基础进而为组织创造价值的，不同管理者所具有的不同心理特征会对资源产出结果带来显著影响；最后，动态能力是与企业具体经济活动相伴而生的。因此，创业企业在创新创业实施过程中由资源转化为竞争优势的创新实践正是以各种资源为基础的，并在资源获取与利用过程中不断提升，逐渐使企业能够主动进行机会识别、机会开发并愿意承担一定创新风险，而这一系列能力培养的过程就是创业导向，因而动态能力理论对揭示创业导向在组织资源价值转化链条中的路径机制具有不可替代的理论价值，如 Baum 和 Locke（2004）基于创业心理学视角进行研究指出，创业企业的成长与组织创始人的战略倾向密切相关，Omorede 等（2015）、单标安等（2018）相继指出，创新性、先动性和风险承担性是目前受到学界广泛认可的影响新创企业成长过程的三种管理者特质，其在解决创业企业新生困境方面具有关键作用，而这三种特质与创业导向三维具体表征恰好契合，基于此，本书在动态能力理论视角下将创业企业的核心能力的操作化具体为创业导向，并通过对动态能力理论演化进展的梳理，将其视为创业企业创新发展过程中必不可少的关键，由此进一步聚焦于对创业导向内涵及特征的剖析。关于创业导向的研究脉络如图 2-3 所示。

图 2-3　创业导向的研究脉络

（二）创业导向的内涵及特征

1. 创业导向的内涵

针对创业导向的研究最初正是源于战略决策模式下的选择视角。周琪等（2020）研究指出，战略导向（Strategic Orientation）的核心是企业对于内部资源与外部环境的认知理解和行为诠释，反映了企业家对组织新进入行为的战略决策或活动倾向。而具体关于"创业导向"的理论概念形成时间最早开始于20 世纪 80 年代被 Miller（1983）首次明确提出，具体定义为"企业所具有的某种超前认知与行动特征，即不断追求产品、服务或市场创新，并且能够承担适度风险的倾向", 这一研究标志着创业导向正式进入组织战略管理的主流研究领域; 随后, Covin 和 Slevin (1991) 对创业导向进行具体定义指出, 创业导向是对企业创业过程进行分析研究的有用框架, 体现了一种态度或意愿, 是有助于创业目标实现的一系列过程、实践与决策制定活动。Morris 于 1994 年发表了《创业的重新概念化: 一个投入产出的视角》, 他在文中明确提出了一个更具综合性的创业认知能力观, 这种观点将创业视为一个活动过程, 其最重要的特质就是可变化本质, 其中涉及组织追求新机会、进行主动变革的意愿及能力就是指创业导向; Zahra 和 Covin (1995) 认为, 创业导向是在现有组织内部创造新业务以提高企业竞争力, 或是从战略角度更新现有组织流程的过程; Lumpkin 和 Dess (1996) 在此基础上将创业导向定义为 "在现有组织基础上借助内部创新或外部合作产生新产品或新业务, 并以此带动组织变革", 因此创业导向强调于对创新过程的关注; Kreiser 等 (2002) 则认为创业导向不同维度所发挥的作用各不相同, 因此各维度之间应是彼此独立的; 张玉利和李乾文 (2009) 在此基础上将创业导向视为能使企业有效缓解或克服在其成长发展过程中所受到的限制性障碍, 进而为企业带来持续竞争优势的一种核心能力, 该能力可被视为企业所具有的不可替代的战略性资源; 马鸿佳等 (2009) 进一步基于我国情境研究指出, 我国创业企业的创业导向同样表现为创新性、前瞻性和风险承担性三大特征。基于以上研究可以看出, "创业导向" 的概念更加明确地阐释了企业在搜寻挖掘新机会抑或应对外部环境变化状态下所展现出的一种特定的 "心智状态、精神氛围及战略决策", 创业导向逐渐发展成为组织创新创业领域的研究热点之一。Tang 等 (2008) 以中国背景进行研究发现, 新企业由于缺乏资源、市场等优势, 它们更加依赖于能否有效引入创业导向战略行为进行创新发展与战略提升; Niu 和 Zhang 等 (2009) 也以 150 家中国创业企业为特定研究对象进行调研发现, 创业导向在创业企业面临 "新进入缺陷" 状况下, 有助于其通过把握机会实现快速成长, 因此创业企业的创业导向性比成熟企业更加明显; 胡望斌和张玉利 (2011) 将创业企业的创业导向进一步明确为, 创业企业为识别机会、解决问题或应对变化而采取的一种战略决策, 表现为创新性、自主超前行动以及风险承担的积极态度; Semrau 等 (2016) 则基于创业企业研究强调, 创业导向对处于复杂多变外部环境中的创业企业具有更加重要的意义, 是其克服市场地位劣势、创造商业机会、获取竞争优势的关键。

基于上述分析可以看出，创业导向来自动态能力观，尤其在当前创新驱动产业加快升级的创新情境下，更是创新创业型企业通过主动审视市场竞争者与自身状况、企业发展目标与当前现状等，采取积极的态度主动应对外部变化，采取超前行动识别潜在市场机会以获得先动优势（迟冬梅，2019），或通过冒险等行为决策以获取竞争优势（Jie 等，2019）。因此，创业导向作为企业以动态能力为基础形成的战略态势选择及过程体现，是企业在收益未知等情境下依然进行对新产品的开发、新技术的获得和新机会的追求，强调了企业通过有目的的战略模式有效实施"新进入"的创新行为以推动组织创新价值创造的核心能力。

2. 创业导向的特征

如前文所述，创业导向的本质是一种追求创新发展的战略导向，旨在通过强化企业内部的创新倾向及能力并以此应对外部不确定，这种战略态势体现了企业的决策风格、决策方法以及具体行为等具有的创业特性，有助于企业通过即兴创作形成更大规模的"创新机会集合"，领先竞争者察觉更多商业机会，对于企业获取持续竞争优势从而推动自身发展具有重要价值。当前学术界对创业导向的特征主要是采取"三维度论"或"五维度论"进行定义，其中，以Covin 和 Slevin（1991）等学者为代表的"三维度论"研究认为，创业导向是一种"创业姿态"（entrepreneurial posture），具有创新性（innovativeness）、先动性（proactiveness）及风险承担性（risk-taking）三方面特征。其中"创新性"主要体现了新企业对新产品、新工艺或是新市场进行主动开发的倾向；"先动性"主要指的是新企业以积极主动的预先行动，预期未来市场需求变化情况，并采取抢先行动的前瞻意识而非跟随战略的倾向性；"风险承担性"则是指新企业在追求高风险、高收益项目过程中为了取得高收益而愿意付出大量资源的一种决策倾向性。而以 Lumpkin 和 Dess（1996）等学者为代表的"五维度论"指出，创业导向能够促进新企业的创建，或是加快现有企业进入新产品研发、新市场开拓的实践过程，并在三维度的基础上另引入自主性（au-tonomy）和竞争进取性（competitive aggressiveness）两个维度特征对创业导向进行描述。值得注意的是，无论是创业导向的三维度特征还是五维度特征，尽管都已被学术界广泛使用，但在具体情境下的创业导向也并不必然会完整表现为三维度或是五维度，更多学者已普遍认为将创业导向置于特定情境进行研究才能更加具有适用性。尤其是转型情境时期所面临的不确定性更加突出，管理者的决策倾向更加模糊且难以刻画，如 Tang 等（2008）以我国创业企业为研究对象，分别使用一手数据和二手数据对创业导向的维度特征进行检验发现，创业导向在某种情境下只表现出了创新性和风险承担性特征；Niu 等（2009）以我国创业企业为样本进行因子分析，结果显示创业导向仅表征为创新性和超前性等。由此，越来越多研究也开始通过"两维度"对创业导向进行描述，如 Williams 和 Lee（2009）、杨林（2014）、周萍和蔺楠（2015）等基于创业情境将创业导向视作"创新性和先动性的创业行为"及"对风险的管理承担态度"两个维度。尤其随着创新型经济的发展更加深入，对于企业提质增效的要求更加强烈，创业导向已逐渐从"创新特性"向"创新共性"转变，关于创业导向的不同维度特征及边界由此变得愈发模糊，越来越多的学者逐渐将其视作企业在新形势下所具有的一种整体性战略态势。

（三）创业导向前置影响要素的相关研究

既有大量文献关注于对创业导向的前置驱动影响要素研究，研究主要基于以下三个理论视角，即组织内部层面的资源基础理论、管理者个体层面的高阶理论、组织外部层面的制度理论等。例如，Aloulou 和 Fayolle（2005）认为企业文化、环境机会等要素对创业导向的形成产生影响，并进一步提出了创业导向规划模型，即组织在进行战略决策规划的制定中，不仅应基于组织内部环境进行判断，还要结合外部宏观环境因素（如经济、制度、技术、文化等）及微观环境因素（如供应商、顾客、竞争者等）进行综合分析；Luo 等（2010）以中国企业为研究对象发现，组织制度结构是影响创业导向的重要因素，如中小企业往往具有更强的创业导向性，而国企改革、国际化等均对创业导向具有显著促进作用；Engelen 等（2015）指出组织文化因素，如个人主义、理性文化等有助于形成企业创业导向；易朝辉（2018）研究指出，组织的资源整合能力与创业氛围，以及创业者自我效能是创业导向形成的关键；Brush（2001）则认为创业导向需要企业家具备三种核心精神，即对远景的清晰勾绘、对资金的创造性管理以及对社会资本的吸引利用；胡赛全等（2014）指出，创新文化代表了组织的创新意愿及态度，创业导向依赖于企业的发展愿景、战略和使命，这种积极文化有助于支持冒险、机会开发等创新行为；李宇和张雁鸣（2012）以在孵企业为研究对象指出，网络资源中蕴含着网络渠道、隐性知识和信任三种形式，为企业创业导向的形成提供了机会和资源；程聪等（2014）认为创业导向的核心作用在于约束创业者行为、引导创业活动趋势，以及描绘创业发展愿景，而管理者的政治技能对创业导向具有重要作用；William 等（2013）指出，小企业的资源编配能力有助于创业导向对创新绩效的促进作用；杨林（2014）则强调高管团队特征对创业导向的影响机制，以及产业环境所具有的外部调节效应；刘伟等（2014）基于创业板实证研究了创业企业创业导向受制度环境的影响；彭云峰等（2019）进一步引入环境动态性对创业导向的不同维度进行研究，指出环境动态性对创业导向的创新性特征与创新绩效二者之间具有积极的促进作用，而对先动性与风险承担性两大特征不会产生明显的作用；另外，研究发现创业者市场地位（Deb 和 Wiklund，2017）及组织市场地位（李德辉等，2019）等因素同样对创业导向的形成会具有显著的影响。纵观有关创业导向的研究趋势可以看出，在早期阶段学术界主要是以大中型企业或成熟企业的创业导向特征为关注对象，随着外部环境的快速变化及相关研究范围的不断拓展，近些年来，学术界逐渐重视对创业企业或中小企业创业导向特性的探究；并且对创业导向影响要素的研究也愈发丰富，如管理者个人特征、技术水平、外部环境、产业结构、文化氛围、社会网络等不同要素都会对创业导向产生影响。

（四）创业导向与企业绩效的相关研究

在对影响创业导向前置要素进行梳理的基础上，创业导向作为组织战略导向的关键维度，其与企业绩效二者之间关系的研究同样成为创新创业领域关注的核心焦点。Miller 和 Friesen（1983）首先从创业导向的三个不同维度进行研究，提出创业导向具有创新性、先动性及风险承担性，分别对组织的成长绩效具有促进作用，即创业导向有助于创业企业对创新活动的开展，通过采取先动性的战略行为获取竞争的先动优势，并勇于承担创新不确定等潜在风险，以满足市场或服务的新需求，进而有助于提高组织绩效；Smart 和 Conant（1994）等学者的研究指出，创业导向能够促进企业差异化的发展和竞争能力的提高，从而有助于提高创业绩效；随后，Wiklund 和 Shepherd（2003）通过对 800 多家企业进行了为期三年的追踪调查发现，企业的创业导向能够使其更加关注对潜在机会的及时把握，从而获得持续性积极影响，且该影响随着时间推移更加明显；Zahra 和 Garvis（2000）同样研究发现，企业创业导向是企业文化的重要组成部分，能够对组织的革新以及绩效提升发挥重要作用，特别是在动态环境中该积极效果更加明显；George 和 Helen（2007）则以中小企业为研究对象分析指出，创业导向与中小企业的创新绩效同样具有明显的正相关关系；Li等（2009）基于"资源—优势"的范式观点指出，创业导向对组织绩效优势的建立具有正向作用；张玉利和李乾文（2009）分析指出，创业导向能够有助于新企业通过开展创新活动形成战略联盟，获得更广泛的资源和信息，进而促进创业企业的成长绩效；安舜宇等（2014）以中小型创业企业为样本指出，创业导向所具有的冒险精神有助于企业以主观先动性去尽早把握市场机遇，进而提升企业绩效；类似地，尹苗苗等（2015）以创业企业为样本进行实证研究发现，创业企业无论是处于初始创立阶段还是快速成长阶段，创业导向均对创新绩效具有显著促进作用；王国红等（2018）则进一步剖析了创业企业创业导向转化为企业绩效的内在机理；陈鑫强和沈颂东（2020）研究指出，创业导向实际反映了企业追求创新的价值取向，能够促使企业创新活动的展开以获取竞争优势；Alvarez-Torres 等（2019）指出中小企业更加依赖于通过创业导向进行机会发掘，提升创新绩效；Sarsah 等（2020）则强调创业导向能够鼓励组织变革创新，对创业企业创新具有促进作用；葛宝山和赵立仪（2022）分析精一战略的研究目标，强调隐形冠军企业的创业导向能够显著促进技术创新，进而有助于创新绩效的提升。

但值得注意的是，仍有一些学者在研究中提出不尽相同的观点，认为创业导向对创新绩效可能存在其他影响效果，如 Matsuno 等（2002）研究指出创业导向对企业绩效所产生的效果是间接的，而市场导向在其中扮演了中介角色，二者之间并没有显著的直接效应；Walter 等（2006）同样认为创业导向和创新绩效二者之间的直接关系并不显著；而张骁和胡丽娜（2013）通过元分析方法指出，创业导向战略决策的形成需要耗费较大数量的组织资源，并且存在较高风险和不确定性，因此创业导向对于中小企业创新活动而言是一把"双刃剑"。Slater 和 Narver（2000）、Kaya 和 Syrek（2005）、Wiklund 和 Shepherd（2011）等学者纷纷研究指出创业导向对于企业绩效具有负向作用。Su 等

（2011）对创业企业与非创业企业进行对比研究发现，对于创业企业而言，二者之间是一种"倒 U"形的非线性关系，而创业导向对非创业企业的创新绩效具有显著的促进作用。Tang 等（2008）结合中国转型情境进行实证研究分析，结果显示创业导向对企业绩效具有先升后降的影响效果；Zhao 等（2011）、Wales 等（2013）的研究结论也支持创业导向与企业绩效二者表现为"倒 U"形的关系；董保宝和罗均梅等（2019）基于资源的整合能力同样指出，创新型企业所具有的创业导向特征与企业绩效二者之间具有"倒 U"形的非线性关系。由此可见，情境与对象的差异性特征会产生不尽相同的研究结论，因此，对于创业导向与企业创新绩效二者关系的有效研究与分析也绝不能脱离开特定的研究情境与研究对象。

（五）基于现有研究对本书的思考

基于前述分析可以看出，静态资源观显然无法满足不断变化的市场需求，企业持续性竞争优势的获取必须引入新的变量，否则最初具有资源优势的企业也会逐渐将这些累积资源消耗殆尽，这一关键变量就是动态能力。能力观强调资源是组织动态能力的基础，由资源基础观演化而来的动态能力观不仅包含了组织对其既有资源进行利用、优化、整合或配置的主观能动性，同时体现了其能够适时根据外部市场需要不断进行动态调整以适应外部变化的战略认知力，由此共同构成了企业获得持续性竞争优势的核心能力，即企业作为能力构成的独特结合体，可以通过提升内部能力获得可持续竞争优势。创业导向作为由动态能力理论派生而来的以创新为目标的组织战略导向，尽管进一步明确了"资源如何产生竞争优势"的关键问题，但既有研究尚未有效针对冗余资源与创业导向二者关系进行辩证化的具体匹配，致使资源基础观与创业机会观的理论逻辑存在"缝隙"。实际上，创业导向战略实施的连续性更加需要冗余资源为基础，并且作为管理者心智模式的外向化，创业导向也具有内在差异性，由此不同类型的冗余资源对创业导向的战略倾向也应具有相应差别。换言之，"资源"与"能力"两大要素彼此独立却互相联系的动态匹配过程是映射创业企业竞争优势培育过程规律性的两面"镜子"，是隐含在动态复杂性特征背后的本质因素。基于此，本书将创业导向细分为自主研发型导向和技术引进型导向两种类型，进而建立"资源—能力"的要素匹配效应。

四、创新绩效的相关研究

（一）创新理论

"创新"最初是一个经济或社会术语，其具体概念最早开始于约瑟夫·熊彼特，他在1912年创作的《经济发展理论》开创了创新商业理论，将创新定义为"结合新的时代背景，将旧元素经过精心的排列组合和化学反应，创造新事物"，即打破旧均衡建立新均衡的过程；并在其论著中首次将"创新"和"企业家精神"两大要素列入经济增长的因素之中，熊彼特开创性地明确提出，创新不仅是经济发展的本质，更是生产过程中内生的能创造出新价值的革命性变化，"创新是将某种生产要素的新组合引入到组织体系中，进而获得潜在利润"；他进一步指出创新可能是随机产生的，是企业家（创新者）的一种冒险性、创造性的活动，而创新的机会则是普遍存在，等待创新者去发掘的。这种传统的创新理论强调创新结果的不确定性，认为创新往往没有规律性，更多是源自创新者的灵光乍现。以上思想是学术界首次基于创新的角度解释和研究经济发展规律，该书也由此被视为创新理论的开山之作；在此之后的一百多年时间，随着学者们对创新理论研究的不断深入，全球涌现出更多的具有代表性的创新理论及思考，关于创新的内涵也愈发完善。Damanpour（1991）在其研究中进一步发展了创新理论，指出创新是对新的产品或工艺、新的服务或流程、新的想法或观念的引入；Fiol（1991）认为，创新要求组织自身的资源和能力必须随着外部竞争环境的变化而不断发生破坏性重构，从而获得暂时性优势，并且通过不断地产生和积累，使组织能够保持持续性竞争优势。之后，Chesbrough（2006）创造性地提出了"开放式创新"理论，指出随着市场开放程度的不断加深，企业边界日益变得模糊，企业在利用内部资源的同时也应更多地借助外部信息渠道，通过与外部利益相关者的合作与共享以获得更为有效的技术进步，从而降低创新风险并提高创新效果，由此，"开放式创新"的概念逐渐被广大学者所推崇；我国学者李贺（2006）进一步以开放式创新为基础，基于知识管理的视角对组织创新进行了界定，指出创新是对组织战略、结构、流程甚至文化进行的变革，以此通过关键知识的不断积累进而形成战略优化。彼得·德鲁克在《创新与企业家精神》一书中明确指出了引发创新的"七大机遇"，按照实现的难易程度依次为：①意外的发现：用户的反应、销售情况的变化等意料之外之事；②不协调的现象：需求与业绩、常识与实际的差异；③流程的需求：既有流程中存在的薄弱或缺失环节；④行业结构的变化：行业结构发生变化之时也是创新的大好机会；⑤人口结构的变化：老龄化、低生育率、生育政策等人口结构的变化会产生新的市场，带来创新机遇；⑥认知层面的变化：男女同权、生活方式、健康意识等认知上的变化，会产生前所未有的新市场，扩大创新的可能性；⑦新知识的出现：伴随如人工智能、区块链、5G、基因编辑等新知识而出现的创新机遇。而罗杰斯在其著作《创新的扩散》中提出创新在社会系统中扩散的"S-曲线"理论，即创新的传播可以分为五个步骤，分别为认知、说服、决定、实施和确认。由于创新实践的复杂非线性的过程演变，创新理论也随之经历了由"1.0 线性创新"范式到"2.0 创新体系"范式，再到"3.0 创新系统"范式的转变。

随着组织内外部创新环境的不断变化以及创新模式的迭代更替，更多学者开始主张将不同的学科相互接触，随之相继出现了关于社会层面、组织层面、个体层面等的创新研究，并形成了"物质—行为—制度"的演化结构，杨刚等（2022）将其视为体现了一种从表层到内核的动态认知过程。这种动态过程强调要素之间的匹配特征，在相关研究中最具代表性的是 Venkatraman（1997）基于战略匹配的创新行为研究范式，强调企业创新的战略要与其所面临的外部环境及组织特征相匹配，进而促进企业绩效；随后 Shane 和 Venkatar-ama（2002）进一步将创新研究从关注于要素的"特质论"转向基于匹配过程的"行为论"，这次转型是对创业企业创新成长活动所具有独特性本质认识的深化，这种独特性是以机会识别、利用和开发为主线的组织生成过程，并迅速形成了"要素—行为—绩效"的分析框架；自此，以关注要素匹配过程为核心的组织创新行为理论框架逐渐形成，该理论不仅扩大了资源基础观的应用范围，同时强调了组织进行识别、创造和利用新机会的能力也是影响创业企业成长发展尤为重要的关键根据。野中郁次郎基于 SECI 模型指出，在知识经济时代的创新就是要把组织内部的有关知识、经验等要素，跟这个时代重新连接、匹配或是重构。

进而言之，企业的创新战略是基于自身要素进行选择，并通过其所占据的资源位势以及成长演化路径而共同塑造形成的。Ardichvili 等（2003）通过构建机会开发的过程模型强调指出，组织创新行为的关键在于发现市场需求和既有资源之间的"匹配过程"；Brush 等（2001）认为企业可被视为"一束资源"，新企业的创建发展过程可被看作进行资源开发与配置的组织行为过程；Anderson 等（2014）对创新创业领域进行深入剖析指出，创业的本质在于创新，是创业者在组织内部资源禀赋的基础上，通过对机会的识别、开发及选择，不断整合资源以满足成长需求的过程，是获得企业创新绩效的核心要素；Sirmon 等（2007）更加明确指出，企业对资源、能力等核心要素的匹配行为本质上内嵌于其特定的管理流程之中，而沟通企业资源存量与能力特征二者之间的媒介则是组织的决策行为，这一过程反映出创业企业追求创新行为的承诺、能力和抱负；杨俊等（2015）指出，创新行为关注于特定情境下创业者的行为互动，其关键在于通过对组织认知过程进行挖掘，以探究资源要素为何以及如何提升组织绩效进而推动企业成长；周文辉等（2017）通过对组织战略创业过程进行剖析指出，创新创业的战略行为可被视为一种基于组织要素之间相互"赋能"的价值共创过程；刘海兵和徐庆瑞（2018）则基于后发企业战略演进过程进行研究，提出"结构—导向—绩效"的研究范式有助于后发企业在市场竞争中寻找到保护自身的合适位置。由此可见，基于资源与能力的视角探究企业创新绩效是组织战略管理领域的另一关键，其不仅能够通过将要素与能力相互匹配对组织成长展开更加辩证的分析，并且能够更加有效地剖析出企业创新成长过程的动态演化规律。综上所述，创新是组织通过对资源、机会等的开发、识别与整合，最终实现跨越式成长的过程。创业企业成长过程需要不断通过创新活动以适应外部环境变化，既要充分利用现有资源和能力，不断拓展既有产品或市场以保持自身优势；同时也要不断借助外部渠道发掘新资源、探索新知识、开发新技能，提前部署进而在新的环境变化中占领先机。因此，构建以"资源禀赋为基础、以动态能力为核心、以价值创造为导向"的组织创新行为研究范式，不仅有益于明晰企业创新成长过程的理论"黑箱"，同时是对创新理论的发展和完善。关于"资源—能力—绩效"的研究脉络如图 2-4 所示。

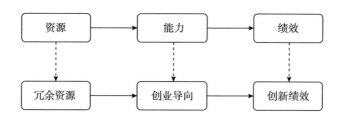

图 2-4 "资源—能力—绩效"的研究脉络

（二）创新绩效的内涵

创新理论指出，创新是对未知领域的探索，是组织内部各要素之间复杂关系耦合形成的结果。企业创新管理研究的一个焦点在于增进对于创新现象的认识与理解，要探究这一关键问题，不仅需要关注企业创新过程等规律性活动，还需进一步分析以创新绩效为代表的创新效果差异性等具体表征。Alchian 和 Demstez（1972）将创新的本质概括为"一种经济行为"，将其强调为企业发展的核心过程，是企业实现长期稳定且持续成长的主要路径创新和获取持续性竞争优势的重要来源。在快速变化的外部环境下，由于生产要素及生产方式具有不同的排列组合形式，因而导致创新会具有不同的方式，基于宏观视角可分为技术创新、管理创新、产品创新、市场创新、工艺创新、模式创新、制度创新等不同类型，创新不仅能够为企业成长提前配置潜在的"竞争优势资源"，而且可以在企业内部生成关键的核心能力。Nelson 和 Winter（1982）在其所著的《经济变迁和演化理论》一书中，基于演化经济学视角提出了关于创新演化理论，强调技术创新具有一定的路径依赖特征，在某些路径方向上技术相对稳定，而在另一些路径上则可能截然相反，二者的创新潜能可能也存在差异。Rothwell（1992）提出了关于企业创新的"线性模式"，即第一代创新模式主要是受技术进步推动的，而第二代创新模式则是市场需求拉动；创新演化理论在一定程度上揭示了企业创新活动的内在逻辑及其决定因素，对于创新研究的方法论具有重要意义。Arthur（1994）则在此基础上进一步强调了企业在追求创新绩效过程中所具有的路径依赖特征，他指出企业增加的利润回报无论是来自自身研发投入、"干中学"方式，还是其他的外部性，这些都可能决定了最终的绩效差异。

而在组织管理的主流研究中，"绩效"（Performance）是一个常见的惯用指标，其原因不仅在于人们对于结果的关注，还在于绩效具有较强的可操作性与可理解性，更加贴合于实证主义逻辑。随着对创新的不断定义与解读，学术界逐步试图对企业创新进行衡量，即是将"创新"与"绩效"二者的概念进行相互结合，特别是随着我国创新发展的不断深化，"创新绩效"作为衡量企业绩效的一项重要指标，愈发成为企业战略管理等领域的核心。进而言之，"创新绩效"从词语构造来看包含两层最基本的内容，即"创新"与"绩效"。其中，"创新"是企业家对于一系列生产要素的重新组合，着重强调于新产品或新结果的出现方式，即"Donging Things Differently"。随着研究不断深入，对于创新的定义逐渐延伸到了新想法的出现或新过程的执行方面，如新产品或新服务、新生产工艺技术、新的组织结构或管理系统或新计划或新程序等；Rogers 和 Shoemaker（1993）在其研究中进一步指出"创新是对于某种特定的想法、方法进行重大的改变"。而"绩效"则反映的是企业一定时间内的经营效果，是组织管理中的绝对因变量。由此可见，"创新绩效"顾名思义是关于创新活动实施所产生的效果，但综观既有关于企业创新绩效的研究，对于创新绩效的界定等往往由于学者的研究视角的不同而存在一定差异，关于创新绩效的具体内涵定义，目前仍未形成完全的统一。

具体来讲，学者基于不同角度及侧重点对创新绩效的内涵进行释义，主要是按照狭义及广义进行概念界定，其中，"狭义"上的创新绩效界定强调对创新结果的反映。例如，Mumford（2000）认为创新绩效应从新产品或新技术的开发、新知识的转化及管理系统的革新等方面进行评价；Drucker（2002）所定义的创新绩效为对企业创新结果所进行的综合性评价；Tierney 和 Farmer（2002）以创新产出导向强调创新绩效是企业的新颖且有用的产出；Alegre 和 Chiva（2013）则将创新绩效归纳为企业经过对创新要素的一系列投入后所取得的效果和提升的效率；我国学者易靖韬等（2015）将创新绩效定义为"新产品的出现、效率的提升及市场份额的增长"。而"广义"的创新绩效则将对结果的描述延伸到了想法的采用和执行过程中，刻画了从创新要素"产生、投入到结果"的整个过程，Janssen 和 Job（2000）研究指出，创新绩效反映了新想法从产生出现到应用实施的整个过程；Laursen 和 Salter（2006）则将创新绩效进一步描述为从产生、研发到实现商业化的一系列流程。由上述研究可以看出，广义的创新绩效侧重描述了企业在产生新想法、新灵感、新创意的基础上，通过对创新要素的投入，借助有效平台通过研发、开发、重整等方式，将想法、灵感及创意转化为全新的产品、工艺、服务、流程等，从而能够促进企业对竞争优势的取得。基于上述分析，所有关于企业创新战略管理研究目的的本质及核心都在于寻找到提高企业创新绩效的方法，尤其随着经济、社会等外部环境愈发复杂，以创新绩效获取持续性竞争优势更加成为创业企业生存和发展的关键出路，由此可见创新绩效对于创业企业具有至关重要的意义。

（三）创新绩效的影响因素

企业的本质是一个自组织系统，获取持续性竞争优势是其主要发展目标之一，对于创业企业而言，创新绩效则是其竞争优势的直接反映与体现，对创新绩效的关注由此成为企业创新管理领域研究的核心。而随着创新创业实践的快速发展，企业创新活动愈发具有多元化、复杂化等特征，关于创新绩效的影响因素也呈现出多因素之间的相互交织。由系统论发展而来的权变理论（Contigency Theory）成为对其进行概括的重要理论基础，权变理论将组织视作一个开放式系统，创新研究则必然是以开放式创新为背景，并由此主张"企业创新绩效是不同因素之间相互匹配的结果"，即组织存在于由内部要素与外部环境共同组成的情境之中（Battilana 和 Casciaro，2012），其中内部主要影响因素包括了企业的资源、架构、技术、流程、管理、氛围等要素（Khanagha 等，2018），而外部影响因素则是独立于企业而存在的，更为注重企业所处外部环境以及与外部主体之间的相互联动关系，大致可以总结为企业社会资本、网络联结、组织互动、知识获取、产业关系、政府补贴等组成的前因变量。由此可见，权变理论强调以"匹配"或者"拟合"对不同情境下组织内外部要素及关系进行捕捉，对于创新绩效影响因素的分析本质就是对内外部创新要素的匹配性分析。

因此，尽管当前关于创新绩效影响因素的研究已十分广泛，但大体可通过以下两种拟合研究脉络进行梳理：其一是对企业内部要素匹配程度的关注，这一研究视角的主要立场是组织内生论，如 Deng 和 Smyth（2013）指出，如果组织内部各要素之间具有较好的适配程度，这将很有可能带来较好的企业绩效，具体包括企业资源、能力、人员、结构、流程、文化等要素之间如果相互匹配呈现出较高的拟合契合程度，即能够使不用的组织元素具有一致性，就可以提高企业绩效进而对其持续性竞争力的提升具有显著影响；在此基础上，各要素间所具有的一致性更加有助于实现与外部环境的动态匹配效应。其二则是"现代权变主义流派"，其核心观点在于强调组织是不断地通过"输入与输出"过程实现要素的流通交换，产出绩效则是这些过程的结果，因此企业绩效是在有限的组织内部要素和外部环境要素之间达成某种一致所产生的必然结果（Pratono，2016），其研究重点在于对组织内部资源配置和外部环境要素的动态契合进行关注（Zajac，2000），因此，权变理论能够对组织内外部互动过程提供较好的解释。在以上两大研究脉络的基础上，还有一些研究观点对权变理论进行了补充与扩展，比如"适合性"理论观点认为，组织的每一次活动都可能对其他活动效果产生影响，因此企业绩效的提高需要在多种多样的组织活动之间找到最合适的组合，如创新创业相关活动对于创新绩效的影响；再如"间接性"观点认为，企业创新绩效的产生不一定是直接的，而更大程度上是通过要素之间的相关性进而产生的系列反应，并由此对影响创新绩效的中介变量进行分析，等等。

（四）创新绩效的测度方法

创新绩效作为组织创新活动及其与外部环境相互作用所产生的最终市场化结果，是对企业创新活动进行评估的关键指标，对创新绩效进行合理恰当的测度，对于企业创新活动的展开、创新效率的提升、创新政策的制定及创新风险的控制都具有十分重要的意义。但由于创新活动的复杂性、长期性、异质性等特征，以及侧重点的差异性，国内外对创新绩效的测度并未形成统一的标准体系，基于不同角度，目前学者们主要采用以下几种方法对创新绩效进行测度：一是基于数据的获取方式，可分为主观测量法和客观测量法；二是基于数据的测度内容，可分为研发测量法、专利测量法及收益测量法；三是基于测度指标的属性，可分为财务指标测量法和非财务指标测量法等。具体如下：

第一，基于数据的获取方式不同，创新绩效的测度可主要划分为主观测量法和客观测量法两大类。其中，主观测量法主要是通过设计调查问卷等方式进行调研，通过量表的形式进行评价。例如，吴晓冰（2009）分别基于产品维度、工艺维度和管理维度三个维度对企业创新绩效进行测度，构建了包含企业定位、发展战略、技术创新、工艺创新、管理创新等在内的 12 项指标的创新绩效评价体系；袁平等（2015）将创新绩效划分为过程绩效和结果绩效两个维度，其中，过程绩效的测度指标主要包括研发周期、投入速度、消费者体验等，而结果绩效主要包括企业竞争力提升程度、市场占有率提升比率、研发利润率水平等指标（Chen 和 Mille，2007）；彭云峰等（2019）则基于新产品数量、申请专利数量、新产品产值与销售总额占比、新产品开发速度、创新产品的成功率五个指标构造量表。而客观测量法则主要是通过已有的二手数据进行衡量，目前使用最为广泛的指标主要包括上市公司数据、企业调查数据、专利披露数据等；另外，也有学者在研究中将主观测量法与客观测量法相互结合，对创新绩效进行更加全面的测度。

第二，基于数据的测度方式不同，创新绩效的测度可划分为研发测量法、专利测量法、收益测量法及"效益—产出"测量法四大类。其中，Nelson 和 Winter（1982）、Chen 和 Miller（2007）等采用的"研发测量法"侧重于对创新研发的投入情况进行反映；Jaffe 等（1993）提出的"专利测量法"则侧重于对企业申请或授权的专利产出水平进行反映；Hitt 等（1996）提出的"收益测量法"则是对新产品的开发进行测度反映，主要包括利润率、销售增长率、投资回报率等。Hagedoorn 和 Cloodt（2003）、Aggarwal 和 Hsu（2013）认为可以基于企业的创新投入水平（如研发投入）和创新产出（如专利数量）两大维度对创新绩效进行衡量；李培楠等（2014）则基于对新产品销售额和专利申请情况两大维度进行测度；类似地，谢学梅（2010）在关于中小企业创新的相关研究中同样通过企业的专利数量、新产品销售收入占比等指标对创新绩效进行测度。姜滨滨和匡海波（2015）提出"效率—产出"的创新绩效评级方法：一方面，由于企业创新活动是要实现创新效率的提升，因此可以以创新效率对创新绩效进行反映；另一方面，也需要关注企业以专利等形式的技术产出，或以新产品、市值等反映的经济产出效果。

第三，基于测度指标的数据属性特征不同，创新绩效的测度可划分为财务指标测量法和非财务指标测量法两大类。其中，财务指标测量法主要是侧重于反映创新对于企业财务绩效，尤其是盈利性绩效的表现，常用的指标包括研发费用、总资产收益率、净资产收益率、净利润、销售额等，财务指标通常既可以通过客观财务报表等披露数据进行获取，也可以通过一手调研数据取得；而非财务指标测量法则通常来自主观数据进行评估，主要是以创新活动对非财务绩效及开发绩效等进行衡量，Wang 和 Ahmed（2005）、陈钰芬和陈劲（2008）、韵江和马文甲等（2012）使用的相关创新测度指标主要包括新产品开发周期、新产品引进速度、新产品收入占比等。

第四，基于企业绩效类别的不同，当前广泛使用的分类方法主要通过以下六大维度进行划分，分别是：一是盈利性绩效，具体常用的绩效指标大多为比率性指标，主要包括企业的资产收益率、净利润率、销售收益率、投资回报率等；二是成长性绩效，既可选取绝对数量指标也可选取相对比率指标进行衡量，常用指标包括企业销售额增长量、销售额增长率、员工人数增长量与员工人数增长率；三是创新性绩效，该类指标尤其受到创业企业的关注，常用指标包括企业研发支出、专利申请量、专利授权量、研发人员占比等；四是生产率绩效，常用的衡量指标包括企业研发投入率、总资产周转率、净资产周转率、人均销售额等；五是生存性绩效，该指标尤其适用于初创型的中小企业，主要测度指标包括破产率、主动关闭率等；六是满意度绩效，该类指标主要为在前五类绩效指标的基础上进一步形成的主观性指标，主要包括对盈利性绩效的满意度、对成长性绩效的满意度、对创新性绩效的满意度、对生产率绩效的满意度、对生存性绩效的满意度等。

（五）基于现有研究对本书的思考

创新活动通过对资源与能力的高效利用与优化配置产生"熊彼特租金"进而为企业带来竞争优势，创新绩效则是创业企业持续性竞争优势培育效果的重要表征，但通过对已有文献梳理发现，既有多数关于创新绩效的分析往往只侧重于某一层面，并且缺乏对要素之间的匹配效应进行深入探讨。因此，本书首先基于创新理论对创新绩效的内涵进行明确界定，然后将战略管理理论与创新理论相结合，通过"资源诱发认知，认知引发行为"的研究框架对创新绩效影响因素进行范式分析；具体基于权变理论分析可见，企业创新绩效的培育需要关注要素之间以及与环境之间的匹配性，由此，本书首先将从企业竞争优势内生论的视角对创新内部要素进行关注与剖析，其次以"冗余资源"与"创业导向"为前置要素，构建"资源—能力—绩效"的内源式创新匹配路径，以对创业企业持续性竞争优势的内部培育过程进行明确。创新绩效的提升同样离不开与外部环境的契合关系，因此本书进一步以系统论观点引入外部环境要素对创新绩效进行情境化适应性分析，重点将基于与外部主体之间的知识关系与网络关系构建过程进行交换，从而在理论层面为创业企业持续性竞争优势的培育提供更加完备的视角。

五、制度环境的相关研究

（一）制度理论

制度（institution）一词最初由拉丁语 instituere（即创立、建立）演变派生而来，是指某种已经确定的活动、形式或者结构的集合。而关于制度在学术研究中所形成的学派最早是由心理学研究演化形成的，即制度是社会群体或者个人在某一特定时期或某一特定社会发展阶段形成的具有普遍性的生活方式、思维习惯或认知态度。20 世纪七八十年代开始，制度分析逐渐受到政治学、经济学、社会学等各领域学者们的重视，并发展进入到新制度学研究时期，由此，组织所处的外部环境特征也被赋予了新的内涵；制度环境被定义为一系列用来建立生产、交换与分配的法律和社会基础规则。随着制度理论相关研究的不断深入，主要发展演变形成了两大学派，分别是以诺斯等人为代表的"新制度经济学派"和以斯科特等人为代表的"组织社会学派"。其中，新制度经济学派将制度视为对社会经济、结构、效率产生影响的重要外部因素，North（1990）在《制度、制度变迁与经济绩效》一书中将制度比作一种企业在经营过程中需要遵循的社会性"游戏规则"，并指出"制度是通过某种人为设定，以对行为主体间的互动关系产生约束"，新制度经济学派由此不断发展，并进一步把制度理解为"对具体行为产生约束的一整套规范体系"。相较而言，组织社会学派的研究则将制度的概念进一步向外延伸，Scott（2008）对制度的定义是"受法规、规范或认知体系所制约的某种社会结构及活动，进而使社会行为趋于稳定"，并提出了"规范制度—管制制度—认知制度"的三系统制度理论模型，总体来讲，组织社会学派关于"制度"的内涵边界不仅包括"法律规则、程序规范、传统习俗"，还包括"为人的行为提供'意义框架'的象征系统、认知模式和道德模板等"。Peng（2009）在综合这两大理论学派研究的基础之上，进一步提出了关于"产业—资源—制度"情境因素的"战略三角平衡"（Strategy Tripod）理论框架，指出基于该框架下的制度是由约束行为者的正式制度及非正式制度共同构成。吕源和徐二明（2009）研究强调，基于制度的战略观已经发展成为组织战略管理研究的主流理论；高照军和武常岐（2014）进一步指出，制度理论主要聚焦于宏观环境对微观组织行为的影响，其核心在于揭示组织如何构建所处场域内的制度规范或制度同构，嵌入制度环境下的组织活动是通过对规则规范的理性反应，使得组织获得稳定性发展。

关于制度转型与组织战略的关系如图 2-5 所示。

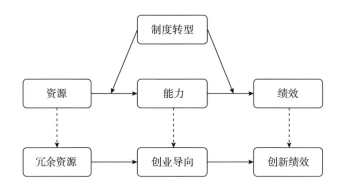

图 2-5　制度转型与组织战略的关系

对于创业企业而言，往往面临着"新进入缺陷"，Aldrich 和 Fiol（1994）创造性地将"合法性"理论引入创业企业成长的研究范畴中，所谓"合法性"是指在特定环境条件下，市场主体受到制度规则、价值期望等影响所产生的合意与合适的感知程度；并进一步区分了两种合法性：社会政治合法性（Sociopolitical Legitimacy）和认知合法性（Cogniive Legitimacy），其中前者主要来源于创业企业与公认的法律法规和管制标准的相符性；而后者则是指创业企业的存在与社会认知的密切相关程度。Zimmerman 和 Zeitz（2002）进一步明确了创业企业成长与发展是克服新生劣势、跨越组织合法性门槛，进而获得发展的动态过程；周雪光和艾云（2010）基于社会性视角将制度环境定义为一种普遍的社会规则规范或意识形态，并且赋予组织行为一定的合理性压力；Noshua（2009）也强调，组织的形成及发展过程都是由外部环境中普遍存在的社会规则或形态等压力塑造的，是让企业更加符合社会规范、价值观念及道德准则；陈嘉文和姚小涛（2015）进一步指出，制度环境要求企业的战略行为必须遵从合法性机制，其合法性高低则进一步决定了组织成长的持续性；Meyer 和 Peng（2016）建立了经济转型时期的制度理论，强调制度差异已成为转型发展过程中最为显著的客观情境之一；刘海建等（2017）研究指出，企业创新发展是为实现特定目标而不断适应社会环境的过程，探究外部制度对于创业企业创新能力演化的影响，不仅能够将一些新资产，如制度资产、市场资产等纳入企业战略管理的研究范畴，而且更加有助于对组织内部演化路径提供外源性视角，兼顾企业的内外部环境进而全面考察企业的战略决策。由此可见，制度理论已经成为影响创业企业战略发展及绩效获得的最为重要的外部因素，学术界甚至将其与资源基础观和产业基础观并称为新兴经济发展的三大基础理论。

（二）正式制度与非正式制度

制度经济学理论指出，组织行为是其所处的外部制度环境与企业内部经济活动相互作用的动态过程。组织活动具有环境嵌入性，在新制度经济学的理论框架下，市场改革的实质就是制度变革，诱致性制度变迁动力学指出，制度结构是由一个个制度安排构成，而制度安排又是紧密相关的，由于原制度不均衡会产生新的获利机会，而为了从中获得好处新制度安排被创造出来。制度是决定经济增长的关键性因素，制度环境已发展成为情境化研究中最为典型的外部特征之一，包括社会文化、群体信念、风俗习惯，抑或是生产压力、技术不足、资源匮乏等多种因素共同引起了组织的演变，而该演变的结果进一步促进了制度环境的形成，由此可见，企业的战略行为必须是在符合正式制度和非正式制度约束下的理性选择。随着经济全球化背景下创新经济的快速发展，制度环境的差异性已逐渐成为转型经济体制发展过程中最为显著的客观情境之一。Jackson 和 Apostolakou（2010）研究明确，企业活动本身是一种社会情境下的行为决策，必然受到情境中正式制度与非正式制度因素的共同影响，具体而言，制度既包括显性的法律规则、程序规范、经济合约等规制型正式制度约束，也包括隐性的社会规范、道德信念、意识形态等认知型非正式制度约束。

其中，在正式制度维度下特别将产权与法律法规等进行组合，强调了产权所具有的重要正式制度价值；而在非正式制度维度下则强调了内嵌于各种社会安排、道德规范框架下的非正式制度以及由此具体形成的非正式治理制度。Helmke 和 Levitsky（2004）指出，正式制度是由通过官方或政府部门认可的渠道产生和实施的正式规则约束，该约束主要聚焦于外部的制度约束和经营成本，和与经营过程所产生的包括克服环境不确定性等相关成本的作用；但相较于正式制度而言，非正式制度的研究则更加聚焦于符合认知合法性行为的社会规则和规范，即制度为组织外部的利益相关者提供关于组织合法性的社会评价标准，其评价结果与组织的资源获取，甚至生存发展息息相关。Bylund 和 Mc-Caffrey（2017）则对创业活动的制度环境进行进一步研究，指出作用于创新创业的制度环境同样包含了正式制度及非正式制度两部分，两种制度共同构建了市场经济的各类活动主体如何选择创业机制，以及其可能选择的创业方式等关键问题。贺小刚等（2019）指出，制度对创业企业战略选择具有重要影响，创业者的战略反映的正是制度环境中所蕴藏的机会或局限。由此可见，传统的制度理论同样适用于创新创业领域，更加强调创业企业所展开的相关活动必须符合"合法性"要求所应遵循的公认规则，而对合法性的认知不仅局限于法律规范等强制性正式制度要求，还应涵盖社会期待等非正式制度环境（Bitek-tine 和 Haack，2015），前者强调一种"强制合法性"，即外在的正式法律体系对创业企业主体的管制规则，其中最为重要的是通过产权认证等方式获取管制合法性；而后者则更加强调"认知合法性"，即创业企业主体的选择及相关行为所依赖的特定社会认知规范，其中最为主要的是通过网络关系构建提高企业自身的可感知规范合法性。基于以上分析可以看出，制度理论是对组织战略管理理论由微观向宏观视角的拓展和延续，通过正式制度与非正式制度二者的共同刻画和分析，能够更加全面且有效地揭示制度转型时期影响我国创业企业成长过程的外源性机制。

（三）正式制度：知识产权保护的相关研究

1. 知识产权保护的内涵

关于"知识产权"（Intellectual Property Rights）一词，最早诞生于 18 世纪的德国，当时仅仅针对于文化成果的"著作权""版权"等专有权。随后，

"知识产权"被更为广泛地概括为"知识创造人对一切关于知识活动或知识资产所享有的权利",主要是指对个人、组织或其他法人通过智力成果而被赋予享有的财产收益权或让渡所有权等其他权力束,即智力财产权或智力成果权。但一直以来,关于知识产权的定义不断变化,并未达成统一标准,各国的法律条文及国际条约都是以列举的方式不断对知识产权的内涵及外延进行界定。其中,现代知识产权的范围最早由世界知识产权组织(WIPO)于1967年进行界定,其对知识产权的定义为"在文学、美术、音乐等智力创造活动中,以及商业中使用的标志、图像、名称、设计等";而《与贸易有关的知识产权协议》(TRIPs)及"国际保护工业产权协会"(AIPPI)中则把"知识产权"界定为版权、专利权、商标权、外观设计权、地理标志或标识权、未公开的信息知识专有权等;《中华人民共和国民法通则》中则将"知识产权"划分为专利权、著作权、商标权、外观设计权及商号权。我国于1979年开始承认和保护知识产权,政府主要通过三个国家法规构建了法律框架,分别是《中华人民共和国专利法》《中华人民共和国商标法》和《中华人民共和国著作权法》。目前学术界应用最广泛的划分方法是将知识产权划分为"工业产权"(Industrial Property)及"文学产权"(Literature Property)两大类,其中工业产权的保护对象一般包括发明专利、商标权、实用新型及工业品外观设计等;而文学产权的保护对象则主要包括文学、科学及艺术作品的著作权(版权)及其相关邻接权。

进而言之,知识基础观强调,不同于其他传统有形的组织生产要素,知识是生产者以其思想体现的社会生产要素,不会出现规模报酬递减,具有无消耗、易传播、无排他等属性,因此首先具有了共享性特征,但同时需要经过人脑进行加工、整合、创造才能发挥价值。随着新制度经济学及演化经济学的不断发展,Teece(2007)基于制度创新领域的研究强调了制度专用性及产权的重要性,指出"产权保护机制"是制度专用性的一个最重要维度,有别于"法律产权"的概念,经济意义上的"产权"概念更加宽泛:既包括了依据法律法规所获得的产权,也涵盖了依据社会习惯及排斥力而获得的产权。"知识"作为一种准公共产品,其产权问题不容忽视,知识产权是"知识创造人对智力成果等知识资产所享有收益权或让渡所有权等权力束";知识产权的价值存在于将知识产权商品化以及市场化,知识产权保护制度则是现代科学技术和商品经济发展的产物（刘鑫和毛昊，2022）。因此，在知识经济时代"知识产权保护"作为一种专门为保护创新而生的法律制度，能够赋予产权所有者一定时期的垄断权利使其获取租金，由此成为保护创新成果最为关键的正式制度。"知识"本身作为公共产品具备了公共产权的法律保障，"知识产权"在公权的基础上具备了显著的私权特性，其在特定时空内是被赋予所有者垄断保护专有权限的，本质是将具有公共物品特征的知识私人化，强调独占性及相对垄断性特征，在特定期限内受到法律保护，而在超过法定期限后自动解除保护使得资源能够在社会共享。吴汉东（2014）在对知识产权的理论进行体系化与本土化的研究中指出，知识产权应具有和有形资产相似的特性，不仅享有所有权、使用权、转让权、收益权、处分权、租赁权及销售权等；在此基础上，知识产权同样是一种无形资产，同时也具有了无形资产的固有属性。因此，知识产权兼具有共享性和独占性、有形性和无形性等不同特征。

2. 知识产权保护的测度

（1）基于国家层面的知识产权保护测度。学术界当前关于知识产权保护水平的测度大多是关于国家层面进行指数构建，Rapp 和 Rozek（1990）最早对知识产权保护水平进行量化分析，具体按照知识产权保护的水平差异将其划分为五个等级（即 RR 指数），但 Rapp-Rozek 的测度方法只体现了一个国家是否颁布知识产权保护的相关法律法规，而忽略了对法律条款实施效果的反映；Ginarte 和 Park（1997）在此基础上更加深入地构建了关于知识产权保护的 GP 指数，该指数具体以一国是否参与包括临时禁令（preliminary injunction）、辅助侵害请求（contributory infringement）、反向举证责任（burden of proof reversals）等在内的国际知识产权保护公约或者具有针对知识产权保护的相关法律法规进行指数构建，具体将该指标划分为五类，包括对权力丧失的保护、是否为国际条约成员、有关执法措施、相关保护的覆盖范围以及保护的期限。然而，该方法在司法制度较为健全的西方国家适用性较强，但对于我国目前正处于司法体系不断完善的转型时期，立法与司法之间由于尚未完全一致，采用该静态指标进行测度会导致与实际情况相距较大。韩玉雄和李怀祖（2005）基于"GP 指数"并结合我国制度等的现实背景对该指数进行了进一步适用性修正，构建形成了"HL 指数"，具体是将影响"知识产权保护效果"的相关变量定义为"知识产权保护执法力度",并进一步将影响"执法力度"的主要因素总结归纳为以下四个方面:法律体系的完备程度、社会发展的法治化程度、经济发展程度以及国际社会的外部监督水平。分而言之:①以"立法时间"作为某国法律体系发展完备程度的测度指标;②以"律师比例"作为某国社会法制化程度的测度指标;③以"人均 GDP"作为某国经济发展水平的测度指标;④以"是否为 WTO 成员国"作为对国际社会监督机制的测度指标。许春明和单晓光(2006)则以"知识产权保护的立法强度"与"执法强度"相乘作为一国知识产权保护的强度指标,其中:"立法强度"指标主要包括专利法、商标法、版权法及其他法;"执法强度"指标主要包括司法保护、行政保护、发展水平、公众意识及国际环境五个方面。董雪兵等(2008)进一步采用标准化的方法对许春明的执法强度指数进行改进,其中:①司法保护水平:当律师人数占总人口数的万分之五时表示司法保护水平较高,因此"律师人数"按照万分之五进行标准化;②行政保护水平:假设一国法律体系的建立完善需要一百年时间,将该行政保护水平进行标准化;③经济发展水平:根据世界银行的标准,中等收入国家人均 GDP 约为 2000 美元,因此按照人均 GDP(美元)除以 2000 进行标准化;④公众意识水平:由于公众知识产权意识随着受教育程度提高而增强,因而采用"成人识字率"进行衡量;⑤国际监督水平:是否加入 WTO。而 Shen(2010)则以专利侵权案件的结案率作为知识产权保护执法力度的衡量指标,即"当年专利纠纷结案累计数除以当年立案累计数"。

(2)基于省际层面的知识产权保护测度。不论是 GP 指数、HL 指数或其他方法仍旧是停留在国家层面,而关于省际知识产权保护指数的测度与国家层面更是具有实质差异。如前文所述,知识产权属于一种特殊的产权契约制度范畴,知识产权保护水平的测度必须结合制度背景进行分析,具体来讲,由于我国立法权高度集中,省际地区的产权及契约制度基本相同,因而知识产权立法具有普遍适用性,关于知识产权保护的差异性主要体现在与法律法规的实施机制及具体执行措施的不同,即关于司法和行政执法水平的差异。吴超鹏(2009)首先以"各省知识产权代理服务公司的密度"以及"各省的技术转让市场规模"进行省际知识产权保护水平的测度,其中前者通过"某省的知识产权代理服务公司数/该省当年人口总数"进行具体测度,后者则通过"一省技术市场成交合同的总金额/该省当年地区生产总值"计算，李莉等（2014）在其研究中沿用了这种方法。胡凯等（2012）则指出，当前一些有形要素交易市场的重要性正慢慢被知识技术等无形要素交易市场所赶超，由于技术交易对象实际为附加在技术之上的知识产权，技术交易的实质因而应体现为对知识产权的转移分配，其在一定程度上取决于该地区对于知识产权保护水平的实际情况，因此，"技术交易市场成交额"在一定程度上能够对知识产权保护水平进行反映，李勃昕等（2019）沿用了该方法。史宇鹏和顾全林（2013）则通过"不同省份专利侵权相关案件情况"进行测度，分别包括"某省的专利侵权纠纷立案数除以专利拥有数""假冒他人专利行为立案数除以专利拥有数"及"专利侵权的纠纷案件结案率"三部分。宗庆庆等（2015）则首先通过主成分分析法分别从知识产权执法力度（累计结案率）、民众知识产权保护意识（人均专利申请量）、知识产权被侵害程度（累计立案数除以专利累计授权）以及律师知识产权保护意识（律师处理的知识产权案件数除以律师处理的民事案件诉讼代理合计）四个维度首先构建出执法因子，再以此乘以 GP 指数最终得出省际知识产权保护强度综合指数。吴超鹏和唐菂（2016）基于三个角度构建了"知识产权保护执法力度"指标，分别为：①行政执法方面，由"各省委重视知识产权保护程度"（省委机关报纸宣传知识产权保护的文章数目/该省委机关报当年所有文章数目），以及"各省对于知识产权侵权案件的相关受理情况"（1−某省当年知识产权局所受理的知识产权侵权案件数/该省所累计授权的专利总数）反映；②司法保护方面，相关测度是由"专利被侵权一方通过司法渠道取得判决胜诉的比率"（知识产权被侵权方在有关侵权案件中胜诉数/当年该省通过法庭进行判决案件总数）反映；③执法效果方面，相关指标来自倪鹏飞等编写的《中国城市竞争力报告》，具体是对"各省的知识产权保护效果指标值"进行平均，在上述三方面的基础上，进一步采用主成分分析法构建了我国各省知识产权保护执法指数。关成华等（2018）则分别从执法力度、社会法制化水平、社会知识产权保护意识、经济发展水平、法律体系完备程度及国际监督制衡机制等指标进行度量。顾晓燕等（2021）综合考虑了知识产权立法水平和知识产权执法水平，以两者相乘结果表示实际知识产权保护水平。其中，知识产权立法水平指标包括知识产权保护的覆盖范围、是否为国际条约成员、保护的期限、执法的机制以及权利丧失的保护；知识产权执法水平的度量内容分别是执法的力度、社会法制化的水平、知识产权保护的意识、法律体系的完备程度、经济发展的水平以及国际监督制衡的机制。

表 2-2 为关于知识产权保护的测度方法研究梳理。

表 2-2　知识产权保护测度

测度层面	测度方法	代表学者
国家层面	是否为国际条约的成员、对权利丧失的保护、有关执法措施、相关保护的覆盖范围及保护的期限	Ginarte 和 Park 等
	法律体系的完备程度、社会发展的法治化程度、经济发展程度、国际社会的外部监督水平	韩玉雄和李怀祖等
	知识产权保护的立法强度、执法强度	许春明和单晓光等
	司法保护水平、行政保护水平、经济发展水平、公众意识水平、国际监督水平	董雪兵等
	专利侵权案件的结案率	Shen 等
省际层面	各省知识产权代理服务公司的密度、各省技术转让市场规模	吴超鹏；李莉等
	地区技术交易环境	胡凯等；李勃昕等
	专利侵权案件情况	史宇鹏和顾全林等
	知识产权执法力度、民众知识产权保护意识、知识产权被侵害程度、律师知识产权保护意识	宗庆庆等
	各省委重视知识产权保护程度、知识产权侵权案受理情况、被侵权方司法判决胜诉率、执法效果	吴超鹏和唐茜等

（四）非正式制度：社会网络的相关研究

1. 社会网络的内涵

企业经济活动是在复杂的社会网络中进行的，"社会网络"（Social Network）的概念最早源自人类社会学的研究范畴，是在 20 世纪 30 年代由英国人类学家 Brown 所正式定义，即是"一组关于行动者之间（the sets of actors）的社会关系的集合"，"行动者"作为社会网络联结主体，可以是个人与个人之间的关系、个人与组织之间的关系或者是组织与组织之间的关系，这一系列横向或纵向关系的汇总构成了不同类型的社会网络。20 世纪 70 年代著名社会学家 Granovetter（1973）逐渐将社会网络研究引入管理学领域之中，将其定义为"是由不同主体基于交流而逐渐形成的一种相互之间的关系纽带"，并进一步提出了"网络嵌入性"理论，强调任何组织或个人的各项经济活动及行为都是嵌入其所处的社会网络关系之中，并在所嵌入的网络结构中与其他相联结的行为主体产生资源及信息的相互传递或交换。由此可见，社会网络重点关注于有界群体的相关社会行为，是基于组织或个体之间的联系及集合。

社会网络分析法被经济学、管理学等研究领域不断重视，其主要是基于非正式"关系"的角度对网络联结、网络结构等特征进行分析，成为企业管理领域中关于组织关系研究的重要补充。社会网络理论基于此进一步强调，组织或个体都由此通过与外界保持一定的社会关系或联结而嵌入由多种关系交织形成的社会网络之中，Leary 和 Roberts（2014）指出，任何社会个体的行为都不仅仅取决于其自身，而难免要受到其所嵌入社会环境中直接或间接接触到的其他行为主体的影响，即个体行为都深深地嵌入其所处的社会网络之中，依赖于他人的行为而对自身决定或偏好产生影响或发生改变的决策外部性（Decision Externality）；边燕杰和丘海雄（2002）指出，社会网络的形成不需要依靠正式组织或团体，它更多时候是通过相互之间的接触、交流等互动行为过程而形成的；Kaustia 和 Rantala（2015）强调，行为主体常常不得不在高度不确定或者信息不完备的状态下进行行为活动决策制定，这种决策就需要依赖于相互之间的非正式交流。可见，社会网络在管理学界的不断拓展带动了组织间网络理论的蓬勃发展，逐渐成为制度转型背景下分析有关非正式制度对企业行为活动产生影响的关键要素之一。进而言之，既有关于社会网络的主流研究分别从以下不同视角进行理论阐述，主要包括"社会资源观""社会资本观""网络结构观"等几大学派，具体观点如下：

（1）以 Gulati（1995）为代表的社会资源观强调对异质性资源获取的关注，基于该理论视角，社会网络是企业所拥有的一种难以模仿或复制的特有专用资源，并且组织间的社会关系作为相互连接的"信息桥"，不仅能为彼此带来更为丰富的异质性资源，同时能够为企业创造资源提供多样性的方法或渠道，因此嵌入网络中的企业发展目标主要是不断拓展资源渠道、建立新的网络关系，即网络资源观认为网络是企业获取创新机会与资源的关键环境。Donna 等（2006）认为，社会网络是企业承担某些特定项目及业务所必要的资源；

Aldrich 和 Martinez（2001）指出，创业企业构建并拓展其社会关系的主要目的在于促进对资源的获取及交换；Portes 等（2004）研究强调，企业家在社会网络中具有获取资源的能力，这种能力体现了与他人关系中所蕴含着的一种资产，是一种网络嵌入性的结果；王庆喜和宝贡敏（2007）同样认为，社会网络为组织搜寻获取外部资源提供了重要渠道。

（2）以 Putnam、Adler 和 Kwon 等（2002）为代表的社会资本观侧重于将网络关系视为某种社会经济的交换，而资源或情感的联结关系更多表现为某种经济或工具式关系，该研究视角指出社会网络关系是社会资本的核心，它为网络关系中的行动者提供了一种重要的潜在或现实的资本回报。政治经济学家 Ostrom（1995）则基于社会公共事务治理的角度指出，社会资本是理解个体如何克服集体行动困境、实现合作进而获得更高程度的经济绩效之所在；边燕杰和丘海雄（2002）则将社会资本视作是与物质资本、人力资本、文化资本等同样重要的关键资本，它体现了行为主体通过社会关系网络取得资源的能力；熊杰和孙道银（2017）也指出，社会资本代表了主体对于社会关系动态运作的能力，而社会网络则体现了该能力下的一种静止存在状态；姜卫涛（2012）指出，企业家社会资本蕴含着结构、资源、策略三大构成因子，分别表现为企业家的社会关系、社会资源以及创新机会；辛琳等（2022）进一步将企业社会资本划分为外部资本与内部资本，其中，内部关系主要提供了企业的内部社会资本，而外部资本则是组织外在社会关系所提供的资源，并且外部资本所带来的信息、资源更为丰富。网络资本观较资源观的最大区别在于这种关系的构建更加强调"信任—互惠"的关系与规范，因此会存在一种"风险—试错"（trial and error）过程。

（3）"网络结构观"更加关注于揭示社会网络的内部问题，强调社会网络所具有的嵌入性及结构性特征以试图揭示行动者之间如何产生相互影响，如结构洞等，其代表人物包括 Granovetter、Powell、Uzzi 等。该观点主要是从结构关系出发，把网络分层下的业务职能引入其中，将社会网络定义为组织之间为实现共同经济利益，达到企业间信息交换、资源转移等目的，以信任、互惠、合作为基础而建立的相互联结的嵌入性关系。Burt（1992）指出，社会网络中常常存在着某些主体之间并未直接相连的关系，从网络整体结构来看，似乎是在网络结构中出现了某些"洞"，并由此提出了重要的社会网络"结构洞"理论；陈运森（2015）进一步研究指出，企业的社会网络关系中同样也存在结构洞，由于企业嵌入关系网络中，因此占据结构洞关键位置的企业更加能够掌握资源及信息优势；叶琴和曾刚（2022）指出，社会网络中结构洞的占据者类似于网络节点间的"接线员"，能迅速控制信息优势、获取核心资源，更易于发现创新机遇，提升企业创新绩效。网络结构观所强调的网络关系更加侧重于描述一种不断循环的组织间交互结构与过程，形成了更加稳定、可预测且可持续性的网络关系。

2. 社会网络的测度

对社会网络的测度主要基于"社会网络分析法"，该分析方法是社会科学研究领域中的一个独特而重要的研究视角，其分析基础是基于一个基本假设，即"互动的主体之间所具有的直接或间接的关系联结"，强调对行动者"关系和关系"的模式关注，而非行动者的观念抑或是属性等数据；具体来讲，社会网络关系主体之间的联系可以形象化为"节点"（node）或"纽带"（ties）的结构，社会网络分析法是通过主体间的关系模式进行属性分析，因而"关系"是网络分析法的基本分析单位。正因为存在社会关系，网络分析者以此为基础对"网络中心度"进行了定量描述，它具体量化分析了行为主体所在社会网络中的位置或权力。关于中心度的刻画标准，以 Freeman（1979）为代表的社会网络分析者普遍采用的四个主要指标包括程度中心度（degree centrality）、中介中心度（betweenness centrality）、接近中心度（closeness centrality）及特征向量中心度（eigenvector centrality）。具体如下：

（1）程度中心度。在网络中如果一个行为主体与其他相关行为主体所具有的直接关联越多，那么该行为主体就越处于更加中心的地位，从而能够拥有更大的网络权力。程度中心度可以通过与其有直接关系的个体数目进行测度，但当整体规模存在差异时往往绝对数值缺乏可比性，因此，最为广泛使用的是中心度的相对测度。其计算方法为：$Degree_i = X_{AD}(i)/(n-1)$。其中，$X_{AD}(i)$ 表示企业 i 所联结的其他企业数，n 表示企业的总数。程度中心度指标是反映社会网络联结"活跃度"的最简单的、最具有直观性的指数。

（2）中介中心度。在网络中如果一个行为主体同时处的其他交往网络的路径越多，则其越有可能掌握更多的信息资源，由此出现了专门用于反映某行为主体在网络中的个体中心度的重要指标，即为"中介中心度"，该指标在一定程度上能够较好反映出某主体对网络资源所具有的中介控制程度。中介中心度的计算方法为：$Betweenness_i = 2\sum_i^n\sum_k^n b_{jk}(i)/(n^2-3n+2)$。其中，$j<k$，$b_{jk}(i)$表示某企业$i$位于$j$和$k$二者之间的测地线概率。中介中心度指标用以反映社会网络有关联结的"控制力"，能够具有沟通奇特联系者的中介作用。

（3）接近中心度。在网络中如果一个行为主体与其他联结主体越是接近，表示其在进行信息传递或信息交易的过程中就越少依赖于其他人，则表示该行动者所拥有的接近中心度越高，该指标反映了在网络中某一节点与其他节点之间的接近程度。接近中心度的具体计算方法为：$Closeness_i = (n-1)/\sum_{j=i}^n d(i,j)$。其中，$d(i,j)$为企业$i$与$j$的最短路径，$\sum_{j=i}^n d(i,j)$表示企业$i$与其余所有节点的最短路径之和。接近中心度指标更加关注于点与点之间的捷径距离，能够反映社会网络联结的接近程度。

（4）特征向量中心度。在网络中一个节点的中心性是相邻节点中心性的函数；换言之，与一个行为主体联结的其他主体越重要，那么该主体就越重要，该指标的主要目的是在整体网络结构的基础上能够寻找到位于最核心位置的行为主体，也就是用该指标能够对整个网络的"特征向量中心势"进行有效测度。特征向量中心度的具体计算方法为：$Eigenvector_i = \sum_j b_{ij}E_j/\lambda$。其中，$b_{ij}$是邻接矩阵，$\lambda$是最大特征值，$E_j$为企业$j$中心度的特征值。特征向量中心度指标主要用以反映社会网络中真正居于核心位置的个体。

表2-3为社会网络的测度方法研究梳理。

表2-3　社会网络中心度测度

中心度指标	相关概念	测度方法
程度中心度 （degree centrality）	测量网络中一个节点与所有其他节点相联系的程度	$Degree_i = X_{AD}(i)/(n-1)$
中介中心度 （betweenness centrality）	测量经过某个节点的最短路径的数目	$Betweenness_i = 2\sum_i^n\sum_k^n b_{jk}(i)/(n^2-3n+2)$
接近中心度 （closeness centrality）	反映在网络中某一节点与其他节点之间的接近程度	$Closeness_i = (n-1)/\sum_{j=i}^n d(i,j)$
特征向量中心度 （eigenvector centrality）	反映在网络中真正居于核心位置的个体	$Eigenvector_i = \sum_j b_{ij}E_j/\lambda$

六、研究述评

通过上述对相关国内外研究文献的梳理与总结可以看出，对于创业企业创新发展而言，尽管资源基础理论、动态能力理论、创新理论及制度理论等理论是基于不同视角对企业的成长过程进行诠释与解析，但创业企业创新发展是一个动态变化的系统性过程，因此在既有研究中仍存在着一些不足或局限之处，具体而言：

第一，既有关于组织战略管理的研究较少关注于创业企业。由于组织战略管理理论所具有的情境适应性特征，导致对当前我国经济制度转型发展下大量涌现的创业企业指导价值可能存在一定限制，因此对中国创业企业创新发展的实践开展系统的理论研究迫在眉睫。基于此，本书将尝试性地通过对我国经济发展的现状及特征进行剖析，明确创业企业冗余资源存在的现实可能，将外部资源约束下的创业企业成长的起点回归于组织内部，以期能够丰富创业企业成长路径的理论视角。

第二，既有关于冗余资源对创新绩效的影响过程方面的研究还不够明晰。尽管大量研究已对"资源与绩效"二者的关系进行探讨，对冗余资源影响企业绩效的相关理论阐述已十分广泛，但关于资源禀赋与最终创新价值实现之间的转化过程还没有得到充分解释，缺乏对于创业企业创新发展内在机制本质和内在规律的提炼，使理论指导的实践性难以落地生根等。基于此，本书将尝试性地将以创业导向为核心的企业动态能力理论引入研究中，并以此作为所研究的关键中介角色，即通过对创业导向的特征与机理剖析，构建关于"资源—能力—绩效"的创业企业创新发展的内部路径，以期能够打开组织资源价值提升过程的理论"黑箱"。

第三，既有对企业创新成长路径的研究往往忽视了关键要素之间的匹配效应。作为企业成长过程中的两大关键要素，"资源"与"能力"二者并非静态不变的，事实上创业企业创新绩效的差异往往是企业自身的资源禀赋与创业导向等关键要素相互匹配作用进而产生不同的影响效果。而现有文献则缺乏对于冗余资源禀赋与创业导向特征的匹配效应研究，尤其作为市场竞争中的"后发者"创业企业，如何选择与自身特征相匹配的创新发展路径是其实现追赶超越的关键。基于此，本书通过进一步对冗余资源与创业导向不同特征的解构，通过建立要素之间的匹配关系，以期在丰富企业战略管理理论研究的同时，能够进一步为创业企业的创新追赶超越过程提供参考。

第四，既有研究往往关注于外部制度环境对于微观组织的资源或行为能力所产生的影响，但却鲜有研究系统性地分析制度转型情境对"资源—能力"过程的影响。尤其随着我国经济转型的不断深入及市场竞争的愈发激烈，二元化的制度压力必然对企业资源与核心能力的形成演化过程产生深刻影响，对制度环境的单一维度研究视角已无法适应我国当前的现实情境。由此，本书将尝试性地通过对以知识产权保护为表征的正式市场性制度，以及以社会网络为表征的非正式社会性制度进行"双管齐下"式的理论探究；并进一步尝试通过对我国省际知识产权保护水平及创业企业社会网络联结现状的重新测度，以期不仅能够有助于从理论机制上明确外部正式制度与非正式制度对组织行为的差异化调节机制，并且能够为具体的实证分析方法提供有价值的参考。

可以看出，上述四个悬而未决的问题致使创业企业战略管理研究仍处于主流管理学和经济学研究的边缘，其理论合法性也并不稳固。经济学主要侧重于宏观层面的分析，以此强调外部环境对组织绩效所具有的影响，但在相同环境中创业企业绩效的差异性却难以得到充分的解释；尽管管理学从微观层面出发，揭示了创业企业创新绩效的内在异质性，但却缺乏对于共性问题的凝练，因而其经验的可复制性存在不足。基于此，本书将以创业企业为研究对象，从战略管理理论出发，通过对组织情境、管理者情境及社会情境的分别刻画，将静态资源观、动态能力观与宏观制度理论相互结合，构建出动态的、完整的面向创业企业成长绩效提升的机理模型，从而能够对创业企业战略管理的理论与实践提供有益洞见。

七、本章小结

通过对文献梳理可以看出，在多理论互动关系的研究视角下，忽略任何一个环节都会对研究结论的情境解释力产生影响，也就是同一理论视角下的相关研究也可能存在不一致结论，这也是本书基于多理论视角探究创业企业持续性竞争优势问题的关键。首先，创业企业获取持续性竞争优势的本质是企业不断调整并适应外部环境动态变化并取得持续创新租的过程，这一框架必然离不开经典的战略管理理论的驱动要素，如资源基础观、动态能力观和创新发展观等，以此为基础构建的分析范式对企业创新绩效和内部成长路径等问题能够提供较强的理论解释支撑。其次，基于系统论视角，不同理论中的核心要素无法独立对组织成长产生完全作用，必然是通过某种联动匹配模式进而发挥作用。基于哲学预设的视角出发，这其实也是对"主体间性"（intersubjectivity）一定程度的深入探讨，即以"主体之间的交互特性"作为根本认知对象进行研究，而并非传统的"主体性"论调。"主体间性"是现代西方哲学发展出的一个重要概念，强调主体之间因具有某种共同接受的事物，而形成的交往关系或交互实践（孙庆宾，2009），德国哲学家哈贝马斯将这种交往过程强调为互为主体的理性交往行为理论。最后，企业成长必然处于开放式社会系统中，组织内部与外部要素对于企业成长的过程可能产生相互作用，如基于资源视角及社会网络视角，外部社会网络提供的资源要素可能会对内部既有资源产生影响，这一影响既可能是补充作用也可能是某种替代作用，这也符合复杂适应系统（Complex Adaptive Systems，CAS）理论，即开放性不仅体现在主体之间，也决定了主体与环境之间不断进行信息传播（周晓牧和韩晖，2000）。

由此，在第一章对本书的研究背景与研究目的进行明确的基础上，本章进一步分别基于资源观、能力观、行为观、制度观等视角，对冗余资源、创业导向、创新绩效、制度环境等国内外相关研究动态进行梳理。具体而言，已有文献分别从"资源—能力—绩效"等视角进行研究，为本书对组织成长的理论过程进行分析提供了较为丰富的研究借鉴。具体来讲，第一，本章通过由资源基础理论向"冗余资源"的演进过程进行梳理，明确了冗余资源研究的理论价值，并进一步系统阐释了其内涵、分类、作用，以及与企业绩效的关系；第二，通过资源基础理论向企业能力理论的演进，厘清了"创业导向"的研究脉络，同时明确了创业导向的内涵与企业绩效的关系，为关于创业导向所发挥中介机制效应的相关研究奠定了理论基础；第三，以创新理论为基础，基于"创新绩效"的内涵与测度两大方面对相关研究进行了系统梳理；第四，分别从新制度经济学与组织社会学的视角，对正式制度的"知识产权保护"与非正式制度的"社会网络"各自的内涵、作用及测度等相关研究进行了详细梳理与归纳。本章在上述研究综述基础上，对既有研究现状与动态进行了相关述评，发掘了可能的研究突破口与切入点，为接下来的机理分析与理论研究提供了有力的文献支撑。

第三章　概念界定与理论框架

一、研究对象界定

（一）创业企业

关于"创业"，其本质是企业组织管理过程中的创新活动，对应有多种不同的英文表述方式，如 venturing 或 entrepreneurship 表示"创业活动"，entrepreneur 表示"创业者"，而"创业企业"一般用 venture 或 start-up 表示。进而言之，所谓创业企业，即是以优化资源配置、识别市场机会、主动进行创新为战略的创业活动实施载体，并以此构建一个具有法人资格的全新实体，具体来讲，创业企业的概念界定具有广义和狭义的不同范畴。其中，广义范畴的创业企业应包含对机会进行找寻的"预想企业阶段"以及对组织运行管理的"实际企业阶段"；而狭义范畴一般仅指"实际企业阶段"（林强等，2001）。根据"企业生命周期理论"进行理解，"实际企业阶段"一般包括初创期、成长期和成熟期三个不同阶段。但在具体阶段的划分上当前学术界尚存在一定分歧，如李宏贵等（2017）指出，创业企业通常应是位于快速成长阶段；而根据 Chrisman 等（1998）、Kloze 等（2014）的研究观点，创业企业在发展至成熟阶段之前都属于"创业"范畴。另外，当前学术界对于具体的企业创立年限也存在不同观点，如《全球创业观察》报告（GEM）一般是以 42 个月作为创业企业的成立界限；Baum 等（2011）研究指出，创业企业成立年限应界定为四年；Covin 和 Slevin（1991）认为产业、资源和环境等因素差异都会对其时间界定产生影响，并将该界限定以 12 年为标准；而我国学者林强（2003）进一步认为由于我国经济社会转型发展的特殊轨迹，这个时间可能为 8～12 年；Kiss 和 Barr（2017）提出了十年的界限，类似地，余红剑（2017）指出由于我国市场当前的风险投资机制不够健全，创业企业成长需要十年左右时间。Weiss（1981）认为，平均而言创业企业往往自成立七年后实现盈利，因此应以七年作为一个节点；孟宣宇（2013）则指出，企业的初创期一般应包括过渡期与起飞期两个阶段，与成熟企业的生命周期不同，过渡期一般指企业从刚开始建立到实现首次盈利的阶段，需要持续存活 3～5 年开始起飞，然后不断成长进入起飞期，因而将八年作为创业企业的划分时间；张秀娥和张坤（2018）、马天女等（2019）同样分析指出，我国创业企业由成长期迈向成熟期通常需要八年左右时间，因此创业企业成立时间应是存续时间在八年之内。

基于上述分析可以看出，由于我国经济制度转型背景的特殊性以及市场环境发展的不完全性，对新企业创建的维度而言，孙中博（2014）指出，我国创业企业的划分，应包括制度改革背景下涌现出来的新企业。因此，结合研究实际，本书认为我国创业企业的确定不仅应按照"企业生命周期理论"通过成立时间长短的单一维度进行划分，同时应该综合考虑制度变革维度等外部影响因素。基于此，本书进一步借鉴刘伟等（2014）的研究观点，将创业企业主体要素的界定范围确定为：在企业生命周期过程中处于初创阶段以及快速成长阶段的股份制企业。

（二）冗余资源：竞争优势从何而来

在市场竞争中创业企业持续性竞争优势需要不断地获取资源并对其进行整合与开发，冗余资源作为企业获取竞争优势的重要资源基础，以差异化的状态存在于组织内部，学术界关于冗余资源的类别划分也不尽相同。Shahzad 等（2016）根据资源流动性与使用灵活性的不同，将冗余资源分为非沉淀性冗余资源（unabsorbed slack）及沉淀性冗余资源（absorbed slack）两大类；Tan 和 Peng（2003）、李晓翔和刘春林（2013）等学者延续了这种分类。而 Singh（1986）则基于资源的易使用性或可利用性等自由裁量权不同，将冗余资源分为已吸收冗余及未吸收冗余，前者表现为期限短且流动性强的各类现金等价物，后者表现为额外的销售期间费用和过度的专用性资产投资等；类似地，Geiger 和 Cashon（2002）、Herold（2006）等学者根据冗余资源的利用程度，将其划分为可利用冗余以及可恢复冗余两大类。Nohria 和 Gulati 等则基于冗余资源存在的具体形态或属性等方面，将其划分为财务冗余、人力冗余、技术冗余与管理冗余四大类；与之相类似，方润生（2005）根据我国企业的特征将冗余资源划分为物资冗余、人力冗余及关系冗余；陈晓红等（2012）则从资源可识别性视角将其划分为财务资源冗余、生产资源冗余、人力资源冗余及营销管理冗余等；Mousa 和 Reed（2013）将其划分为创新冗余、财务冗余及管理冗余三类；Voss 和 Sirdeshmuk（2008）依据组织资源稀缺性的不同，划分为人力资源冗余、顾客关系冗余、财务冗余以及产能冗余四种类型；迟冬梅（2019）等在此基础上进行融合归纳，将其划分为未吸收的冗余、已吸收的冗余、财务冗余、人力资源冗余四大类型。黄越（2016）则基于冗余资源存在的时间长短的不同，将其划分为暂时性冗余（transient slack）、短期冗余（short-term slack）和长期冗余（long-termslack）。

基于上述分析可以看出，学术界对冗余资源分类的角度与标准不尽相同，但其本质却存在一定程度的共同与互通之处，虽然分类的侧重点有差异却仍旧存在相互重合的交叉点，如未吸收的冗余与沉淀性冗余，已吸收的冗余与非沉淀性冗余等在一定程度上分别具有相同性质，而只是采取了差异化的表达方式；又如财务冗余和人力资源冗余从其流动性来看则分别对应于未被吸收冗余和已吸收冗余。而基于所研究内容选择一种与之相适应的分类标准，是剖析冗余资源与创业企业绩效关系的重要前提和基础。为了避免有些重合或类似的概念互相混淆，本书将冗余资源定义为"是在满足企业日常生产经营活动的基础上，存在于组织内部可直接利用或迅速转移的暂未使用的流动性资源；或是潜在的或已纳入组织管理的，可供重新挖掘、调配、编排或重置的资源"。并进一步按照最为经典且最符合财务报表中对资源进行划分的方法，即按照冗余资源的流动性与灵活性的差异，将其划分为非沉淀性冗余资源和沉淀性冗余资源两大类。其中，非沉淀性冗余资源具体是指没有固定用途、易于识别、可被快速调动以应对战略变化，且尚未投入到组织具体业务流程中的资源，这类资源使用配置的流动性和灵活性较强、转换成本较低，例如可支配现金及现金等价物、原材料、留存收益、财政支持、信用额度等；而沉淀性冗余资源具体是指已嵌入组织既有流程或具有特定用途，使用专用性较强并且难以进行转换的暂时性闲置资源，这类资源可通过改变流程或优化配置节约组织成本，例如未充分运作的设备、过剩的产能、超额的人力资源等。

（三）创业导向：资源如何产生竞争优势

创业企业往往面临着较为严峻的新生劣势，创业者作为企业的缔造者，对于新企业管理、决策等必然产生深刻影响，很大程度决定着企业短期及长期的战略发展方向。创业导向作为组织进行资源管理的管理构念与具体方式，反映出管理者在创业过程中所体现出来的心智模式，由此愈发成为研究组织创新行为的焦点，因此，处于创业阶段的企业由于自身能力体系尚未完善，动态能力框架下的创业导向对其成长具有重要的实践意义。进而言之，创业导向是企业对于产品、服务、流程等经营管理方面所具有的主动创新与积极变革的倾向，对于潜在细分市场所进行机会辨识与把握，以及承担结果不确定性等未知风险的意愿。Mintzberg（1978）首先明确了组织最主要的三种战略导向模式，分别为创业型导向模式、计划型导向模式及适应型导向模式，其中创业型导向模式主要反映了企业为把握潜在机会而主动发起的一种前瞻创新性的战略模式，是企业基于资源配置模式形成的战略导向；Miles 和 Snow（1978）进一步对以下四种行为模式进行了区分，即分析者导向（Analyzer）、反应者导向（Reactor）、探索者导向（Prospector）及防御者导向（Defender）；Covin 和 Slevin（1991）基于组织的差异化战略态势将决策导向分为创业型和保守型两大类；黄永春等（2020）指出，我国经济转型升级的情境下，基于资源配置视角创业导向应划分为规模扩张型导向和产品研发型导向两种，其中，规模扩张型导向更加强调生产性投资行为，而产品研发型导向则更侧重于研发性投资行为。以上分类尽管侧重点存在差异，但都体现了创业导向的内涵，创业导向是企业战略目标和行为方向的核心表征，更进一步明确了对于资源管理的愿景方向与战略视野，由此被普遍视为关于企业核心管理层所具有的动态能力及安排部署的决策过程，能够有助于企业以创新创业活动实现组织发展目标及未来愿景，获得持续性竞争优势。

综合已有研究，本书以我国制度转型情境为背景，重点借鉴我国当前情境下创业导向的两维度论，将创业导向的内涵界定如下：创业导向是创新型企业在适应外部不确定环境下以追求创新发展为目标，通过不断采取超前先动性的创新行为，并具备勇于承担风险的战略态势，以克服成长路径依赖，促进企业快速发展并获取持续性竞争优势的认知过程和战略态势，具有超前先动性及风险承担性两大特征。在此基础上，吴延兵（2008）、张江雪等（2015）研究认为，自主研发和技术引进是促进全要素生产率增长的两大来源；尤其对于后发企业，增长理论指出，自主创新和技术引进更是其实现追赶超越的重要路径，而保持平稳持续发展则是保证可持续增长的关键性因素。进而言之，虽然技术引进能够一定程度规避研发风险，为后发企业提供技术进步的便捷路径，但是这显然也并非一定是最佳的创新追赶方式，本书将关于自主研发和技术引进的权衡与选择问题概括为"创业企业的持续性成长路径"。因此，创业导向作为企业追求创新的决策倾向或行为特征，也绝非静态的或一成不变的，而是应由其所处的"生态位"进行差异化的创新路径选择，并由此呈现出具有"自主研发"和"技术引进"两种不同类型导向及发展路径。本书基于战略选择视角下的心智模型，将创业导向进一步划分为"自主研发型创业导向"及"技术引进型创业导向"。其中，具备"自主研发型导向"的创业企业主要表现为：具备向市场提供新技术、新产品或新服务的基础与能力，能够主动分析并把握市场及产业动向，并在企业内部能够实施自主研发行动，以取得先动性竞争优势。而"技术引进型导向"的创业企业则更加体现出：对于外部知识技术存在较强的依赖性，更加强调通过积极引进领先者的先进技术或流程进行模仿吸收，弥补创新势差、节约创新成本、缩短创新曲线、提升创新效率，从而识别出更加细分或有利的竞争地位。

二、研究情境界定

（一）制度转型情境

1. 情境

组织战略管理理论的有效性依赖于特定情境，Whetten（2009）指出"情境"（context）即行为主体活动所处的情势、状况或条件；Tsui（2004）将情境定义为"是在对现象进行研究分析的过程中，考察识别其所在环境中具有一定相关性且有实际意义的不同元素特征"。在具体实践中，由于不同要素在特定情境中能够发挥差异化作用，这就要求行为主体对情境具有一定的敏感性，其本质是基于"情境敏感性"而产生的"情境效应"，正如Johns（2006）在其研究中强调的，由于影响组织行为的因素不尽相同，关于组织战略管理的研究具有多样性，不能仅仅一言蔽之，否则研究结论必将缺乏足够说服力。因此，对"情境"进行具体剖析的根本目的是对特定现象产生的相关情境原因进行探究，该视角所关注的在于情境本身，即通过情境效应可以解释所观察到结果的不同。但值得注意的是，"情境"并不能简单地等同于"环境"，"环境"侧重于强调对处于其中的组织或其他主体产生影响的各种外部客观因素，而"情境"则更加全面地描述了与组织等主体产生关系的各种内外因素及其具有的交互作用。任兵和楚耀（2014）研究指出，情境的内涵涵盖了主体、行为、环境等不同范畴，不同的组织、行业、制度层面都是具有情境的。由此可见，情境化研究必须扎根于特定的社会背景与管理实践，研究过程需要能够反映当前制度环境、企业行为或个体存在与变化的复杂性多维度概念。Welter（2011）指出，由于组织活动与其所处情境密不可分，管理研究应是情境化的，情境能够使我们更加明确特定活动的时间、方式、原因以及主体。陈晓萍等（2012）则进一步强调了情境研究的重要性，由于我国企业管理理论是西方的"舶来品"，容易出现"情境化不足"等问题，而情境研究的本质恰恰在于组织管理理论的非通用性；特别是随着外部宏观环境的动态化、多元化与复杂化日益加深，情境研究能够显著提高研究结论的说服力和精确度，从而能够更加准确而全面地揭示特定情境对微观主体的异质性。因而，情境的差异性理应成为影响并决定组织战略行为决策的关键要素。不同宏观环境下的微观企业，其结构、能力、行为或其他关键要素都存在明显差异（苏敬勤和张琳琳，2016），两位学者进一步提出了情境研究在创业研究领域的实施方案，指出基于理论与现象之间的匹配性能够为不同情境的研究提供空间，为创业企业的相关研究提供全新的思路与方法。创新情境作用于创新战略，创新战略则根植于创新情境，刘海兵（2019）进一步指出，创新情境是企业创新发展过程中内外部环境的共同反映；苏敬勤和高昕（2019）则强调，对于"中国式创新"

等特殊成长情境无法用现有理论进行准确剖析的实践问题可以基于情境角度进行更加深入的有效阐释。

2. 制度转型情境

20 世纪 60 年代开始，创业制度学派基于社会制度结构的视角试图对创业企业的成长问题进行解释，该视角下的企业成长理论认为制度转型或制度变迁是影响企业绩效的重要因素；党的二十大擘画了坚持社会主义市场经济的改革方向，加快完善社会主义市场经济制度离不开制度现代化的保障。制度能够赋予市场主体进行资源配置等相互影响的权利与约束，倪昌宏（2010）研究强调，在我国转型发展的特殊时期以制度理论对企业行为进行分析正在成为一种愈发重要的研究范式，其重点在于对制度影响企业行为的内在逻辑与机理进行解释。Peng 等（2003）通过转型时期制度的战略观视角整合了关于制度研究的维度框架，该框架是由正式制度及非正式制度二者共同构成，并进一步强调传统关于组织战略研究都根植于西方制度环境，对我国转型情境中的企业行为进行解释必须立足于我国特定的制度情境。江诗松和龚丽敏等（2011）在其研究中则进一步指出，制度作为一种不断演化的正式博弈规则，制度转型情境能够对正式制度及非正式制度规则带来全面变革，这些多维度并存的制度环境对于合法性等市场逻辑或框架进行了重新定义，组织需要基于制度环境压力不断调整战略安排，制度转型情境直接影响后发企业的创新战略选择与实施过程。朱建安和陈凌（2015）更加明确了"制度转型"的内涵，指出我国企业当前所处的制度环境其本质是由两种"游戏规则"相互交织而成的转型时期，企业战略决策的有效性内生于制度环境：转型时期的经济法律环境及市场组织环境，即表现出正式制度与非正式制度的二元性共存的典型特征，一方面，转型进程中正式制度环境的不断完善有助于提高生产要素市场的正规化及透明度，而知识要素等产权市场愈发成为正式制度约束的重要情境；另一方面，资本市场、产权属性等制度洞（Institutional Voids）仍显著存在，对私有财产进行合法化的保护一定程度仍然缺乏绝对的有效性。Chen 等（2013）指出，以中国社会关系（Chinese Guanxi）为核心的非正式制度是转型时期的另一个特定情境现象；刘海建等（2017）在此基础上研究指出，处于制度深入转型情境中的企业往往夹在以市场战略为主导的红色战略和以非市场战略为主导的灰色战略之间。

通过以上分析可以看出，在外部制度转型情境影响下微观组织的市场经济行为及活动与其他情境或弱情境、无情境等必然存在明显差异，因此，基于中国当前创新发展过程中经济制度转型情境进行研究有助于弥补无情境特征下的局限，在阐明特定政治、制度、文化等情境依赖方面都具有重要作用；另外，依托中国当前独特的市场、社会等制度情境，对于捕捉制度转型情境背景下本土制度特征的理论基础具有重要意义（吴小节等，2016），理应成为分析我国创业企业创新战略实施有效性的重要"土壤"。基于此，本书将制度转型情境分成两种类型：正式制度环境和非正式制度环境（见图3-1）。其中，正式制度环境指的是在这种制度环境中规则的修改或者变动都需要得到其所约束或管制对象的无异议认同，换言之，正式制度的改变条件需要耗费时间及经历去斡旋、组织、协商、谈判并获得一致性意见，因此，正式制度往往会遇到外部效果和"搭便车"问题，知识产权保护制度就是个最好的例证。而非正式制度环境指的是另一种相对的形式，这种制度规则的修改变动纯粹可以由个体完成，而不需要也不可能由集体行动完成，如道德习惯、伦理规范、意识习惯等。

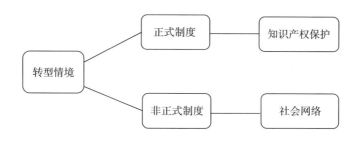

图3-1 制度转型情境

（二）知识产权保护的正式制度作用

制度基础理论强调了产权环境的重要性，指出产权制度是社会运行过程最为基础的经济制度，它通过对主体之间权、责、利关系的界定进而决定着其他制度安排，因此，制度专用性一个最重要的维度就是产权保护机制，产权经济学研究的核心旨在揭示产权制度对资源配置和经济活动的作用等问题，为知识产权保护制度的理论有效性提供了最根本的经济学解释。具体而言，知识产权制度是一个社会政策的工具，知识产权保护是创新型经济时期优化知识资源配置、促进技术进步最为重要的正式制度安排，旨在"保护一切阳光下可见创造物"，关系到创新驱动发展的战略方针，成为构建创新型国家战略决策的最为重要的核心制度保障，甚至被视作"创新之法"，知识产权保护在我国正迎来从"逼我所用"到"为我所用"的历史性变革。对知识产权进行保护采取的是一种市场机制的产权形式，关于知识产权保护所具有的正式制度作用，可以基于国家层面和企业层面的不同视角进行分析。具体如下：

一方面，关于国家层面的知识产权保护研究主要关注于在 FDI 技术溢出、技术扩散、外商投资等因素影响下，知识产权保护对南北国家创新影响存在显著差异。一些研究认为加强知识产权保护对发达国家技术创新有显著促进作用，而在一定程度上对发展中国家会产生消极影响，如 Helpman（1993）通过构建南北国家差异化研究框架指出，知识产权保护制度强调创新的独占性，南方国家由于受到核心技术或人力资本不足等约束，主要是以模仿为主要创新途径，但知识产权保护制度却增加了模仿成本，通过限制知识溢出减缓了先进技术从发达国家向发展中国家的扩散效应及其可转让性，阻碍了知识的共享和传播，降低了南方国家企业的技术模仿率，加剧了南北国家间的经济增长率差距。类似地，郭春野和庄子银（2012）研究发现，在垂直创新的寡头市场中，知识产权保护会抑制南方自主创新；而在水平创新的垄断市场，只有当南方国家劳动力充足时，适度的知识产权保护才会有利于南方的自主创新。Dinopoulos 和 Segerstrom（2010）基于产业分工视角指出，尽管加强知识产权保护提高了模仿成本，但北方国家能够通过跨国直接投资等方式激励南方国家的创新，进而可能缩小南北国家之间劳动力等方面的差距。Chen 和 Shao（2020）进一步考虑了创新产品周期长短对于北方国家对外投资和技术转移的异质性影响，认为强知识产权保护的南方国家更容易吸引对外投资。Saito（2018）认为在任何一个国家加强知识产权保护，都会刺激加强专利保护的国家的经济增长。毛其淋等（2019）研究认为，加强知识产权保护有益于发展中国家的创新能力。寇宗来等（2021）则通过构建一个两期跨国技术转移模型，说明在一定条件下南方国家会更加自愿强化知识产权保护，并导致南北"双赢"的均衡结果。

另一方面，关于知识产权保护对企业层面所产生的影响作用，既有研究结论也不尽相同。其中，支持"促进论"的观点认为，知识产权保护能够有效激励企业创新行为，并且减少持续创新成本，如 Anton 和 Yao 等（2002）研究发现，随着知识产权保护力度不断增强，降低了专利侵权和技术模仿的可能性，进而增加了企业的创新投入程度；Laursen 和 Salter（2015）认为，完善的知识产权保护能够有效促进企业相互之间的创新研发合作或技术转让；Kafouros 等（2006）指出，企业所属行业的创新状况与知识产权保护程度正相关，即知识产权保护越有效，行业的整体创新状况越好；我国学者董雪兵和史晋川（2006）、吴延兵等（2009）也研究证实，缺乏完善的知识产权保护制度会降低企业自主创新活动的积极性；Ang 等（2014）以中国中小企业为研究对象，指出中小企业由于资金、技术等较为匮乏，只有通过有效的知识产权保护才能提高企业创新投入，并由此获取竞争优势；苗妙和魏建（2014）对我国创业板上市公司进行分析同样指出，知识产权保护的提高能够促进技术创新，即对于创业企业而言，完善的知识产权保护制度能够为创业企业提供与大中型企业公平竞争的环境，有助于企业通过自身专利技术构建"护城河"。而持"抑制论"的研究则强调，知识产权保护降低了技术、知识等资源的分配效率及其可转让性，影响企业间技术扩散，阻碍了知识的共享和传播，从而抑制了企业创新，如易先忠和张亚斌（2006）指出，严厉的知识产权保护可能限制后发企业对于外部专利的有效使用，对企业技术创新形成了一种约束，不利于后发企业创新研发；Heidi（2013）通过案例研究发现，如果对现有技术进行知识产权保护会阻碍后续的创新发展。另外，越来越多的研究为知识产权保护与企业创新的关系设定了边界或情境，Papageorgiadis 和 Sharma（2016）认为知识产权保护与企业创新二者之间的关系是非线性的，如王华（2011）认为知识产权保护与专利产出呈现"倒 U"形关系，李平等（2013）指出这种特征随着初始知识产权保护力度的提升而递减，靳巧花和严太华（2017）同样研究证实了二者之间存在门槛效应；董雪兵和朱慧等（2012）基于我国转型时期研究指出，较弱的知识产权保护短期内有利于经济增长，但在长期均衡状态下，知识产权保护水平的完善能够促进经济增长；史宇鹏和顾全林（2013）则指出，知识产权保护对不同产权及行业的企业存在差异化影响，对非国有企业及竞争程度较高的行业企业创新投入的影响更显著；刘思明等（2015）进一步证实了知识产权保护与专利产出呈现"倒 U"形关系，且其作用过程受到行业异质性的影响；姜南等（2020）则认为知识产权保护对不同技术市场规模产生差异化影响。

(三) 社会网络的非正式制度作用

制度环境是基于企业所嵌入的多边外部关系，并由此塑造影响企业具体行为方式和市场活动的规则集合 (王涛等，2015)，社会网络作为一种重要的非正式制度 (Informal Institution) 或社会性制度 (Social Institution) 安排，主要是通过某种自组织体系，或是社会自发秩序不断演化形成的，代表了社会活动主体在日常生产生活实践中，通过不断的重复博弈进而形成的共同主观信念及认知，由此逐渐演化形成的一种自我维持及治理系统。具体而言，非正式制度框架下社会网络的重要作用主要表现在以下方面：

首先，由于我国当前正处于制度深化转型发展的过程中，正式制度环境及市场经济体系的发展尚未完全成熟与健全，企业往往难以完全依靠法律制度对自身产权进行完备性保护，产权专利保护等正式制度还没有在实际上形成十分有效的创新激励维护机制，Hoang 和 Yi (2015) 将社会网络作为创新行为的非正式制度因素，指出其对降低经济活动成本、促成交易方面起着重要的补充作用，有效弥补了法律保护欠缺，甚至成为正式制度的替代形式；Allen 等 (2005) 甚至在其研究中指出，中国经济的快速发展在一定程度上要得益于非正式制度对于正式制度的有效替代作用。作为非正式制度框架下的核心，社会网络已经成为市场主体获取资源不可或缺的重要场域，程恩富和彭文兵 (2002) 研究指出，在日益激烈的市场竞争中，组织所具有的核心竞争力不仅源于自身资源的异质性，同时也源于社会网络对资源的配置方式及由此产生的使能优势；张敏等 (2015) 同样研究指出，在制度转型时期市场机制不够完善的环境下，社会网络能够发挥出资源配置效应，对所载资源产生一种有效的资源配置形式；陈运森和郑登津 (2017) 指出，社会网络作为资源观的一种由内向外的拓展，其网络结构、规模等特征对资源的分配及扩散会产生重要影响，并且这种影响作用会随着关系网络化态势的扩大而不断显现，其对镶嵌于网络中源源不断的资源流、信息流和价值流的协调、控制及优化治理，成为企业之间相互合作、降低信息不确定性的重要机制，即构建了一种"公司间效应" (Inter-firm Effects)。

其次，由于我国典型的人情社会特征对于社会关系的重视，"关系型交易"的社会网络已根植内化于文化观念之中，成为创业企业资源获取的重要途径（周冬梅等，2020），因此，当正式的产权保护机制不够完善时，尤其是中小企业为了避免高昂的交易成本往往不是通过正式市场进行资源获取，而是更加倾向于开发利用其社会网络关系。游家兴和邹雨霏（2014）指出，我国经济转型时期正式制度存在较大不确定性，社会网络能够发挥非正式制度作用，并且对民营企业的资源获取能力有更加决定性的影响。贺小刚等（2019）指出，在经济社会转型发展时期，正式制度存在较多间隙与漏洞，社会关系的利用不仅能够显著降低企业边际成本，提高企业对资源的获取效率和效果，并且能够挖掘某些潜在的隐性知识或边际利润，在一定程度上能够弥补正式制度的不足，为企业持续性发展提供非正式制度保障。

最后，社会网络发挥的非正式制度作用机制不仅源自某种简单的明文安排，还单纯依赖于某种教化途径为基础关联，Jones 等（1997）研究指出，社会网络更主要的是机制是源于主体间互动过程中依据信任主观意识下"隐性（implicit）或开放式契约（Open-ended）"为标定展开的非正式关系合作。因此，相较于正式制度的强制性约束，非正式制度往往具有更加潜移默化的感染性与延续性，即社会网络具有一定程度的情绪扩散效应（王超等，2022），由此产生的内在"软"约束力往往比正式制度更加明显；丁绒等（2014）研究强调，各主体需要不断通过彼此之间的互动关系构建秩序，以实现存续性的社会关系，并且合作规范下形成的网络治理机制提高了可信承诺，能够有效缓解"搭便车"、道德风险等机会主义行为；Zhou 和 Li（2012）指出，在社会网络所发挥的非正式制度影响下，企业之间通过信任合作构建社会网络，在经营活动中增加互动接触频率，促进企业间良性互动，进而产生网络规模效应及协同效应，出现所谓的网络效应，形成了自主治理下不断扩展的社会网络非正式制度约束现象；王怡等（2017）进一步指出，社会网络具体的扩散模型主要包括线性阈值模型、独立级联模型以及传染病模型。因此，不同于对正式契约或权威制度的聚焦，非正式制度下的社会网络关系更加强调一种声誉机制下的自我执行治理的预先关系安排，即通过某种"不成文的行为准则"来抵御负面结果。由此可见，以社会网络为核心的非正式制度对企业的经营行为等决策安排必然具有重要影响。

三、理论框架构建

正如前文所述，"持续"不仅是相对于时间维度而言的，同时还体现了一种保持或者维持过程的机制或者状态，因此，关于持续性竞争优势的理解同样可以基于两个维度进行分析。对创业企业而言，从"丑小鸭"到"白天鹅"的持续性成长与发展是能够通过动态推动并且维持竞争优势的过程，由此一方面，竞争优势是创业企业追求的核心目标，但竞争优势的获得往往是以原有状态为基础加以利用或改善的直接反映，因此，只有创新才能使企业持续发展；另一方面，企业绩效获得的根本在于打破既定的市场均衡状态，因而创新才是持续竞争优势的根本保护机制。由此，本书认为所谓的创业企业持续性竞争优势（Sustainable Competitive Advantage）具体是"以企业提升创新价值为目标、以所拥有的内部累积性冗余资源为基础、以差异化创业导向为内在动力构建内生优势，并且不论是处于相对稳定或者是复杂多变的外部环境之中，都能够有效将企业自身所拥有或者控制的资源、能力和创新战略相互匹配，通过创新战略以获取持续性良好发展结果的竞争优势"。

当前我国经济制度转型发展面临许多矛盾和问题，社会、技术、组织、政策、市场等方面都具有独有特征，在市场参与主体众多、功能各异的现象背后，如何有效克服"新生弱性"追求组织高质量、可持续性发展是研究创业企业最为重要的核心问题。科尔曼在《社会理论的基础》中提出了"科尔曼之舟"，其核心观点是从个体行动者出发，力图解释微观行为如何与宏观层次结构关联在一起，在经济社会学领域中占有重要地位。科尔曼的理性选择理论是由包括行动系统、行动结构、行动权利以及社会最优四组基本概念构成的。其中，行动系统包括资源、行动者和利益三个基本元素，行动者就是经济学中所说的"具有目的性的理性人"，他们都有一定的利益偏好，从事着各种经济社会行动。通过前述章节对研究背景与研究意义的阐述，以及对冗余资源、创业导向、创新绩效和转型情境等关键要素的文献梳理与明细，可以看出，尽管既有大量研究构建并验证了"资源—绩效"范式下的资源驱动组织发展，或

"能力—绩效"范式下的能力驱动组织发展的作用机制与影响效果，但对企业成长的内部机制还缺乏系统性及全面性解析，如"资源—绩效"的关系未能揭示静态资源转化为创新产出的内部路径，"能力—绩效"的关系未能阐明动态能力的产生与形成等，由此造成对企业成长路径的片面割裂，"资源"与"能力"两大内部要素应共同映射企业的绩效结果。

另外，对资源与机会的发掘与配置都离不开企业所嵌入的外部环境，创业企业如何适应外源变化对于组织创新发展具有战略性影响，因而制度观在揭示企业行动决策机理时需进行更加细致讨论。实际上，经济制度环境特征对"小而弱"的创业企业进行资源配置与行为选择的影响必然更加显著，尤其是随着经济转型发展与市场竞争的愈发激烈，企业更加难以对其发展前景进行清晰预测。创业企业不仅需要面临愈发激烈的市场竞争环境，同时还需适应更加不确定的制度环境，刘洋（2014）指出，在我国当前制度转型的情境下，一方面，部分制度尚不完善，使得作为市场"后发者"的创业企业在创新追赶过程中需要承担较高风险；另一方面，这一过程中存在较为显著的创新导向政策支持，并且某些制度缺失的存在也为创业企业"弯道超车"的发展路径提供了可行机遇。王玲玲等（2017）指出，制度不确定性成为影响企业行为最为显著的外部环境特征，正式制度与非正式制度二者共同影响甚至支配了微观企业的行为活动，制度结构的外部特征促使企业制定与选择差异化的战略导向。饶远等（2022）进一步强调，制度有效的发挥作用主要在于制度所具有的传递功能，不可避免地会体现在其扩散的程度与效率方面，进而对企业的资源禀赋与配置状况等产生调节效应。由此，本书将进一步引入外部宏观不同制度情境要素，首先对正式市场性制度与非正式社会性制度二者各自的作用机制与影响效果进行调节效应分析；其次突破传统较为独立的研究模式，更加深入地对二者相互动态关系进行探索，由此分析制度转型情境的动态特征对冗余资源和创业导向关系所具有的协同效应及契合效应，从而更加有助于管理理论的相关研究落地生根。

基于上述分析，本书针对当前我国创业企业所处的经济制度转型情境，以创新绩效为因变量，以冗余资源为自变量，以创业导向为中介变量，以知识产权保护制度与社会网络二者为调节变量，构建如图3-2所示的理论研究框架。通过对组织成长的内源性驱动机制与外源性调节机制两大视角进行系统性研究，以明确创业企业如何更加有效地以创新发展获取持续性竞争优势。

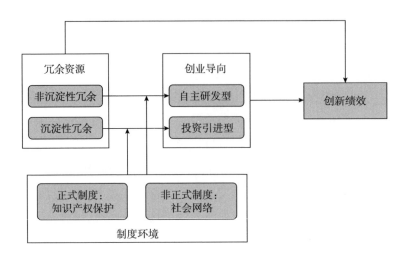

图 3-2　理论研究框架

（一）"冗余资源—创业导向—创新绩效"的内源性驱动效应

创业企业持续性成长与发展的相关问题一直以来都是创新创业研究领域的核心焦点，Bamford 等（2000）指出，组织资源禀赋等初始条件作为创业企业成长的重要前置因素会对新企业成长过程产生长远影响，但既有研究对于其背后的影响机制及演化动因等问题尚未充分揭示，梁强等（2017）基于组织生态位的视角指出，关于创业企业成长的研究当务之急是需要深入探究一个内源式驱动框架来对该问题进行更好的理论解释。既有多数研究认为，创业企业成长过程的最大困难在于资源约束，其创新发展常常难以获得充足的资源支持。然而，正如前文所述，对企业战略管理进行分析必须基于特定情境，我国当前正处于经济制度深入转型的特殊时期，该阶段具有两大显著特征：其一，市场重心向创新型企业倾斜，尤其随着政策扶持及信贷优惠力度不断加大，为创业企业非沉淀性冗余资源的累积创造了条件；其二，企业面临的外部不确定性增大，由此在一定程度上增加了资源配置偏差概率，如预购的固定资产或人力资本出现闲置或无法充分利用，从而使企业内部更加容易积累沉淀性冗余资源，因此冗余资源理应成为分析创业企业成长过程的关键出发点。资源基础理论强调组织内部所蕴含的异质性或难以模仿性的资源是其获得创新绩效的关键，更加强化了对于组织内部资源的研究价值。然而，尽管冗余资源反映了组织内部拥有的富余资源，但 Geoffrey 和 Sandip（2013）研究提出，冗余资源的存在并不能够直接带来绩效产出，其对于企业绩效的影响应当是由某项中介变量进行传导进而实现的；产业组织研究中提出的"结构—导向—绩效"分析模型能够为后发企业追赶超越的战略路径选择提供有益洞见。周冬梅等（2020）由此进行研究强调，创业资源必须经过组织内部的有效开发和利用过程才能转化为最终绩效。

　　基于以上分析，本书首先对冗余资源向创新绩效转化的内部作用机制进行深入剖析，由于资源观仍旧停留在静态视角，难以解释创业企业创新绩效实现的动态过程。Hitt 等（2011）基于战略创业理论提出关于"资源投入—资源整合—绩效产出"的动态发展模型。许晖和单宇（2019）指出，对资源的有效配置是企业实现绩效目标、获取竞争优势的关键，尤其在经济制度转型发展的特殊时期，组织对资源的动态配置能力更显得尤为关键。而"创业导向"作为组织进行资源配置的具体行为，其所具有的能动性特征能够使企业根据外部环境对冗余资源进行重新配置，提升组织应对环境变化的核心能力进而推动组织成长，因此，对既有资源进行动态整合与优化配置的过程是分析冗余资源向创新绩效转化过程的关键环节。Wiklund 和 Shepherd（2003）指出创业导向反映了一种态度或意愿，这种态度或意愿或导致一系列的创新创业行为；进而言之，创业导向是管理者基于企业特定状况，追求创新发展动态而持续的战略行为，其所具有的创新性、先动性及风险承担性等特征恰恰体现了管理认知驱动下企业将既有资源转化为创新产出以提升企业绩效的决策倾向性。在此基础上，Li 和 Liu（2014）进一步基于中国背景研究发现，新企业由于缺乏市场优势，更加依赖于能否有效引入创业导向进行创新发展与提升；Wales 等（2013）指出冗余资源为创业企业的成长提供了"资源池"，是创业导向形成的重要前提与基础。因此，创业企业创新发展一方面需要组织内部资源的"助推力"，重视对冗余资源的开发利用；另一方面也离不开创业导向的"牵引力"，需要加强对创业导向的培育，进而通过"冗余资源—创业导向—创新绩效"的内源性驱动路径获得持续性竞争优势。由此可见，创业导向战略态势的形成需要有相应的资源为基础（Rasmussen 等，2011），但 Stam 等

（2014）进一步研究强调，资源对创业导向的演进过程应存在一个临界点，即组织资源与战略安排之间需要不断进行调整进而形成相对稳定的阶段，这一阶段即为组织资源与创业导向二者逐渐匹配适应的过程；并且只有资源能够有效促进创业导向战略安排时，企业的绩效才能获得提升。

（二）"冗余资源—创业导向"的要素匹配效应

组织内部所存在的冗余资源现象可以成为揭示组织行为绩效相关范畴一般过程规律的关键，但"过程"的揭示需要进行细致剖析，规律性解释表明要素之间是可能存在节点式变化的。正如前文所述，冗余资源的存在能够增强创业企业开展具有创新性、风险性及长期性的创业导向管理实践活动倾向；值得注意的是，尽管冗余资源是创业导向形成的重要基础要素，但由于资源要素的禀赋特征存在差异，组织内部的冗余资源所具有的作用理应有所不同，由此会对创业导向的感知产生差异化影响。进而言之，冗余资源驱动创业导向的关键理论机理在于"企业对主体定类概念下不同类型冗余资源的认知及行为过程"，即是通过资源基础建立组织"资源与能力"要素之间的直接关联，这种关联性是直接的、不需要通过复杂的"类神经"反馈机制而形成的；当直接关联建立后，创业企业可以再进一步延伸拓展新的关联，从而构建出资源驱动行为的一般过程，由此通过该循环机制对既有冗余资源进行价值创造与升级，本书中将其称为"冗余价值增值"现象。可以看出，在这一过程中主要变量机制在于对冗余资源与创业导向二者之间的直接关联过程中所产生的关联或匹配差异，匹配性差异越大或者说适配度越低这一价值增值过程就越缓慢；反之，匹配性差异越小这一价值增值过程就越迅速。因此，创业企业冗余资源有效驱动创业导向的规律性过程首先需要进行明确要素定类范畴，并在此基础上形成双类别的匹配效应。

具体来讲，当前我国传统技术产业正面临着相当程度的规模竞争，产业附加值不断减少，只有依靠创新推动产业升级才能尽快摆脱低增长率陷阱；尤其对于创业企业来讲，其成长的路径也绝非一成不变。吴先明等（2018）指出，对后发企业而言，其成长过程是应对复杂不确定性等技术变迁因素的管理过程，初始阶段的技术创新过程需要通过自主研发或者"引进—吸收—再创新"的"跳板模型"获得实现；黄先海等（2016）基于技术适应性研究角度认为，对发展中国家的企业而言，其创新的两大源泉是自主研发和技术引进；而 Anderson 等（2015）则将创业导向划分为创业行为和风险态度两个维度；我国学者黄昊等（2019）则通过匹配效应进一步指出，创业导向可分为创新先动型与风险承担型两大类型，其中，创新先动型导向反映了企业对新产品、新技术或新方法的追求，由此采取优先行动的策略倾向，而风险承担型导向则反映了企业将资源进行不确定性投资的风险倾向性。由此可见，创业导向作为企业的管理构念，既包含了企业对于自身资源能力进行定位的认识层面，又体现了其对于创新模式进行选择的行为层面。基于此，本书将创业导向的动态过程进一步区分为"自主研发型创业导向"（Research & Development Orientation，R&D Orientation）与"技术引进型创业导向"（Techonology‐Intoduced Orientation，T&I Orientation）两种类型，并且其各自所具有的中介机制呈现较为明显的内在差异。其中，与一般创业企业相比，具有"自主研发型创业导向"的技术型创业企业所面临的更多是技术与市场的双重压力（胡望斌等，2014），意味着创业者更加需要通过投入流动性较强的非沉淀性冗余资源，以主动研发的创业导向行为探索未知前沿领域；而"技术引进型创业导向"的企业则需要更多承担市场不确定性风险的外生压力，倾向于通过"跳板模型"进行既有沉淀性冗余资源的升级改进，以提高组织的内核稳定性及核心竞争力。

由于组织内部的非沉淀性冗余资源与沉淀性冗余资源二者的特征属性有所不同，其具体差异性在一定程度上必然影响到创业企业创业导向的战略态势，因此，创业企业的管理者需要注意对既有不同资源类型进行区分，并发挥其各自所长，且以此为基础对于自主研发和技术引进两大不同的创业导向战略态势进行理性选择，进而通过不尽相同的资源禀赋制定相适应的战略决策，由此提高冗余资源对企业创新的支持效率。分而言之，当组织内部所积累的灵活性较强的非沉淀性冗余资源较为丰富时，能够为创业企业进行高消耗、高风险的自主创新研发活动提供较为充足的资源支持与试错资本，有助于企业通过"自主研发型创业导向"实现创新发展的需要；而当专用性较强的沉淀性冗余资源累积较为丰富时，企业进行技术模仿或引进成本低于自主创新成本（Zobel等，2017），更加有助于创业企业通过既有资源位势采用"技术引进型创业导向"以克服后发劣势抢占市场机会。创业企业采取"自主创新"或"引进模仿"的创业导向模式与其所属行业的研发溢出程度息息相关，同业企业因技术相似而更加易于通过研发溢出效应对邻近企业的创新产生影响，该现象被称为基于信息获取性模仿的同群效应，因而创业导向的选择一定程度是由行业研发溢出程度所决定的。由此可见，创业企业创新发展可基于企业创业导向的心智模式，通过"非沉淀性冗余—自主研发型创业导向—创新绩效"与"沉淀性冗余—技术引进型创业导向—创新绩效"两大差异化内部实现路径。

（三）转型情境对"冗余资源—创业导向"的调节效应

前文主要基于"资源"和"能力"两大要素对创业企业获取持续性竞争优势过程中主体间的内部要素关系进行了系统理论诠释，即创业企业成长与发展的关键在于以资源禀赋为基础不断提高核心能力，但值得注意的是，这种核心能力不仅来源于组织内部，同样也需要通过组织间关系的功能属性，促进创新要素的有效流动，实现既有资源与外部资源的碰撞与组合，进而为企业成长提供不竭动力（Lei 和 Wang，2020）。换言之，封闭的组织系统一定会从有序走向无序，管理者最直接的方法就是以开放对抗"熵增"，即开放性是一个组织得以不断发展的关键外因，组织发展是嵌入更高层级的系统之中，并会根据外部经济制度等情境变化对自身内部状态产生影响，而创业企业"新进入缺陷"产生的原因往往是由于组织外部合法性与内部要素协调过程不匹配导致的。具体来讲，市场经济是交换关系发展的高级形态，而交易的"非人际间"特征反映了其内在要求：需要实现契约的制度化；"企业是要素交易的契约，市场是产品交易的契约"，因此市场经济发展的制度内涵正是"资本所有者与使用者之间的制度安排，并通过一系列契约的集合确定交换条件"。但对于新兴市场或者市场经济转型发展的情境特征而言，市场制度和交换契约还不十分健全，因而更加需要从制度构建的视角审视市场有效性。战略选择理论指出，管理者对于外部环境的认知与调整是影响组织战略行为制定、实施、变革等有效性的直接因素，即组织的外因和内因相互作用，共同决定了一个系统的发展方向。制度差异作为转型发展中最为显著的客观情境，通过正式制度及非正式制度给组织认知、行为及规则带来了不尽相同的机遇和约束，一方面，正式市场化进程不断完善，要素市场的正规化及透明化显著增强；但另一方面，制度间隙仍明显存在，社会网络等非正式制度依然扮演不容忽视的重要角色。基于制度转型情境的宏观视角，李加鹏等（2020）分析认为，制度转型催生了新的制度环境，会对组织的资源、机会与创业等行为产生重要影响，组织需要不断适应外在制度变化筛选相应的行动决策；戴维奇和赵曼（2020）研究发现，制度环境的动态性对微观企业创业导向产生的影响不容忽视。当前我国所处的转型时期正在经历一个制度结构的显著变革，其本质是由一个以社会关系为主的非正式制度形态转向以法律规范为基础的正式制度形态，而这个转变过程是渐进演化式的，即市场化进程的不断完善与传统固有观念形态二者必将长期共存（邹国庆和王京伦，2015）；罗兴武等（2017）进一步强调，市场和制度是影响当前中国经济社会转型情境的双重力量。由此可见，中国经济制度转型情境具有不可忽视的独特性二元结构特征，即正式制度与非正式制度共同影响企业活动。

1. 正式制度：知识产权保护的调节机制

La Porta 等（1998）开创了"法与经济"的研究视角，其核心观点强调健全完善的法律环境不仅是保障经济增长的关键，同时也是影响公司行为的重要因素。知识产权保护制度作为一项重要的"服务创新"的正式制度安排，其核心作用是为知识、技术等创新行为提供保障，对具有强烈成长动机的创业企业而言更加重要，新企业由于缺乏资源、市场等固有优势，具有"可转换信任"成为其开展创新活动的基础，因此，创业企业更加依赖于能否有效引入创业导向以提高创新创业水平进而获得持续性竞争优势。完善的知识产权保护机制恰恰能够通过赋予知识私有产权等关键属性，从法理上赋予所有者智力成果一定期限内的独占垄断权利，在有限时间内排斥模仿者，保障创新成果，提高创新利润，进而对组织的创新资源投入与创业导向行为的关系产生作用。由此可见，完善的知识产权保护制度是创业导向形成的关键外部要素，尤其对以创新为核心竞争力的创业企业必然具有举足轻重的影响。

具体而言，一方面，知识基础观指出，企业成长的过程就是通过不断学习、转移、创造、整合知识的过程，通过知识管理进而提升企业产品和服务的核心竞争力。我国处于转型经济发展时期，与西方更加成熟的市场体制相比有着显著差异，政府依然较大程度上掌握着经济活动的话语权，能够利用行政权力或机制影响企业经济行为，因此，作为正式制度框架下的知识产权保护制度，能够显著提升资源要素市场的自由流动性，促进创新资源能够更多地通过知识产权保护制度框架由市场进行分配（沈洪波等，2015），创业企业获取资源的便利性及竞争公平性明显提高；同时，完善的知识产权保护制度能够通过塑造并提升组织合法性实现创新追赶，增加创业企业在合法化战略下的场域认可度，进而为创业企业提供与大中型企业公平竞争的环境，有助于激励企业的创业导向行为。另一方面，创业导向需要以组织资源作为支撑，而知识产权保护制度的完善有助于促进知识产权交易市场及相关专业化第三方中介组织机构的健全与发展，不仅能够有效降低资源交易过程的风险性、复杂性及相关交易成本，并且使资源匮乏的创业企业通过知识产权质押等规范化途径获得有效的资源支持，拓宽企业资源获取、交易及配置渠道，缓解了创业企业对外部社会资源的依赖性，基于创业导向下的战略选择更加规范灵活。因此，知识产权保护下所产生的创新资源累积效应能够为高风险的创业导向行为更好地提供资源支持，拓宽企业资源获取、交易及配置渠道，有效缓解创业导向型战略决策在不确定环境下所面临的后顾之忧，激发管理者强化创业导向的主观能动性与风险承担性，促进企业积极进行机会识别，开发新产品、打开新市场，对创业导向起到战略驱动作用。由此可见，知识产权保护制度能够对创业企业资源与能力二者关系产生外部调节效应。

2. 非正式制度：社会网络的调节机制

企业创新创业等行为活动嵌入于社会网络关系中是开放式创新的重要表现，在经济转型发展的特殊情境下，正式市场体系不够完善，通过正式途径获得资源往往需要付出极高的交易成本，对于组织合法性缺失的创业企业更是缺乏成功的保障，因为大多数潜在交易对象会对创业企业的交易资质和能力产生质疑。尤其我国社会关系呈现出"差序格局"特征，"关系"有时比正式制度更能发挥作用；社会资源观指出，资源蕴含在不同的社会关系中，社会网络作为资源的重要载体，为企业之间进行信息交流、资源交换提供了渠道或捷径，并且创业企业对于社会关系的有效利用有助于其在市场上较快地构建合法性，提高非制度性创新机会的获取可能（韩炜等，2014）。社会网络作为对组织资源观由内向外的重要拓展，为企业带来了信息流、资金流、关系流等资源支持，其所发挥的网络治理机制不仅能够弥补创业企业的新进入缺陷，同时能够弥补管理者的认知、经验等的不足，有效缓解创业导向不确定情况下所面临的后顾之忧，激发管理者创业导向的主观能动性与风险承担性，促进企业积极进行创新性、前瞻性的项目开发，进而提升企业的创业导向杠杆收益。另外，创业企业并不具有"先入者优势",Wang 和 Rajagopalan（2015）基于后发企业追赶理论强调，开放的社会网络有助于后发企业将内外部创新资源进行整合，成为创业企业进行创新追赶的重要渠道，由此可见，"关系"成为影响企业资源配置的重要外部因素，即创业企业之间社会网络的交互状况在一定程度上决定了企业之间资源的传播共享与创业导向的决策倾向。

在此基础上，创业企业人力资本有限，关于行业趋势、市场状况、资源分布等关键信息基本由董事会掌握，董事关系因此被视为企业之间最为重要的社会网络关系。尤其对于独立董事，由于其背景的异质性、多样性且并不固定于某一公司内部，相互之间形成的弱联结关系不仅提升了社会网络的固有特征，而且更加容易扮演公司与公司之间"信号传递"的中介角色（Haunschild 和 Beckman，1998）。陈运森和谢德仁（2011）研究指出，社会网络的弱联结关系不仅能够将嵌入网络中相互之间没有直接联系的个体或组织联结起来，并且能够使其自身拥有对于信息的控制优势。另外，由于社会网络对独立董事具有"声誉抵押"机制，即嵌入于社会网络中的独立董事通过对自身声誉的专用性投资作为放弃机会主义行为的可置信抵押承诺，自发形成隐性规范或内在约束，更加容易建立信任、互惠及合作关系，极大地降低了资源获取的不确定性，进而提高资源配置效率，因此，独立董事社会网络关系能够作为提升创业企业创新行为的一种重要的非正式治理机制。杨震宁和赵红（2020）指出，在其他条件一定时，社会网络联结越多，企业在资源获取中越具有相对优势，即网络联结更加广泛的企业所具有的信息势能优势更加明显，有助于挖掘更多潜在机会进行互补信息交换、优质信息共享以及关键问题共商，提高对机会认知的清晰度。田园和王静（2016）研究指出，管理者在企业创立与运营过程中无法摆脱非正式制度所刻下的烙印，并且这些烙印往往具有更加持续的影响力，潜移默化地对企业生产经营活动产生深远影响，从而在一段时间内决定着创业现象的活跃程度。因此，我国制度转型情境下社会网络通过赋予创业企业更多资源、蕴含更多的机会以及主观能动性进而有助于提高创业导向战略决策的倾向性。

（四）转型情境的协同与契合效应

关于"协同"的概念最早是由 Ansoff 在 1965 年首次提出的，协同的核心是在资源共享的基础上实现共生互长与价值创造的过程；随后，德国理论物理学家 Haken 创立了"协同理论"，协同效应（Synergetics）作为系统论的重要分支，属于自组织理论范畴，具体是指复杂开放系统在与外界进行能量或物质交换的情况下通过相互作用而自发产生的整体或集体的有序效应，即各子系统的协同行为产生超越各要素单独作用从而形成整个系统的联合作用。协同作用刻画了各种系统从无序到有序、从混沌到稳定转变的规律，是系统有序结构形成的内驱力。Campell（2011）指出协同效应可以进一步分解为"互补效应"和"协同效应"两部分，这两部分彼此关联且经常同时发生。契合效应（Fit），即组织内部要素之间所具有的需求、目标与结构相一致的程度。迈克尔·波特强调"组织战略管理的实质就是建立各种要素的契合"，这一思想逐渐被引入组织战略管理研究之中，对于企业持续性竞争战略的制定与实施具有指导作用。基于心理学的研究视角，Kristof（1996）将契合进一步划分为辅助性契合（Supplementary Fit）与补偿性契合（Complementary Fit）两种类型。其中，前者侧重于强调是一种"锦上添花式"互相添彩的额外补充；而后者则更加强调于是一种"雪中送炭式"互相弥补的完善补充。

基于上述分析可见，经济制度转型情境具有动态性，同时涉及正式制度和非正式制度不同系统的有机组合的演化调整。相较于大中型企业，创业企业受制于战略决策非正式化、组织结构尚不稳定等因素，外部环境的动态性对组织生存发展具有生死攸关的影响，因此，探究不同制度要素相互交织渗透的情境下，是否具有协同互补或平衡契合效应对解释创业企业持续性竞争优势具有重要价值。具体来讲，创新是创业企业的"命脉"，而知识产权保护作为服务创新的制度安排，能够有效促进市场竞争公平性、提升要素配置效率性，成为创业企业提高冗余资源优化配置、促进创业导向形成的关键基础性制度保障；但与此同时，知识产权保护的负外部性也会阻碍创新要素的自由流动扩散、加大模仿及引进成本，若一味按照正式制度的规制安排可能会对创业企业产生"创新挤出"影响。在此情形下，企业之间通过社会网络构建而成的非正式制度能够发挥其重要价值，一方面，通过社会网络能够挖掘外部关系的潜在价值、拓宽资源编配范围、降低市场交易摩擦成本，形成外部物质相互交换、协调配合、同步支配的"1+1>2"的市场自组织协同效应，缓解正式制度规则可能产生的负效应；另一方面，无论是正式制度还是非正式制度，总体而言具有一定程度的目标一致性，在彼此不断优化调整的过程中，这种"双管齐下"的运作方式不仅有助于弥补企业创新发展过程中可能面临的政策性失灵，还能够克服潜在的市场失灵，尤其在转型时期外部风险不断加剧的情境下，能够确保市场更加平稳有序地运行，实现功能递增的联动耦合，即产生相互之间的平衡契合效应。

关于制度转型情境的协同与契合效应示意如图3-3所示：

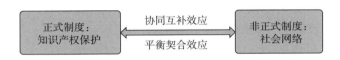

图3-3　转型情境的协同与契合效应

四、本章小结

针对任何一项研究的系统性展开都是要以对定义的明确以及研究范畴的界定为基础开始的，研究范畴在一定程度上决定了研究的边界，因此，对研究理论的总体框架的确定必须要以明确的研究范畴为基础。本书旨在围绕两大核心问题对创业企业进行研究：其一是内部资源与外部环境对创业企业创新发展路径的动态演化过程；其二是如何更加有效地促进创业企业自身创新发展从而构筑持续性竞争优势。基于上述两大关键问题，本书分别从内源性驱动与外源性调节的双重视角入手，探究创业企业创新发展的路径机制，因此，在本章中首先明确了以"创业企业"作为研究主体，对相关研究范畴进行界定；其次，在对"情境"的内涵进行阐述与明确的基础上，通过对我国经济制定转型情境的刻画，为研究主旨构建了一个具有边界条件的研究视角与研究模式；最后，在此基础上，以组织战略管理为出发点，基于组织内部成长的"资源—能力—绩效"研究范式，为内源性驱动路径机制的探究提供了较为扎实而连贯的理论框架，并进一步结合外源性调节的制度情境，分别通过新制度经济学下的正式制度与组织社会学下的非正式制度，将组织战略管理理论有效拓展至制度转型情境下，并且进一步通过对两大制度环境要素所构建的制度转型情境进行交互性分析，揭示出制度转型情境下正式制度与非正式制度的协同与契合效应，从而使创业企业成长路径的研究更加具有实践意义与理论价值。总而言之，通过本章的阐述为后续相关的理论研究提供了一个较为全面、扎实的创业企业战略管理动态路径的理论架构。

第四章　冗余资源、创业导向对创新绩效的影响研究

一、冗余资源、创业导向对创新绩效的影响机制

管理学大师彼得·德鲁克在其所著的《创新与企业家精神》一书中指出，"创新能够赋予既有资源一种新的能力，使静态的资源转化为某种全新的行动或者结果"。资源是创业企业生存、成长及获得竞争优势的决定要素，然而，"新生弱性"却又是创业企业不得不面对的天然劣势，受制于与大中型企业共同竞争使得创业企业往往难以获得充足的外部资源，更加容易导致企业成长劣势。由资源基础观逐步发展形成的资源拼凑观及资源积累机制指出，内部资源积累是创造市场优势的关键；而核心能力观则进一步对资源基础观进行了动态化的延伸，即企业成长是通过对未利用资源不断发掘、整合及配置，获得持续性绩效回报的过程，这部分"富余资源"即为组织的冗余资源，冗余资源的概念正是源自组织理论，即满足现有生产经营目标以外的、可重新配置的过量资源集合，它为创业企业的发展过程不断注入基础"动力或燃料"。尤其随着我国经济社会的转型不断深化，对于最具创新活力的创业企业而言，由于技术转型升级和市场需求急速变化，企业所面临的竞争压力与日俱增，资源并不是总能以顺畅的方式流向创新活动，因而冗余资源的价值性更被凸显出来，其能够通过不同方式的组织创业能力为资源约束下的企业创新提供有效的资源供给

途径，因此，组织内部的冗余资源与创业导向两大要素的重要性愈发凸显。Edelman 等（2010）指出，创业企业创业导向的战略实施同样具有资源依赖性特征，基于此，创业企业创新发展的本源必须回归企业内部，既要重视以冗余资源为创新之路的出发点，又要把握以创业导向为中介的路径特征。然而，正如前文所述，当前关于冗余资源与创新绩效关系具有争论性，主要是源自情境所产生的差异；可见，只有将情境要素与组织战略管理理论进行整合，才能有助于提高研究结论的实践性与针对性，由此，本书基于我国经济制度转型情境对创业企业冗余资源与创新绩效进行细致剖析。

（一）冗余资源与创新绩效

创新本质上是一种以创造性破坏的方式将各种资源进行重新组合配置的活动，具有高风险、长周期和资源依赖性等特征。对创业企业而言，创新是企业生存发展的战略之本，而创新过程存在的高不确定性又导致了风险的无法规避，使本就根基不稳的创业企业在市场竞争中更加"摇摇欲坠"，这就是创业企业成长所面临的"创新投资悖论"。基于悖论式认知的视角，由于受到既有范式制约而出现某种矛盾冲突感，在组织战略管理过程中，如果能够突破固有的范式约束，通过"组织认知"及"管理认知"的相互协调，在更为广泛的统一系统中审视悖论关系，以实现两种反作用力战略矛盾下的平衡，二者便可能是一种和谐共生的共同体。因此，在悖论式认知模式下，组织认知强调从企业自身情境出发，着重关注于组织内部资源禀赋的差异性，由此以资源基础观为核心范式，探究资源对企业创新绩效的作用机制及影响效果，即是在对创业企业创新绩效的过程剖析，其实现载体必然脱离不开组织对其自身所拥有并控制的内部冗余资源进行配置和利用。具体而言，"资源剩余学说"将组织抽象概念化为一系列"资源集合"，强调企业所掌握的生产要素本质是一种动态组合的过程，其所具有的多重功效及不可分性使组织内部永远有资源冗余存在，为企业成长发展提供了动力基础，该理论进一步明确组织是否能够获取竞争优势关键在于"资源集合"的特征。由此，学者们逐渐关注对企业内部资源作用的研究，冗余资源作为组织内部所逐渐积累形成的资源禀赋，以不同形式沉淀于企业内部，并且从组织资源管理的过程来看，冗余资源是进行资源管理的起点。本书沿用其中最具代表性的划分方法，将其中灵活性较强、能快速调动以应对变化的冗余资源界定为非沉淀性冗余资源，主要包括现金及现金等价物、信用额度等；而将流动性及灵活性较低且通常面向特定应用或主题情境的另一类冗余资源界定为沉淀性冗余资源，主要包括暂时闲置的固定资产、管理费用、不稳定的客户、超额员工报酬等。

1. 非沉淀性冗余资源与创新绩效

创业初期的企业相较于成熟企业，无论是在管理制度、组织流程还是行为决策等方面都更具灵活性，但同时亦欠缺规范性，由此产生大量琐碎且无序的弱黏性资源，而成熟企业往往需要投入大量成本进行弱黏性资源管理，但却为创业企业提供了一种"资源套利"行为，即无须进行较大的成本投入却能够产生正向收益以支持创业行为。在此基础上，由于企业进行自主研发等创新活动需要付出的成本较为昂贵，且面临的不确定性较高，而非沉淀性冗余资源由于具有使用专用性较弱、灵活性较强、开发潜力较大等特征，易于根据战略决策进行动态调整。因此，伴随着当前经济社会的快速转型，受制于外部资源约束下的创业企业开展创新研发活动时，利用手头资源成为一种"行为偏见"（李非和祝振铎，2014），即更加需要以组织内部所拥有的非沉淀性冗余资源作为基本保障，不仅包括既有的如流动现金等累积性冗余资源，同时也包含如信用额度等尚未充分利用的潜在性非沉淀性冗余资源。尤其是外部环境风险性和挑战性与日俱增，流动性较强的非沉淀性冗余资源能够有效提升创业企业应对外部变化不确定下的及时响应能力及生存适应能力。Henderson 和 Clark（1998）基于组织行为理论指出，由于非沉淀性冗余资源并非源自组织的正式制度安排，企业拥有着较大自主支配权，能够为高风险的创新研发活动提供资源支持；Troilo 等（2014）研究认为，非沉淀性冗余资源有利于创新型企业的前沿探索，对创新绩效的提升具有显著促进作用；顾研和周强龙（2018）进一步指出，财务冗余的可直接支配性能够为高不确定项目提供资金，提高了组织抗风险力，使企业不以结果为导向而更加注重创新开发过程，对创新活动具有天然支持优势。除此之外，既有的及潜在的非沉淀性冗余资源能够有效缓解组织内部对资源产生的争夺，有助于向创新研发进行资源倾斜以提高创新成果产出的可能性，由此可见，非沉淀性冗余资源可以通过减少企业内部资源限制、解决资源冲突等途径缓解组织结构性资源约束，提高组织战略柔性，为自主研发等创新行为提供必要的资源供给途径。

然而，由于非沉淀性冗余资源流动性较强、转换成本较小等特征也容易引发企业的一些负面行为。具体来讲，首先，由于企业内部委托代理关系的存在，资源的所有者难以对经理人进行完全有效的监督或约束，当累积的非沉淀冗余资源过剩时，代理人容易陷入盲目地多元化扩张式"冗余搜寻"，抑或是如银行信用额度等潜在的非沉淀性冗余资源容易诱致企业无视潜在的投资风险而耗费大量的资源以追求高风险性投资，即使某些项目在日常看来不甚合理，由此诱发代理人决策随意、资源滥用、过度投资等投机主义行为，甚至导致创新结果恶化。其次，高风险的创新研发往往意味着高失败，当以组织资源为代价付出高昂的试验成本而无法获得预期收益回报时，为了避免创新的沉没成本，企业一方面会沿着错误的道路继续探索，进而陷入"探索失败陷阱"等创新困境中；另一方面，当失败的结果产生后，经理人为了掩盖失败等负面状况的出现，往往会以"赌博式"的心态通过利用潜在非沉淀性冗余资源，从而推动新的探索以弥补之前的损失，导致企业深陷于某种不良的循环之中。再者，Shimizu 和 Hitt（2005）指出，由于非沉淀性冗余资源的易于获取性，也极有可能引发管理者"中饱私囊"等道德风险，抑或是引起管理者的自满心态而滋生出在位者惰性，即片面追逐个人喜好从而背离企业既定目标，降低对创新研发的投入。因此，非沉淀性冗余资源对于创业企业创新绩效的作用可能存在一个适度范围，超出范围之外都会出现"资源过载"的现象，无益于提升创新绩效，即非沉淀性冗余资源和创业企业创新绩效之间呈现为非线性的"倒 U"形关系。基于此，本书提出研究假设：

　　H1a：创业企业非沉淀性冗余资源与创新绩效之间存在"倒 U"形关系。

　　2. 沉淀性冗余资源与创新绩效

　　受限于组织管理者的有限理性局限，企业所累积的专用设备、库存商品或其他资源在生产经营过程中常常难以达到最优化，沉淀性冗余资源作为企业的自有资源，普遍存在于企业的生产经营过程中，这些内在留存的富余资源可以为研发投资等创新活动提供支持（王超发等，2020）。首先不同于非沉淀性冗余资源的易于转换支配性，沉淀性冗余资源通常源自组织日常运行过程中所产生的剩余所积累起来的，已经以"标准化"的价值维度内嵌于企业关键生产业务流程之中，更加具有资产专用性特征，使用的随意性与再转换性受到限制，因而不容易诱发管理者的盲目决策及其他代理问题。王亚妮和程新生

（2014）指出，既定用途的专用性冗余资源才是企业获得可持续竞争优势的关键。其次，通常而言，沉淀性冗余资源已被企业较好吸收，因而不需要过度转化就可直接满足生产力的需要，创业企业可以基于既有的技术、能力等通过市场细分等方式对现有产品或服务进行更新升级，对创新活动进行直接响应，既能做到物尽其用已开发资源的价值，又能够有效促进企业不断发展的创新需求，即特定资源的价值并非既定不变，能够在原有生产轨迹上通过重新拼凑产生新的价值，在追求创业生存过程中实现了新企业的持续性成长。再次，专用设备、智力资源、专业技能等沉淀性冗余资源更加能够体现组织资源的稀缺性、价值性、异质性及难以模仿性等特征，在面对外部环境不确定性时能够发挥"内核稳定器"保护作用，因而在面临外部情境不确定性等情况下冗余资源所具有的"缓冲器"功能更多是由沉淀性冗余扮演的。最后，沉淀性冗余资源由于包含了价值性仪器设备及优厚的福利待遇，能够提升管理者信心，有效促进创新活动（陈爽英等，2017）。因此，随着创业企业内部沉淀性冗余资源的增加，企业所积累的资源缓冲池不断扩大，不仅深化了资源组合及深度挖掘可能，而且提高了企业对资源拼凑的即刻能力，为外部资源约束下的创业企业提供了稳定的专用资源承诺，进而强化了组织捕捉新机会、解决新问题、应对新风险的能力（苏芳等，2016），使创业企业追求创新绩效的"根基"更加稳固。

然而，与非沉淀性冗余资源相类似的是，沉淀性冗余资源作为某种暂时性"富余"同样存在过犹不及的可能。一方面，沉淀性冗余资源通常以专用或固定资产等形式存在，具有较强的使用专属性及生产关联性，在使用过程中不仅转换成本较高，而且需要耗费较高的日常运行维护成本甚至沉没成本，对于"势单力薄"的创业企业而言容易形成较大的运营维护等管理性负担。Pang 和 Shen（2011）研究指出，随着沉淀性冗余资源的累积过度，企业需要承担相当程度的管理成本压力，尤其对于创业企业，这种负担往往会引致企业创新绩效的显著降低。另一方面，沉淀性冗余资源某种程度也意味着不够高效的利用率，当沉淀性冗余资源累积过多时容易出现"资源诅咒"效应，禁锢组织的创造能动性甚至引致"路径依赖"，限制了资源重新配置的效率，容易导致创业企业将过去固有的知识或技术惯例沿用到新的创新活动中，尤其是过去的"成功经验"更加容易形成思维定式；在此基础上，"威胁—僵化"（threat-rigidity）理论进一步指出，沉淀性冗余资源由于缺乏足够的灵活性，容易与创业企业灵活性战略实施相违背，累积过多时容易导致创业企业行为僵化，使得创业企业丧失创新前期所需的"先动优势"，或被动性导致企业降低其主动创新的意愿，不利于在外部环境快速变化的情形下开展创新活动。因此，过多的沉淀性冗余资源容易引起内部缓冲过度，进而导致创业企业行为迟缓，反而可能加剧环境不确定性下所面临的风险，减少自主创新投入程度，降低创业企业的创新绩效。基于此，本书提出研究假设：

H1b：创业企业沉淀性冗余资源与创新绩效之间存在"倒 U"形关系。

（二）冗余资源与创业导向

动态竞争理论指出，组织战略行为是通过"对机会的察觉（awareness）、实施战略的动机（motiation）以及采取行动的能力（capability）"所构建的 AMC 框架而产生的结果，关注企业资源的整合与重组。对于创业企业而言，由于组织内部仍旧存在很多功能性或制度性缺陷或不足，与成熟企业相比，创业企业管理者在决策选择制定等逻辑方面往往存在显著差异，其中最为突出的表征体现在，成熟企业一般多是以目标为导向，更加依靠既定信息及过往经验，遵循"风险可控、成本最低"等原则，通过较为程式化的管理体系进行目标任务的筛选设定；而对于创业企业的管理者而言，由于"新生劣势"等局限使其难以按照成熟企业惯用的因果逻辑进行方案选择，多数情况下需要管理者"摸着石头过河"，即从自身既有的资源禀赋出发，通过大胆且主动地挖掘潜在可行机会确定战略方案，在此情况下，"创业导向"被认作是在面对外部环境不确定时创业企业追求创新发展的原生动力。创业导向作为企业战略决策过程的重要认知态势，不仅是一种资源消耗型的战略导向，同时也体现了组织对资源进行整合配置的动态过程，其本质是在组织资源禀赋的基础上，通过对资源的挖掘、识别和配置，使之有助于对机会的主动甄别、开发和选择，以增强组织核心能力进而满足成长需求的过程。Carlos 等（2017）进一步基于资源基础观进行拓展深化，强调了企业创业导向战略决策的有效实施离不开其所拥有的资源，异质性资源是企业竞争优势及获取高额绩效的重要来源。刘力钢和姜莉莉（2022）指出冗余资源可以赋予管理者更多的资源权限和远端搜寻以及知识创造能力以保障创新行为的实施。由此可见，在满足企业日常运营所需资源之余所累积的冗余资源是创业导向形成的关键前置要素，冗余资源的存在能够有效缓解创业导向面临不确定风险下的后顾之忧，成为创新创业的"培养皿"，不仅能够激发创业企业管理者对创业导向的主观能动性，又决定了创业导向的路径选择方向和过程。但非沉淀性冗余资源与沉淀性冗余资源由于其内在特征表现出的明显差异，对于创业导向的作用机理也应不尽相同。基于此，本书进一步将组织内部的冗余资源作为创业企业创业导向的前置因素，通过明晰其对创业导向作用的内在机理，有助于更好地将资源基础观与创业机会观二者相互结合。

1. 非沉淀性冗余资源与创业导向

创业导向亦是管理者关于资源"投入—产出"的权衡过程。创业企业在与成熟的大中型企业进行市场竞争的过程中，施行更加精细化、差异化的市场策略具有不可替代的关键作用，而差异化策略的制定必然源自管理者对新市场进行深度挖掘或再次细分等创业导向的倾向性，通过"细分轻量级"的定位在市场中占据一席之地。非沉淀性冗余资源作为组织的正式性制度安排流程之外的高流动性剩余资源，企业拥有着较大自主支配与调配权，能够有助于企业在创新过程中克服资源的刚性约束，打破组织传统惯性，迅速做出战略决策调整，为高风险且不确定性的创业行为提供流动资产等资源支持，使企业不以结果为导向而更加注重创新开发过程，促进企业"重实验、重创新"的氛围养成，对创业导向的培育具有天然性支持优势。何瑛等（2019）基于资源效应视角指出，风险活动具有高度的资源依赖特征，丰富的资源能够提升企业的风险承担水平，成为驱动创业导向的关键。白景坤和王健（2019）同样指出，非沉淀性冗余资源为创业导向提供了可直接支配的流动资源支持，不仅能够有效克服组织惰性、激发管理者创业导向的主观能动性与风险承担性，同时有助于激发组织管理者的即兴行为进而促进创业企业进行机会识别，开发新产品、提供新服务、打开新市场，因此，非沉淀性冗余资源可以有效缓解管理者创新过程中的心理性约束，从多角度保证企业进行外部搜寻和研发创新，进而有助于增强企业以"创新、冒险和变革"为表征的创业导向培育。

然而，以代理理论为基础演化发展的资源约束理论强调，冗余资源也容易引致企业管理者的自我满足倾向，当非沉淀性冗余资源过剩时，一方面，可能使创业企业的创业导向战略产生某种幻象等非理性行为，引发管理者过度倾向追逐于某些并购扩张项目（Mishina 等，2014），盲目扩大生产而非创新项目，导致创业导向行为被"地位导向"所替代而逐渐趋于弱化，由此，在非沉淀冗余资源的诱使下，可能不利于创业企业对创业导向的培育，即对创业企业管理者的创业导向决策倾向产生削弱效应；另一方面，创业企业作为市场新进入者，常常面临着合法性缺失等成长困境，因而不仅需要对企业的核心竞争力进行发掘培育，还需要在市场中快速获得知名度或者场域认可度，而在资源有限难以两全的困境下，容易导致管理者对核心竞争力的忽视，而过度转向于通过市场公关、产品营销等方式构建自利型社会关系，引发潜在的以"关系导向"替代创业导向的行为倾向，从而降低非沉淀性冗余资源对创新活动的投入程度而使创业导向趋于弱化。因此，非沉淀性冗余资源对创业导向的影响同样存在一个适度范围。基于此，本书提出研究假设：

H2a：创业企业非沉淀性冗余资源与创业导向之间存在"倒 U"形关系。

2. 沉淀性冗余资源与创业导向

苏芳等（2016）指出，创业企业创业导向的战略实施同样离不开其所拥有的异质性资源。不同于将非沉淀性冗余资源用于对高风险创新研发行为的直接追逐，由于沉淀性冗余资源已内嵌于企业日常经营业务流程中，其替换和迁移的成本十分高昂，是组织内部核心稀缺性、异质性资源的体现，尤其环境动态性加剧了企业战略调整的频率（Tan 和 Peng，2003），当创业企业以较高的代价通过某种固定流程或生产模式补足新进入短板之后，通常在短时间内难以对沉淀性冗余资源进行替换，而是需要不断对资源进行重新编配或充分利用以适应组织目标。此时，创业企业通常将使用灵活性较差、专用性较强的沉淀性冗余资源，在适时条件下通过既有的设备运作、人力资本等沉淀性冗余进行重新优化配置，或设置更加高效的组织结构等，更加容易在现有资源的基础上形成新的资源位势壁垒（Position Barriers），为创业企业占据新的利基市场创造条件，促进企业前瞻性、先动性等创业导向特征，维持创新性的战略态势。例如，创业企业通过重新进行人员分配，或调整闲置的设备运行方式等途径对创新研发提供支持等。另外，戴维奇（2012）指出，相较于流动性较强的财务资源冗余，组织内部的人力资源冗余所具有的"黏性"特征，更加有助于调动其他资源，进而带动企业的创业导向等积极战略。

但与非沉淀性冗余资源类似，组织内部过多的沉淀性冗余资源同样可能对创业企业创业导向的培育产生负面效果。一方面，创业导向往往需要依靠组织的即兴反应，沉淀性冗余资源的产生往往是由于企业对生产设施的过度投资或使用不够充分引起的，由此组织内部积累过剩的沉淀性冗余资源容易导致企业行为迟缓，产生路径依赖效应，即组织基于自身资源禀赋一旦进入某一发展路径，组织内部的要素依赖性会不断增加，产生的经营惯性作用随之不断强化，主要表现为对企业固守于旧有的运营模式或对于既有市场地位"放不下"，即容易陷入"创新者窘境"（陈锟，2010），最终被锁定于特定的创业路径转而对创业导向形成约束。另一方面，沉淀性冗余资源由于其较强的专用性特征也限制了创业企业对资源重新配置的效率，容易导致创业行为僵化，失去进取反应或响应意识，丧失了前瞻预应的主动性，进而出现创业导向被沉淀性冗余资源所"绑架"，成了不折不扣的"守成之君"，不利于创业导向战略实施以及对风险承担性所需的专用资源承诺。因此，沉淀性冗余资源对创业导向的影响同样存在一个适度范围，基于此，本书提出研究假设：

H2b：创业企业沉淀性冗余资源与创业导向之间存在"倒 U"形关系。

（三）创业导向与创新绩效

既有研究从不同角度对创业企业成长的相关问题进行剖析，而企业战略无疑是决定组织绩效的根本性要素，创业导向则被视为用于评价企业战略决策实施的管理性概念，是企业整合与配置资源的能力、应对风险不确定性的态度、建立并保持竞争优势的关键。随着创新经济的快速发展，创新愈发成为创业企业持续性竞争优势的重要来源，创新绩效则是企业通过对组织资源和能力进行使用与配置进而产生的战略决策效果，由此关于创业导向的作用尤其受到广泛关注。面对激烈的市场竞争和复杂的外部环境，创业企业的生存发展必须要以创新为支撑，伴随着对资源的获取与配置、对机会的识别与把握、对市场的认知与占领等积极创业过程，采取超前行动、主动创新、承担风险的创业导向战略，积极培育动态能力，而以创新绩效为代表的经营成果则是对企业管理者具体认知、行为、决策等多方面的综合反映。由此可见，创新绩效强调对结果的关注，创业导向则反映了组织的经营哲学、认知模式及相应的创新态度，创业导向作为一种独特的心智模式融合在企业差异化的创新战略之中，其对创新绩效的影响体现了"过程—结果"的反馈，正如 Greenberger 和 Sexton（1988）

对创业企业的研究过程中所强调的，"成长目标是引导新企业发展的关键要素"，成长目标正是源自对企业未来的成长预期，由此发展的任务动机理论进一步强调，拥有更加强烈成长渴求或动机的创业者往往愿意进行更大的创新投入，进而产生更高的企业创新绩效。因此，创业企业的创业导向程度或意愿可以有效促进以创新为目标的活动进行以克服组织刚性，Barringer 等（2005）通过对快速成长型与慢速成长型两类企业进行比较研究发现，具有更加强烈的成长愿望有助于促进企业快速成长目标的实现，并由此产生了绩效差异。可见，企业成长与发展的过程并非一个随机发生的事件，创业导向作为企业创新成长过程的一项关键"助推器"，正是服务于创新活动的战略行为倾向，而创新作为一种高消耗、高风险的企业活动，只有通过实施创业导向的战略决策，不断保持应对环境变化的适应能力，才能构建以创新为核心的可持续竞争优势。再者，与传统大中型企业相比，创业企业通常属于知识技术密集型企业，并且其所面临的资源约束压力与环境动荡的风险更大，更加需要能够及时处理、应对并且克服成长过程的不确定性，因此，创业企业的管理认知更加需要创业导向型战略模式或决策倾向，创业导向对创业企业提升创新绩效具有更加重要的内部驱动促进作用。

进而言之，创业导向对创新绩效的促进机制具体体现为以下方面：首先，创业导向的特质意味着创业者具有敢于创新、冒险与接受挑战的企业家精神，技术革新程度较高，愿意采取高风险投资等激进型创新战略，有助于动态能力培育和发展（徐可等，2018）；同时，创业导向反映了企业对高利润回报进行追逐时愿意为之付出代价或承担风险的倾向，企业家乐于通过研发探索未知前沿领域，进而有助于通过开发新产品、探索新技术、拓展新模式等方式获取潜在市场机会以取得竞争优势，提升创新绩效。其次，基于组织结构化理论，管理认知对组织战略的制定与执行具有直接影响，创业导向作为管理者认知的核心，是创业企业以创新发展为核心目标，以前瞻性、创新性及风险承担性为行为倾向，通过对资源的优化配置及机会的识别把握，从而促进创业企业以核心竞争力获得持续性发展的战略决策。Narayanan 等（2011）在组织战略研究中将管理认知视作企业所具有的一种独特资源，指出合理运用这种资源能够有效提升企业价值，对企业竞争优势具有显著影响。再次，动态能力理论进一步强调了组织的创业导向与战略管理二者相互结合，因其改变了企业的资源配置、经营惯例及成长潜力，Engelen 和 Gupta（2015）指出创业导向是企业的一种战略态势，反映了企业对新技术、新市场的动态学习及开发倾向，是组织不断寻求变革的重要标志，其所体现的预应性、创新性及风险承担性有助于企业不断建立新的心智模式来适应变化进而缓解外部不确定性影响以构筑竞争优势，捕捉创新机会，创造高价值、获得高回报，提高创新绩效；贾建锋等（2013）、Khedhaouria 等（2015）分别验证了创业导向对企业创新的积极和正面作用。最后，创业导向也是创业企业创新文化培育的重要部分，体现了企业对待创新的意愿及态度，葛宝山等（2016）指出创新文化是对创新行为的主动培育，有助于创业企业抓住潜在的机会获得先动优势，表现在企业能够立足于市场需要或潜在需求，主动改善现有产品或服务流程，通过利用性地完善、提高资源使用和执行效率，不断细分并挖掘市场深度，由此不仅能够较快获得市场合法性，有效规避不确定下的潜在风险，还能够在市场中主动进行机会识别、扩大市场份额、占据有利竞争地位，以此促进企业创新绩效的提升。基于此，本书提出研究假设：

H3：创业企业的创业导向对创新绩效具有正向促进作用。

（四）创业导向的中介作用

理性行为相关理论指出，主体的认知态度影响其行为方式，而行为方式又决定了行为结果。在经济社会中，最重要的是做与众不同的事，而非将已经做过的事情做得更好，这种与众不同就是创新，进而言之，创业企业持续性竞争优势需要追求组织认知与管理认知的动态平衡，企业创新发展是以追求创新为目标并根据自身要素不断调整战略决策以获得市场先动优势的动态过程，创业导向作为组织战略行为与战略导向的关键构成，体现了情境诱发认知的过程，同时反映出企业的主观感知与行为导向，对企业创新由组织认知到创新结果的转换过程起到承接作用，理应成为联结创业企业冗余资源与创新绩效这一对因果变量的关键中介要素。Nadkarni 和 Barr（2009）基于战略管理动态认知视角强调，管理者认知在企业情境及战略决策中具有中介作用；张骁和胡丽娜（2013）基于元分析指出，创业导向对于组织资源的优化利用及绩效提升具有重要价值；梁强等（2016）以创业企业为研究对象进一步指出，资源为组织实施先动性的创业导向战略奠定了基础，有效提高了创业企业与市场之间的相互交易效率，有助于提升企业创新绩效。创业导向作为追求创新过程中的一种资源消耗型管理情境及决策模式，反映了企业追求新机会的倾向性，杨俊等（2015）提出了以创业导向为核心的"学习—认知—决策"过程模型，强调企业通过有目的的创业导向战略模式实施有效的"新进入"创新路径以推动组织价值的创造。基于上述研究可以看出，创业企业的创业导向是以提升组织创新绩效为主要目标，以一定程度的内部冗余资源禀赋为战略基础，在"资源—绩效"转化过程中具有内在差异化的中介传导效应。

对创业企业的创业导向进行进一步剖析，"自主研发"或者"模仿学习"是其创新成长的两大路径，因此，创业导向的管理认知战略模式也并非既定不变的，Slater 和 Narver（2000）研究指出，创业导向会根据资源特征的不同而有所差异；杨丽君（2020）指出自主研发和技术引进是后发企业技术创新的两大模式；黄永春等（2021）则基于资源配置视角，将创业导向划分为产品研发导向和规模扩张导向两种类型。基于此，本书将创业导向分为"自主研发型创业导向"和"技术引进型创业导向"两种类型，其中，自主研发型创业导向反映了企业通过自主创新提高组织竞争力的成长路径，而技术引进型创业导向则更加体现了创业企业采取"引进—吸收—再创新"的成长模式。而冗余资源作为创业导向形成的关键前置要素，对差异化创业导向的形成具有重要引致作用，贺小刚等（2017）指出，组织冗余资源的差异会对企业高管的冒险动机与可感知性产生影响，进而形成不同类型的创业导向，对企业创新绩效产生影响。由此，自主研发型创业导向和技术引进型创业导向分别对非沉淀性冗余资源与创新绩效、沉淀性冗余资源与创新绩效的关系具有差异化中介作用。

1. 自主研发型创业导向的中介作用

自主研发型创业导向意味着创业者更加聚焦于对潜在市场、服务或需求的关注，更加强调企业的决策部署所具有的敢于冒险精神，能够主动迎接风险，技术革新的程度较高，乐于通过研发探索未知前沿领域，优先进行机会开发且能够承担风险，有助于通过开发新产品、探索新技术等方式获取潜在市场机会以取得竞争优势。因此，自主研发型创业导向所体现的创新先动预应性有助于企业在探索式创新的过程中把握机会，创造高价值、获得高回报，而非沉淀性冗余资源能够使企业更加倾向于主动搜寻，通过立即行动的行为导向进行创新研发试验，因此自主研发型创业导向反映了管理者通过利用既有流动性资源引导企业创新行为的主观战略决策。Brown 和 Butler（1995）通过对小企业进行实证研究发现，小企业管理者对可利用资源的感知能够有助于提高其创业导向的倾向性，进而对企业成长具有积极作用；Sambrook 和 Roberts（2005）研究指出，财务资本等流动性资源和创业导向对企业绩效具有正向促进作用，同时创业导向的有关行为可以有效提升企业流动性资本对创新绩效的积极作用。进一步讲，创业导向具有资源依赖性特征，而非沉淀性冗余资源能够有效缓冲失败的威胁，增强对风险的承受程度，提升自主研发型创业导向的前瞻性与冒险性等特征，不仅有助于企业领先竞争对手发现新机会，而且还能先于既有认知创造新产品，鼓励企业采取立即行动的行为导向，主动搜寻并识别新机会，提升资源配置及处理效率，加快对资源的开发、转换及利用，进而提升创业企业的创新绩效。由此可见，自主研发型创业导向正是以组织可直接利用的非沉淀性冗余资源不断追求自主创新的市场机会，由此反映了其向探索创新转化的中介路径，组织行为学将其称为"冗余导向型研发"。但值得注意的是，于飞等（2019）指出，当非沉淀性冗余资源过多时也容易使管理者陷入盲目乐观的创业情绪中，进而采取不够审慎的创新战略，陷入"无限搜索"的自主创新模式中，导致时间成本与资源成本过度消耗，对创新绩效产生抑制作用。自主研发型导向的中介机制如图 4-1 所示。

图 4-1　自主研发型导向的中介机制

基于此，本书提出研究假设：

H4a：自主研发型创业导向对创业企业非沉淀性冗余资源和创新绩效二者之间的"倒 U"形关系具有中介作用，即非沉淀性冗余资源通过"倒 U"形效应影响自主研发型创业导向，进而对创新绩效产生影响。

2. 技术引进型创业导向的中介作用

创业企业作为市场后发者由于合法性缺失，难以获得先入者优势，多数情况下需要采取"引进—模仿—吸收"的创新发展路径，而创业导向不仅意味着主动迎接风险的激进型创新战略，同时还表现为利用性地完善、提高资源使用和执行效率特征，体现了企业对现有资源能力重新挖掘的深度。蔡莉等（2011）指出，创业导向型企业不仅更加重视对组织内部既有资源的合理配置，还会积极挖掘潜在资源的利用可能，通过制定相应的战略决策优化资源使用方式，更大限度地提升资源价值，而该行为表现主要反映为企业技术引进型创业导向，即通过引进市场领先者的关键技术或流程，进行模仿学习从而提高组织核心竞争力。裴云龙等（2013）研究指出，相较于保守型企业而言，采取创业导向型发展战略的企业更加愿意通过不断吸收学习以提升资源的配置效率。由此可见，具有技术引进型战略态势的企业能够根据组织资源禀赋通过不断自我调整以应对市场变化、挖掘市场需求，有效规避不确定下的潜在风险，在成熟市场中主动识别有利的竞争地位，通过积极地引进学习以改善创新产品或服务流程。而作为对组织内部既有资源的配置模式，沉淀性冗余资源为其提供了关键性的资源保障，Lumpkin 和 Dess（1996）研究强调，创业导向不仅关注对新业务的自主创造力，也强调组织恢复自身活力的能力，创业导向的核心作用正是以组织资源禀赋寻求与其相匹配的创新机会的过程。特定资源的价值并非既定的，尤其是在面对环境变化时，沉淀性冗余资源有助于创业企业提高战略柔性以应对创业不确定下的内核稳定性。如人力资源或时间资源等沉淀性冗余资源具有人力资本效能作用，在促进新知识创造、知识成果转化等利用式创新方面具有不可替代的作用。另外，创业企业为了能够以创新优势抢占市场领先者地位，管理者所具有的即兴反应能力更加需要通过直接对现有或潜在资源进行重新拼凑整合，挖掘现有资源潜力、激发既有要素潜能、扩展沉淀性冗余资源的配置范围，进而提升企业的创新绩效。李颖等（2018）指出，创业导向是以创新为动力，在创新过程中设定愿景并产生相应资源需求，驱动企业通过机会识别与学习对资源进行优化配置，促进企业创新发展的过程、行为和决策活动，尤其对于技术引进型创业导向，它反映了创业企业依据沉淀性资源进行的战略制定方式、方法和实践，体现了组织对企业内部沉淀性冗余资源的再次编配或拼凑能力，即对固有资源的创造性利用或深化的过程，因此，创业企业的创新发展同样是基于沉淀性资源而不断调整战略决策的动态过程；换言之，当沉淀性冗余资源较多时，创业企业更加倾向于通过技术引进型创业导向，通过利用式完善的方式学习市场现有的先进技术与生产流程等，以更加低成本、低风险的方式提高生产效率，即技术引进型创业导向在"沉淀性冗余资源与创新绩效"二者之间起到了中介传导作用。技术引进型导向的中介机制如图4-2所示。

图4-2　技术引进型导向的中介机制

基于此，本书提出研究假设：

H4b：技术引进型创业导向对创业企业沉淀性冗余资源和创新绩效二者之间的"倒 U"形关系具有中介作用，即沉淀性冗余资源通过"倒 U"形效应影响技术引进型创业导向，进而对创新绩效产生影响。

二、模型设定与变量说明

早期关于中介效应模型检验的文献，大多是基于二者之间的线性关系进行分析，较少关于非线性中介效应的理论模型进行研究，随后在心理学、行为学等其他社会科学相关领域，陆续有研究开始基于非线性中介效应的影响进行探讨，但由于缺少有效的非线性中介效应检验方法论进行规范，所采用的方法大多仍基于线性中介模型的传统逐步法（Casual Steps Approach）进行检验，由于其适用局限性，因而存在一定质疑。而 Hayes 等（2013）首先针对性地提出了非线性中介效应检验方法，该方法主要被应用于在关于"解释变量 X、中介变量 M 及被解释变量 Y"的中介模型中，X 与 M 存在非线性关系并且/或者 M 与 Y 存在非线性关系时，X 通过 M 对 Y 产生间接中介效应。温忠麟和叶宝娟（2014）则进一步对有关方法进行明确辨析，指出"关于自变量与因变量的相关性，如果因变量 Y 受到自变量 X 的影响是通过变量 M 而产生的，那么变量 M 则被称为'中介变量'，在研究中如果假设对所有相关的主要变量都进行中心化或者标准化处理，变量之间的关系则可采用以下三步方程进行描述：① $Y=cX+e_1$；② $M=aX+e_2$；③ $Y=c'X+bM+e_3$。其中，方程①的系数 c 为自变量 X 对

因变量 Y 的总效应；方程②的系数 a 为自变量 X 对中介变量 M 的效应；方程③的系数 b 是在控制了自变量 X 的影响后，中介变量 M 对因变量 Y 的效应"。

（一）模型设定

1. 冗余资源与创新绩效关系的理论模型

本书关于非线性中介效应的检验借鉴上述方法，并基于前文所述的研究假设 H1a 和 H1b，分别采用多元回归模型构建理论模型（4-1）和模型（4-2）。首先，基于假设 H1a，即创业企业非沉淀性冗余资源与创新绩效之间存在"倒 U"形的非线性关系，本章在模型（4-1）中引入非沉淀性冗余资源（Unabsorbed Slack，UAS）的一次项和二次项，以检验其对创业企业创新绩效（Innovation Performance，IP）的非线性关系；其次，我们在模型（4-2）中分别引入沉淀性冗余资源（Absorbed Slack，AS）的一次项及平方项，以检验 H1b，即沉淀性冗余资源与创新绩效之间存在"倒 U"形的非线性关系。此外，在模型中分别引入相关控制变量 Controls，并同时控制了年份及行业的固定效应。模型设计如下：

$$IP_{i,t} = \alpha_0 + \alpha_1 UAS_{i,t} + \alpha_2 UAS_{i,t}^2 + \alpha_3 Controls_{i,t} + \alpha_4 Year_{-fixed} + \alpha_5 Industry_{-fixed} + \varepsilon$$

模型（4-1）

$$IP_{i,t} = \alpha_0 + \alpha_1 AS_{i,t} + \alpha_2 AS_{i,t}^2 + \alpha_3 Controls_{i,t} + \alpha_4 Year_{-fixed} + \alpha_5 Industry_{-fixed} + \varepsilon$$

模型（4-2）

2. 冗余资源与创业导向关系的理论模型

基于前文所述的研究假设 H2a 和 H2b，分别采用多元回归模型构建理论模型（4-3）和模型（4-4）。首先，基于假设 H2a，即创业企业非沉淀性冗余资源与创业导向之间存在"倒 U"形的非线性关系，文章在模型（4-3）中引入非沉淀性冗余资源（UAS）的一次项和二次项，以检验其对创业企业创业导向（Entrepreneurial Orientation，EO）的非线性关系；其次，我们在模型（4-4）中分别引入沉淀性冗余资源（AS）的一次项及平方项，以检验 H2b，即沉淀性冗余资源与创业导向之间存在"倒 U"形的非线性关系。此外，在模型中分别引入相关控制变量 Controls，并同时控制了年份及行业的固定效应。模型设计如下：

$$EO_{i,t}=\beta_0+\beta_1 UAS_{i,t}+\beta_2 UAS_{i,t}^2+\beta_3 Controls_{i,t}+\beta_4 Year_{-fixed}+\beta_5 Industry_{-fixed}+\varepsilon$$

模型（4-3）

$$EO_{i,t}=\beta_0+\beta_1 AS_{i,t}+\beta_2 AS_{i,t}^2+\beta_3 Controls_{i,t}+\beta_4 Year_{-fixed}+\beta_5 Industry_{-fixed}+\varepsilon$$

模型（4-4）

3. 创业导向与创新绩效关系的理论模型

基于前文所述的研究假设 H3，即创业企业的创业导向与创新绩效二者之间显著正相关，本书采用多元回归模型构建理论模型（4-5），并在模型中分别引入相关控制变量 Controls，且同时对年份及行业的固定效应进行控制。模型设计如下：

$$IP_{i,t}=\delta_0+\delta_1 EO_{i,t}+\delta_2 Controls_{i,t}+\delta_3 Year_{-fixed}+\delta_4 Industry_{-fixed}+\varepsilon \qquad 模型（4-5）$$

4. 创业导向的非线性中介效应理论模型

基于以上分析，为了检验创业导向在冗余资源与创新绩效之间的非线性中介效应，进行如下检验：

$$IP_{i,t}=c_0+c_1 UAS_{i,t}+c_2 UAS_{i,t}^2+c_3 AS_{i,t}+c_4 AS_{i,t}^2+Controls_{i,t}+Year_{-fixed}+Industry_{-fixed}+\varepsilon_1$$

模型（4-6）

$$EO_{i,t}=a_0+a_1 UAS_{i,t}+a_2 UAS_{i,t}^2+a_3 AS_{i,t}+a_4 AS_{i,t}^2+Controls_{i,t}+Year_{-fixed}$$
$$+Industry_{-fixed}+\varepsilon_2$$

模型（4-7）

$$IP_{i,t}=c_0{}'+c_1{}' UAS_{i,t}+c_2{}' UAS_{i,t}^2+c_3{}' AS_{i,t}+c_4{}' AS_{i,t}^2+bEO_{i,t}+Controls+Year_{-fixed}$$
$$+Industry_{\_fixed}+\varepsilon_3$$

模型（4-8）

（二）样本选取与变量测量

1. 样本选取

基于前文的理论分析与阐述可以看出，创业企业通常是位于快速成长过程中的企业，同时由于我国经济制度转型发展的特殊轨迹，我国创业企业不仅应按照生命周期理论根据时间维度进行确定，同时应该考虑制度维度、市场机制等影响因素。本书选取我国创业板上市公司作为研究对象，主要原因在于：一方面，创业板市场是我国经济制度转型情境下迈向创新型国家建设的新引擎，并且相较于主板上市公司而言，创业板企业的转型时间较短，且处于快速成长起飞期，成长需求强烈，在外部资源约束下更加需要对组织内部冗余资源进行开发利用以获得竞争优势；另一方面，创业板市场提供了大量资金用于战略性新兴产业的快速培育与优化升级，创新发展更加代表了创业企业的竞争力和核心价值所在，其创业导向不仅更加明显，同时受到外部制度环境等因素影响更加显著。因此，本书将创业企业主体要素的界定范围确定为：处于企业生命周期过程中快速成长阶段的股份制企业。

我国的创业板（Growth Enterprises Market Board，GEM）又被称为二板市场，是有别于主板市场又对主板市场进行重要补充的一类重要证券资本市场，其创立的主要目的是特别针对在沪深两市的主板市场暂时不满足上市条件，但却有强烈创新发展目标及融资发展需求的企业，创业板市场作为一种特定证券交易市场具有"门槛低、风险高、监管严"等特点，能够为这类企业提供相应的融资途径，促进其实现创新发展。可以看出，创业板市场对于数量众多的成长型中小企业是一个重要的孵化摇篮，在创业板市场上市的公司主体是以创业型企业、高科技企业和中小型企业等为主，这类企业通常具有高成长性，但相对而言企业的规模较小、成立时间较短。由于"双创"概念是在2014年被首次提出，因此本书将具体研究期间确定为2015～2019年；在剔除退市、ST、*ST、金融类上市公司及数据缺失的样本企业后，本书最终选定465家上市公司作为对象，共获得研究样本2325个。企业每年申请并获得授权的专利数据手工收集自国家知识产权局（SIPO）专利检索网站；独立董事社会网络的相关任职资料通过手工收集整理，并进一步采用UCINET 6.0社会网络分析软件对样本企业社会网络联结状况进行计算；另外，本书中所涉及的其他相关财务数据来自CSMAR国泰安数据库和Wind数据库。

本书分别基于样本企业所属行业、所处地区以及平均总资产规模等进行分布特征分析：首先，按照企业所属行业进行划分，其中高技术行业（包括新材料、信息技术、医疗保健三大行业）占比58.33%，传统行业（包括工业、能源、可选消费及日常消费四大行业）占比41.67%；其次，按照企业注册地所处地区进行划分，其中处于东部地区的企业占比80.16%，中西部地区企业占比19.84%；最后，按照五年间平均总资产规模进行划分，其中，平均总资产规模小于10亿元的企业占比10.32%，10亿~50亿元的占比67.96%，总资产规模超过50亿元的企业占比21.72%。

2. 变量测量

（1）冗余资源（Slack Resources）。当前学术界关于冗余资源的测度指标存在一定差异，而 Bourgeois（1981）所提出的财务指标测度方法在学术界越来越得到广泛使用，如蒋春燕和赵曙明（2004）、Shimizu 和 Hitt（2005）、Iyer 和 Miller（2008）、李晓翔和刘春林（2013）、解维敏和魏化倩（2016）等；并且考虑到上市公司公开发布的财务指标相对而言更加客观，由此本书在研究中采用样本企业所公开披露的 2015～2019 年五年时间的年度财务数据对相关冗余资源进行测度。其中，由于非沉淀性冗余资源（Unabsorbed Slack）主要反映能够快速调动以应对环境变化的组织内部资源状况，包括现金及现金等价物、信用额度、政府补贴等，基于财务报表的视角可用"流动比率"进行衡量，该比率是指企业流动资产与流动负债的比率，因而财务指标中的"流动比率"一项能够对企业资产的流动性特征进行较好的直接反映，具体能够体现出企业所具有的短期偿债能力以及相应的投资能力；简而言之，创业企业的流动比率越高，说明企业内部"短期闲置"的潜力资源越丰富，可用来支持创新研发活动的资源越多，因此我们选取"流动比率"衡量企业的非沉淀冗余资源状况。

而沉淀性冗余资源（Absorbed Slack）作为组织内部存在的超额期间费用，通常已内嵌于企业日常的经营管理活动中，已被吸收但暂时未被充分利用且流动性或可转换性较低，对其利用与转化的约束性较强，但当对企业效率进行重新调整后能够被释放的内部资源，如管理费用、销售费用等；进而言之，"管理费用"及"销售费用"两项财务指标通常反映行政管理及销售部门为管理或组织企业特定的生产经营管理活动所发生的各项期间费用，对其利用或转化受到一定约束，与非沉淀性冗余资源的定义相符。通常而言，特定情境下企业内部消除冗余资源时常常致力于减少期间费用获得所需资源，本书由此借鉴前人的做法，采用"管理费用和销售费用之和占销售收入的比例"衡量创业企业内部的沉淀性冗余资源。

（2）创业导向（Entrepreneurship Orientation）。关于创业导向的测度方面，本书借鉴 Williams 和 Lee（2009）、杨林（2014）、米黎钟和陈晴（2020）、王新成等（2021）的做法，采用资源配置法对创业导向进行测度，具体通过使用样本企业年度"研发支出占销售收入比例"和"年度投资活动净现金占销售收入比例"两项指标的组合描述测量对应的创业导向程度。原因在于"研发支出"和"投资活动净现金流量"这两项指标能够较好地以量化方式刻画出创业企业对于创业导向所具有的创新性、先动性和风险承担性等特征的投入意愿的主动程度。基于此，本书对创业导向具体指标的测度方式构建如下：x_{it} 表示 i 公司在第 t 年的"研发支出占销售收入"的比例，y_{it} 表示 i 公司在第 t 年所进行的"投资活动净现金流量占销售收入"的相关比例，而 EO_{it} 则由此能够体现出 i 公司在第 t 年的创业导向倾向程度。具体计算公式表示如下：$EO_{it} = \sqrt{(x_{it}-0)^2 + (y_{it}-0)^2} = \sqrt{x_{it}^2 + y_{it}^2}$；从几何学角度来看，该指标反映了二维空间中 i 公司在第 t 年所具有的创业导向强度。

（3）创新绩效（Innovation Performance）。在创新绩效的测度方面，由于本书重点考察的是关于创业企业创新发展的绩效水平，因此更加关注于对创新性绩效指标的测度。同时为了更加全面地对创新绩效进行反映，我们借鉴 Hall 等（2005）、易靖韬等（2015）、吴超鹏和唐茚（2016）等的方法构建以下两个指标，即分别从创业企业的"创新投入强度（R&D）"和"专利技术产出"（patent）两方面进行双维度分析。具体原因在于，技术创新的过程通常分为研究开发与成果转化两个阶段，其中，"创新研发投入"的指标能够较好地衡量企业对于自主创新阶段的投入努力程度，更加侧重于反映研究开发阶段的创新绩效；而"专利产出"的指标侧重于反映创新成果转化的绩效。具体而言，关于"创新研发投入"的代理变量我们选取样本企业的研发投入强度，具体指标是以"当年企业研发支出占年末总资产的比例"进行衡量，该指标能够较好地反映企业创新努力程度；而关于"专利技术产出"的代理变量则具体考虑为创业企业的专利产出情况，以该企业"当年所申请并取得授权的专利存量所占该年年末公司总资产之比"进行测度，具体关于"专利存量"指标的测度方法为：$K_{i,t} = (1-\theta)K_{i,t-1} + r_{i,t}$，其中，$K_{i,t}$ 表示 i 公司 t 年末的专利存量，θ 为折旧率，设定为 15%，$r_{i,t}$ 表示 i 公司在第 t 年所申请并取得授权的新增专利数量。

（4）控制变量（Control Variables）。关于控制变量的选取，本书主要参考并借鉴以前学者的相关研究，选取了以下可能对创业企业创新绩效产生一定影响的控制变量，主要包括企业特征层面和省份特征层面两大类。其中，关于企业特征层面，本书所选取的有关控制变量及相关测度方法如下：企业年末总资产对数（asset）[ln（asset+1）]；无形资产率（Intangible）（无形资产净额/总资产）；总资产净利润率（ROA）（净利润/总资产平均余额）；资产负债率

（LEVER）（负债总额/资产总额）；独立董事比例（OUT）（独立董事人数/董事会总人数）；托宾 Q 值（TobinQ）[（股票市值+净债务）/有形资产现行价值，有形资产现行价值=资产总额−待摊费用−无形资产及其他资产−递延税款借项]；另外，在回归分析中本书同时采用"各省人均生产总值增长率"（Per-capita GDP growth）作为省份特征层面的控制变量，通过"各省人均

GDP 增长率$=\dfrac{\text{各省当年人均 GDP}}{\text{上年人均 GDP}}-1$"进行测度。

表 4-1 所列为相关变量的具体定义：

表 4-1 变量定义

	变量名	变量符号	变量定义
被解释变量	研发投入强度	R&D	$\ln\left(\dfrac{\text{研发支出}}{\text{营业收入}}\right)$
	专利产出	patent	$\dfrac{\text{当年专利累计存量}}{\text{年末总资产}}$
解释变量	非沉淀性冗余资源	unabsorb	$\dfrac{\text{流动资产}}{\text{流动负债}}$
	沉淀性冗余资源	absorb	$\dfrac{\text{管理费用+销售费用}}{\text{营业收入}}$
中介变量	创业导向	EO	见文中定义
控制变量	公司规模	asset	$\ln(\text{总资产})$
	无形资产率	Intangible	$\dfrac{\text{无形资产净额}}{\text{总资产}}$
	总资产净利润率	ROA	$\dfrac{\text{净利润}}{\text{总资产平均余额}}$
	资产负债率	LEVER	$\dfrac{\text{负债总额}}{\text{资产总额}}$
	独立董事比例	OUT	$\dfrac{\text{独立董事人数}}{\text{董事会总人数}}$
	托宾 Q 值	TobinQ	$\dfrac{\text{（股票市值+净债务）}}{\text{有形资产现行价值}}$
	各省人均 GDP 增长率	GDP	$\dfrac{\text{当年人均 GDP}}{\text{上年人均 GDP}}-1$

三、实证检验与结果分析

（一）相关性分析

本书进一步通过 Pearson 相关系数检验方法对各研究变量之间的相关性进行检验，结果如表 4-2 所示。通过相关性系数表可以初步得出以下结论：第一，关于内生变量创业企业"创新绩效"的两大测度指标"研发投入强度"（R&D）与"专利产出"（patent），二者之间的相关性系数为 0.232，表明二者之间为弱相关性，适合作为不同维度的被解释变量进行分析；第二，自变量非沉淀性冗余资源（unabsorb）和沉淀性冗余资源（absorb）的相关性系数仅为 0.077，相关性极弱，表明所采用的测度方法能够很好区分出不同类型冗余资源，为本书的要素匹配分析奠定了基础；第三，非沉淀性冗余资源与沉淀性冗余资源两个解释变量分别各自与研发投入强度和专利产出这两个被解释变量呈正相关关系，且相关性系数很弱；而创业导向与创新绩效显著正相关。在此基础上，为了避免变量之间存在多重共线性等内生性问题，我们进行了共线性检验，检验结果显示变量之间的方差膨胀因子 VIF 均小于 10（Mean VIF = 2.72），说明不存在明显多重共线性。

（二）多元回归分析

本书根据中介效应的检验步骤和分析方法，采取逐层多元回归分析法，基于已建立的面板数据选取随机效应模型对前文所提出假设进行检验，检验过程中同时控制了年份及行业效应，如表 4-3 所示。

基于表 4-3 的逐层回归结果对指标进行具体分析如下：

首先，模型 M1~M4 为关于自变量冗余资源与因变量创新绩效之间的主效应分析，以验证假设 H1a 和假设 H1b。其中，模型 M1、模型 M2 为样本企业内部冗余资源与创新研发投入强度之间的主效应分析，模型 M3、模型 M4 为冗余资源与专利产出之间的主效应分析；模型 M2 和模型 M4 分别是在模型 M1

表4-2　相关性分析

	R&D	patent	unabsorb	absorb	EO	asset	intangible	ROA	LEVER	OUT	Tobin Q	GDP
R&D	1.000											
patent	0.232***	1.000										
unabsorb	0.321***	0.006	1.000									
absorb	0.279***	0.025	0.077***	1.000								
EO	0.858***	0.177***	0.383***	0.242***	1.000							
asset	-0.095***	-0.123***	-0.213***	-0.127***	-0.064**	1.000						
intangible	0.097***	0.023	-0.096***	-0.007	0.102***	0.088***	1.000					
ROA	0.002	-0.067***	0.102***	0.084***	-0.082**	0.059**	-0.113***	1.000				
LEVER	-0.302***	-0.048	-0.483***	-0.250***	-0.249***	0.468***	0.099***	-0.256***	1.000			
OUT	0.047*	0.052**	-0.037	0.035	0.020	-0.084***	-0.013	-0.083***	0.005	1.000		
Tobin Q	0.126***	-0.118***	-0.048	0.113***	0.123***	0.032	0.148***	0.188***	-0.030	0.076***	1.000	
GDP	-0.017	-0.102***	0.085***	-0.041	-0.030	-0.233***	-0.085***	0.112***	-0.166***	-0.033	-0.200***	1.000

注：***、**、*分别表示在1%、5%、10%水平上显著。

表4-3 多元回归结果

| 因变量 | R&D | | patent | | EO | | R&D | | patent | |
模型	M1	M2	M3	M4	M5	M6	M7	M8	M9	M10
constant	0.735** (0.230)	0.341 (0.289)	1.141*** (0.147)	1.160*** (0.148)	-1.079*** (0.300)	-0.690** (0.284)	1.565*** (0.176)	0.184*** (0.249)	1.130*** (0.147)	1.136*** (0.148)
asset	0.050** (0.024)	0.073*** (0.023)	-0.047*** (0.007)	-0.147*** (0.007)	0.059*** (0.013)	0.059*** (0.013)	-0.032** (0.014)	-0.014*** (0.002)	-0.047*** (0.007)	-0.045*** (0.007)
intangible	1.599*** (0.298)	1.436*** (0.288)	-0.426*** (0.103)	-0.427*** (0.104)	0.539*** (0.211)	0.570*** (0.199)	0.454** (0.180)	0.032 (0.021)	-0.342*** (0.103)	-0.407*** (0.104)
ROA	-0.830*** (0.271)	-0.738*** (0.262)	-0.101** (0.051)	-0.106** (0.051)	-0.088 (0.104)	-0.209** (0.098)	0.738*** (0.166)	0.075*** (0.020)	-0.150*** (0.050)	-0.113** (0.051)
LEVER	-0.644*** (0.109)	-0.422*** (0.116)	-0.015 (0.031)	-0.034 (0.034)	-0.129** (0.063)	-0.535*** (1.457)	-0.331*** (0.061)	-0.010 (0.008)	0.026 (0.028)	-0.053 (0.034)
OUT	0.105 (0.226)	-0.132 (0.219)	0.059 (0.190)	-0.022 (0.189)	-0.092 (0.277)	-0.268 (0.274)	0.218 (0.136)	-0.003 (0.016)	0.052 (0.186)	0.003 (0.188)
TobinQ	0.014** (0.006)	0.014** (0.006)	0.000 (0.002)	0.001 (0.002)	0.010** (0.004)	0.331*** (0.065)	-0.006* (0.004)	0.001 (0.000)	0.001 (0.002)	0.001 (0.002)
GDP	0.697* (0.384)	0.624* (0.371)	0.494 (0.323)	0.494 (0.321)	0.634 (0.470)	0.584 (0.464)	0.331 (0.232)	-0.011 (0.026)	0.459 (0.317)	0.440 (0.318)
unabsorb	0.019*** (0.002)	0.026*** (0.004)	0.005 (0.002)	0.009*** (0.003)	0.032*** (0.003)	0.034*** (0.006)		0.002*** (0.002)		0.010*** (0.003)
absorb	0.017*** (0.002)	0.049*** (0.003)	0.071 (0.023)	0.073** (0.034)	0.285*** (0.047)	0.289*** (0.065)		0.020 (0.018)		0.083** (0.034)

续表

因变量	R&D		patent		EO		R&D		patent	
模型	M1	M2	M3	M4	M5	M6	M7	M8	M9	M10
$unabsorb^2$		-0.000** (0.000)		-0.001** (0.001)		-0.002* (0.002)		-0.001*** (0.000)		-0.001** (0.001)
$absorb^2$		-0.001*** (0.000)		-0.011*** (0.015)		-0.323*** (0.029)		-0.001* (0.007)		-0.022* (0.016)
EO							0.065*** (0.001)	0.004*** (0.001)	0.017* (0.009)	0.036*** (0.011)
Industry	YES	YES	YES	YES	YES	YES	YES	YES	YES	YES
Year	YES	YES	YES	YES	YES	YES	YES	YES	YES	YES
F值	41.71	45.98	15.09	14.01	29.66	42.47	170.94	81.21	14.51	13.95
R-squared	0.3603	0.4061	0.1360	0.1368	0.2363	0.3246	0.7664	0.5566	0.1267	0.1408
N	2325	2325	2325	2325	2325	2325	2325	2325	2325	2325

注：***、**、*分别表示在1%、5%、10%水平上显著；括号内为标准误。

和模型 M3 的基础上引入自变量各自的平方项以检验冗余资源与创新绩效之间的"倒 U"形效应。结果显示：在模型 M1 中，创业企业内部的非沉淀性冗余资源（unabsorb）与沉淀性冗余资源（absorb）二者分别对被解释变量创新投入程度（R&D）具有显著的正向影响（$r_{unabsorb} = 0.019$，$P_{unabsorb} < 0.01$；$r_{absorb} = 0.017$，$P_{absorb} < 0.01$）；在模型 M2 进一步引入关于自变量的二次项后，相关自变量的一次项系数明显增大（$r_{unabsorb} = 0.026$，$P_{unabsorb} < 0.01$；$r_{absorb} = 0.049$，$P_{absorb} < 0.01$）且二次项系数均显著为负（$r_{unabsorb} = -0.000$，$P_{unabsorb} < 0.05$；$r_{absorb} = -0.001$，$P_{absorb} < 0.01$）。类似地，模型 M3 和模型 M4 是关于被解释变量专利产出（patent）与解释变量冗余资源之间的回归结果，其中，模型 M3 为自变量一次项时的回归结果，模型 M4 是在模型 M3 的基础上加入自变量的平方项，可以看出，自变量冗余资源的一次项系数显著为正（$r_{unabsorb} = 0.009$，$P_{unabsorb} < 0.01$；$r_{absorb} = 0.073$，$P_{absorb} < 0.05$）且二次项回归系数分别显著为负。以上结果表明：创业企业内部的非沉淀性冗余资源与创新绩效、沉淀性冗余资源与创新绩效分别都呈现显著的"倒 U"形关系，因此，研究假设 H1a 和假设 H1b 分别成立。

其次，模型 M5 和模型 M6 进一步以中介变量创业导向（EO）作为因变量，分别验证其与自变量非沉淀性冗余资源（unabsorb）、沉淀性冗余资源（absorb）的回归结果，以分别对研究假设 H2a 和假设 H2b 进行检验。其中，在模型 M5 中包括所有控制变量，自变量非沉淀性冗余资源、沉淀性冗余资源及中介变量创业导向；模型 M6 是在模型 M5 的基础上分别加入两个自变量各自的二次项系数以进行非线性关系检验。结果显示：模型 M5 中，非沉淀性冗余资源（$r_{unabsorb} = 0.032$，$P_{unabsorb} < 0.01$）、沉淀性冗余资源（$r_{absorb} = 0.285$，$P_{absorb} < 0.01$）的系数均显著为正，模型 M6 加入平方项后，自变量的一次项正向系数增强（$r_{unabsorb} = 0.034$，$P_{unabsorb} < 0.01$；$r_{absorb} = 0.289$，$P_{absorb} < 0.01$）且非沉淀性冗余资源的二次项（$r_{unabsorb} = -0.002$，$P_{unabsorb} < 0.1$）、沉淀性冗余资源的二次项系数（$r_{absorb} = -0.323$，$P_{absorb} < 0.01$）均呈现显著负相关，该结果证明了创业企业内部的非沉淀性冗余资源、沉淀性冗余资源二者均与创业导向之间具有显著的"倒 U"形非线性关系。由此可见，研究假设 H2a 和假设 H2b 分别成立。

再次，模型 M7 和模型 M9 分别为中介变量创业导向与因变量创新绩效的回归结果，以检验研究假设 H3。结果显示，在模型 M7 中，当以创新投入强度（R&D）作为因变量时，创业导向与创新绩效二者之间呈现显著的正相关关系（$r_{EO} = 0.065$，$P_{EO} < 0.01$）；类似地，模型 M9 中当以专利产出（patent）作为因变量时，创业导向与专利产出同样具有显著正相关关系（$r_{EO} = 0.017$，$P_{EO} < 0.1$）。由此可见，研究假设 H3 成立。

最后，模型 M8 和模型 M10 分别为同时引入自变量冗余资源和中介变量创业导向与因变量创新绩效的回归结果，以进一步验证中介效应。可以看出，在模型 M8 中，当创新投入强度（R&D）作为因变量时，创业导向与创新绩效二者间呈显著的正相关关系（$r_{EO} = 0.004$，$P_{EO} < 0.01$），且非沉淀性冗余的资源二次项（$r_{unabsorb} = -0.001$，$P_{unabsorb} < 0.01$）、沉淀性冗余资源的二次项系数（$r_{absorb} = -0.001$，$P_{absorb} < 0.1$）均呈现显著负相关，该结果表明创业导向在冗余资源与研发投入二者之间的中介效应显著；类似地，在模型 M10 中，当专利产出（patent）作为因变量时，创业导向与创新绩效二者间呈显著的正相关关系（$r_{EO} = 0.036$，$P_{EO} < 0.01$），且非沉淀性冗余资源的二次项（$r_{unabsorb} = -0.001$，$P_{unabsorb} < 0.05$）、沉淀性冗余资源的二次项系数（$r_{absorb} = -0.022$，$P_{absorb} < 0.1$）均呈现显著负相关，该结果表明创业导向在冗余资源与专利产出二者之间的中介效应显著。基于上述分析可以看出，创业企业的创业导向在冗余资源与创新绩效二者的"倒 U"形关系中具有显著的中介效应。

（三）中介效应作用机制检验

基于前文中对创业企业创业导向所具有的中介效应进行的理论阐述，由于组织的"资源"与"能力"两大要素都具有较为明显的内在差异性，同时冗余资源不仅是创业导向形成的关键，并且与创业导向共同影响了创业企业的创新发展路径。因此，创业企业所具有的创业导向不同特征对于组织内部的"冗余资源与创新绩效"二者关系的中介路径也并非单一化的，而是根据冗余资源的特征差别进而产生差异化传导机制；基于此，为了进一步验证创业企业内部冗余资源向创新绩效转化的差异化内部作用效果，即通过对创业企业内部不同类型的冗余资源与创业导向对其成长发展的动态演化过程进行实证检验，更加有助于明晰"何种资源以何种方式对创业企业创新绩效产生影响"这一关键问题，揭示其资源禀赋如何影响"自主研发型"与"技术引进型"的创业企业创新发展路径选择。进而言之，为进一步剖析创业导向所具有的差异化中介传导效应的机理，本书基于心智模型将创业导向划分为"自主研发型"与"技术引进型"两种类型。而随着知识产权保护水平等制度规则的不断建立与完善，企业采取"自主创新"或"引进模仿"的创业导向模式与其所属行业的研发溢出程度息息相关。

所谓"研发溢出"，是指经济主体在技术创新的过程中使其他关联主体获得了一定程度的创新外部性收益却未付出相应的创新成本；具体来讲，不同于企业的厂房、设备等实物形式的生产资料，企业进行研发创新所依靠的知识、技术常以非物化形式存在。创业企业创业导向是取得技术进步的核心驱动力，根据组织的内生增长理论，该驱动力一方面可以依靠组织自主研发式技术创新获得实现；另一方面，在开放式创新的环境下，同行业企业进行研发活动产生的新知识或新技术等也具有明显的外部性，因此，企业除了有效利用自主研发投入获取创新收益外，还会通过吸收和利用其他企业的研发溢出知识、技术等，按照"学习—吸收—转化"的方式扩大内部积累、降低独立创新成本、提高技术水平，从而对创新绩效产生促进效益，即形成研发溢出效应。基于此，本书采用柯布—道格拉斯 C–D 函数的对数变换形式对行业溢出程度进行测度，如下所示：

$$\ln Sale_{i,t} = \beta_0 + \beta_1 \ln RD_{i,t} + \beta_2 spillover_{j,t} + \beta_3 \ln FixedAssets_{i,t} + \beta_4 \ln Employee_{i,t} + \varepsilon$$

其中，$\ln Sale_{i,t}$ 为营业收入加 1 的自然对数；$\ln RD_{i,t}$ 为研发费用加 1 的自然对数；$\ln spillover_{j,t}$ 为 j 行业中除 i 外的所有企业第 t 年研发费用总额加 1 的自然对数，即 i 企业可从该行业获得的研发溢出总量；$\ln FixedAssets_{i,t}$ 为企业所拥有的固定资产加 1 的自然对数；$\ln Employee_{i,t}$ 为员工总数加 1 的自然对数。我们考察 β_2 的取值情况，该数值能够较好地衡量某行业其他企业的研发投入对该企业营业收入的贡献度，即行业研发溢出程度。具体采用 Wind 数据库中3536 家上市公司作为研究对象（剔除 ST 和 *ST 类、数据缺失及金融类企业），按照 Wind 所属二级行业对制造业进行划分，其余行业按证监会所属一级行业划分，本书分别估计出 20 个行业的研发溢出程度（见图 4–3），并根据行业研发溢出程度进行分组，即若 j 行业的研发溢出程度为负，则将属于该行业类别的企业划分为"自主研发型"；反之，若 j 行业的研发溢出程度为正，则将属于该行业类别的企业划分为"技术引进型"。

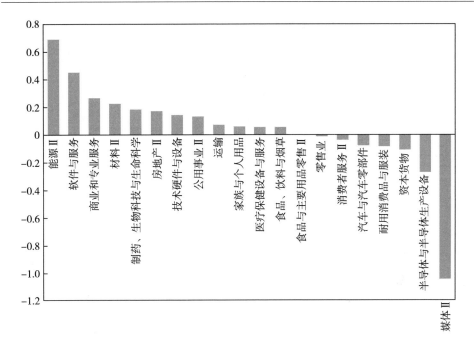

图4-3 行业研发溢出程度测度

通过上述分析及测度结果可以看出，当前我国不同行业在创新研发过程中所产生的研发溢出效应具有十分明显的差异性特征，其中，研发溢出程度较低的行业依次为：媒体、半导体与半导体生产设备业、资本贸易、耐用消费品与服装、汽车与汽车零部件、消费者服务、零售业等行业；研发溢出程度较高的行业由高至低依次为：能源，软件与服务，商业和专业服务，材料，制药，生物科技与生命科学，房地产，技术硬件与设备，公用事业，运输业，家庭与个人用品，医疗保健设备与服务，食品、饮料与烟草等行业。在此基础上，本书进一步采用分组匹配回归分析的研究方式，以创业导向内在特征的差异性划分为"自主研发型创业导向（EO_RD）"与"技术引进型创业导向（EO_TI）"两大类，分别对两组样本企业进行多元回归分析，以检验是否具有差异化中介路径。

具体的分组匹配回归结果如表4-4所示：

表4-4 创业导向分组回归

因变量	自主研发型创业导向				技术引进型创业导向			
	EO_RD		R&D	patent	EO_TI		R&D	patent
模型	M11	M12	M13	M14	M15	M16	M17	M18
constant	-1.031*** (0.349)	-1.103*** (0.351)	0.097*** (0.026)	1.044*** (0.209)	-1.333*** (0.393)	-1.069*** (0.369)	0.026* (0.015)	0.656*** (0.249)
asset	0.057*** (0.016)	0.058*** (0.016)	-0.004*** (0.001)	-0.044*** (0.009)	0.058*** (0.018)	0.069*** (0.017)	-0.000 (0.001)	-0.156*** (0.019)
intanigble	0.734*** (0.214)	0.781*** (0.215)	0.017 (0.016)	0.200 (0.128)	0.410 (0.321)	0.584* (0.305)	-0.006 (0.012)	-0.206 (0.299)
ROA	0.029 (0.115)	0.077 (0.116)	0.004 (0.008)	0.043 (0.069)	-0.254* (0.151)	-0.400*** (0.143)	0.009 (0.006)	0.070 (0.268)
LEVER	-0.294*** (0.070)	-0.279*** (0.079)	-0.011** (0.006)	0.017 (0.047)	0.017 (0.092)	-0.599*** (0.098)	-0.014*** (0.004)	0.071 (0.082)
OUT	-1.031 (0.781)	-9.810 (7.760)	0.432 (0.446)	0.051 (0.186)	0.300 (0.755)	-0.189 (0.748)	-0.056 (0.189)	-0.008 (0.020)
Tobin Q	0.009** (0.004)	0.008** (0.004)	0.001*** (0.000)	-0.008*** (0.002)	0.020*** (0.007)	0.030*** (0.006)	0.002*** (0.000)	0.012* (0.006)
GDP	-1.346 (1.810)	-1.194 (1.805)	1.068 (1.039)	0.458 (0.317)	0.660 (1.181)	0.556 (1.163)	0.214 (0.296)	0.014 (0.033)
unabsorb	0.019*** (0.005)	0.034** (0.014)	0.003*** (0.001)	0.010*** (0.001)	0.037*** (0.004)	0.044*** (0.008)	0.001*** (0.000)	0.011*** (0.004)
absorb	0.366*** (0.068)	0.319*** (0.071)	0.032*** (0.005)	0.096** (0.042)	0.099*** (0.059)	0.236** (0.102)	0.027*** (0.000)	0.071*** (0.052)
$unabsorb^2$		-0.001** (0.000)	-0.032*** (0.001)	-0.001*** (0.000)		-0.002 (0.000)	0.000 (0.000)	-0.000 (0.000)
$absorb^2$		-0.131 (0.064)	-0.000 (0.000)	-0.021 (0.038)		-0.340*** (0.041)	-0.010*** (0.002)	-0.019*** (0.021)
EO			0.006** (0.001)	0.009** (0.013)			0.004*** (0.001)	0.034** (0.013)
Industry	YES	YES	YES	YES	YES	YES	YES	YES
Year	YES	YES	YES	YES	YES	YES	YES	YES
F值	19.66	16.09	19.52	12.39	52.96	67.74	15.92	13.86
R-squared	0.1547	0.1618	0.2067	0.1554	0.2728	0.3622	0.1257	0.1113
N	760	760	760	760	1565	1565	1565	1565

注：***、**、*分别表示在1%、5%、10%水平上显著；括号内为标准误。

对表4-4的分组回归结果进行具体分析，其中，在模型M11至模型M14为根据创业导向模式进行分组回归下，关于自主研发型创业导向组别的回归结果，而模型M15至模型M18为分组回归下采用技术引进型创业导向组别的回归结果。具体分析如下：

在自主研发型创业导向的组别之中，首先，模型M11和模型M12显示了创业导向与自变量冗余资源的回归结果，模型M11为自变量冗余资源的一次项与创业导向的回归结果，模型M12是在模型M11的基础上分别引入非沉淀性冗余资源与沉淀性冗余资源的平方项，以检验自变量冗余资源与自主研发型创业导向的"倒U"形效应。模型M12的结果显示，非沉淀性冗余资源关于自主研发型创业导向的一次项系数显著为正（$r=0.034$，$P<0.05$），而二次项系数显著为负（$r=-0.001$，$P<0.05$）；同时，沉淀性冗余资源关于自主研发型创业导向的一二次项系数则均不显著。由此表明，创业企业内部冗余资源与自主研发型创业导向的"倒U"形效应主要是由非沉淀性冗余资源所产生的，而沉淀性冗余资源对自主研发型创业导向的"倒U"形效应则不显著。在此基础上，模型M13显示当创新绩效的代理变量为研发投入强度时，其与自主研发型创业导向的回归结果，结果显示，自主研发型创业导向系数显著为正（$r=0.006$，$P<0.05$），表明自主研发型创业导向进一步促进了创业企业的创新投入程度。类似地，模型M14则为当创新绩效的代理变量为专利授权产出时，其与自主研发型创业导向的回归结果，可以看出，自主研发型创业导向的系数同样显著为正（$r=0.009$，$P<0.05$），结果表明自主研发型创业导向同样进一步促进了企业的专利产出水平。因此，非沉淀性冗余资源与创新绩效关系的中介作用主要是由自主研发型创业导向产生的，前述假设H4a成立。

同样地，在技术引进型创业导向的组别中，模型M15、模型M16分别显示了创业导向与自变量冗余资源的回归结果。其中，模型M15为自变量冗余资源的一次项系数与技术引进型创业导向二者的回归结果，模型M16是在模型M15的基础上分别引入两类冗余资源的平方项，以检验自变量冗余资源与技术引进型创业导向的"倒U"形效应。模型M16的回归结果显示，沉淀性冗余资源关于技术引进型创业导向的一次项系数显著为正（$r=0.236$，$P<0.05$），而二次项系数则显著为负（$r=-0.340$，$P<0.01$）；同时，非沉淀性冗余资源关于技术引进型创业导向的一次项及二次项系数则均不显著。由此表

明，创业企业内部冗余资源与技术引进型创业导向的"倒 U"形效应主要是由沉淀性冗余资源产生的，而非沉淀性冗余资源对技术引进型创业导向的"倒 U"形效应则不显著。在此基础上，模型 M17 显示当创新绩效的代理变量为研发投入强度时，其与技术引进型创业导向的回归结果，结果显示，技术引进型创业导向系数显著为正（r=0.004，P<0.01），表明技术引进型创业导向进一步促进了企业的创新投入程度；模型 M18 则为当创新绩效的代理变量为专利授权产出时，其与技术引进型创业导向的回归结果，可以看出，关于技术引进型创业导向的系数同样显著为正（r=0.034，P<0.05），该结果表明技术引进型创业导向同样进一步促进了企业的专利产出水平。因此，创业企业内部的沉淀性冗余资源与创新绩效二者关系的中介作用主要是由技术引进型创业导向产生的，前述假设 H4b 成立。

另外，为进一步明晰创业企业的冗余资源、创业导向对创新绩效影响机制随时间推移所产生的动态演化特征，我们在回归中引入了企业年龄（age）项及相应交乘项。具体回归结果分别如表 4-5 和表 4-6 所示（其中，表 4-5 为自主研发型创业导向组别的回归结果，表 4-6 为技术引进型创业导向组别的回归结果）：

表 4-5　自主研发型导向组别回归分析

	R&D				patent			
UAS	0.000 *** (0.000)	0.000 ** (0.000)	0.013 *** (0.004)	0.009 ** (0.004)	-0.001 ** (0.000)	-0.000 ** (0.001)	0.006 (0.007)	0.005 (0.006)
AS	0.007 (0.006)	0.001 ** (0.006)	-0.029 (0.151)	0.068 (0.142)	0.076 *** (0.008)	0.086 *** (0.008)	0.025 *** (0.221)	0.259 *** (0.219)
EO_RD		0.120 *** (0.007)		0.251 ** (0.192)		0.020 * (0.011)		0.042 ** (0.069)
UAS * age			0.001 *** (0.000)	0.000 ** (0.000)			-0.000 (0.000)	-0.000 (0.000)
AS * age			0.002 (0.007)	-0.003 (0.007)			0.015 ** (0.010)	0.017 * (0.010)
EO_RD * age				0.017 ** (0.001)				0.001 ** (0.003)
age	-0.001 *** (0.001)	-0.001 *** (0.001)	-0.003 *** (0.001)	-0.002 *** (0.001)	-0.007 ** (0.001)	-0.007 ** (0.001)	-0.008 *** (0.001)	-0.007 *** (0.001)

续表

	R&D				patent			
constant	0.047***	0.033***	0.081***	0.069***	0.232***	0.229***	0.248*	0.230*
	(0.013)	(0.012)	(0.020)	(0.021)	(0.019)	(0.019)	(0.029)	(0.032)
ALL controls	控制	控制	控制	控制	控制	控制	控制	控制
Industry	YES	YES	YES	YES	YES	YES	YES	YES
Year	YES	YES	YES	YES	YES	YES	YES	YES
F 值	14.59	23.81	14.19	22.08	12.50	12.66	11.98	11.74
R-squared	0.2174	0.3225	0.2210	0.3259	0.1922	0.2020	0.1933	0.2044
N	760	760	760	760	760	760	760	760

注：***、**、*分别表示在1%、5%、10%水平上显著；括号内为标准误。

表4-6　技术引进型导向组别回归分析

	R&D				patent			
UAS	0.000***	0.001**	0.002***	0.003**	-0.001**	-0.001**	0.025	0.026
	(0.000)	(0.001)	(0.007)	(0.007)	(0.000)	(0.001)	(0.009)	(0.009)
AS	0.008	0.001**	0.209	0.210	0.056***	0.060***	0.390**	0.387***
	(0.008)	(0.008)	(0.223)	(0.223)	(0.011)	(0.011)	(0.294)	(0.294)
EO_TI		0.002*		0.030*		0.006***		0.102**
		(0.002)		(0.067)		(0.001)		(0.089)
UAS*age			0.001***	0.000**			-0.001	-0.001
			(0.000)	(0.000)			(0.000)	(0.000)
AS*age			-0.009	-0.009			0.015**	0.015**
			(0.010)	(0.010)			(0.014)	(0.014)
EO_TI*age				0.001**				0.004*
				(0.003)				(0.004)
age	-0.003***	-0.003***	-0.002**	-0.002***	-0.006***	-0.006***	-0.002**	-0.003***
	(0.001)	(0.001)	(0.001)	(0.001)	(0.001)	(0.001)	(0.002)	(0.002)
constant	0.091***	0.081***	0.067**	0.071**	0.204***	0.203***	0.115***	0.132*
	(0.013)	(0.016)	(0.029)	(0.031)	(0.023)	(0.023)	(0.039)	(0.041)
ALL controls	控制	控制	控制	控制	控制	控制	控制	控制
Industry	YES	YES	YES	YES	YES	YES	YES	YES

续表

Year	R&D				patent			
	YES	YES	YES	YES	YES	YES	YES	YES
F 值	7.66	13.64	7.03	6.47	13.24	12.80	12.67	11.83
R-squared	0.1499	0.2564	0.1509	0.1513	0.2336	0.2362	0.2426	0.2458
N	1565	1565	1565	1565	1565	1565	1565	1565

注：＊＊＊、＊＊、＊分别表示在1%、5%、10%水平上显著；括号内为标准误。

基于表4-5"自主研发型创业导向"组别的回归分析，我们同时引入非沉淀性冗余资源和沉淀性冗余资源进行回归分析，可以看出：①第2~5列当因变量创新绩效的代理变量为研发投入强度（R&D）时，非沉淀性冗余资源以及自主研发型创业导向对其均具有显著促进作用；当引入企业年龄（age）交乘项后，其与非沉淀性冗余资源系数（UAS＊age）以及自主研发型创业导向系数（EO_RD＊age）二者仍显著为正，但对应的沉淀性冗余资源系数（AS＊age）则不再显著，由此进一步基于时间演化视角验证了前述关于创业企业非沉淀性冗余资源与创新研发投入二者关系的中介作用主要是由自主研发型创业导向产生的。②第6~9列为当因变量创新绩效的代理变量为专利产出（patent）时，沉淀性冗余资源以及技术引进型创业导向均对其具有显著促进作用，同样当进一步引入企业年龄交乘项后，对应的与沉淀性冗余资源系数（AS＊age）以及技术引进型创业导向系数（EO_TI＊age）二者均仍显著为正，但对应的非沉淀性冗余资源系数（UAS＊age）则不再显著，由此基于时间演化视角验证了关于创业企业沉淀性冗余资源与创新绩效二者关系的中介作用主要是由技术引进型创业导向产生的。③类似地，基于表4-6"自主研发型创业导向"组别的回归分析结果可以得到同样的研究结论。基于以上分析，进一步强化了本书关于创业企业"非沉淀性冗余资源—自主研发型创业导向—创新绩效"以及"沉淀性冗余资源—技术引进型创业导向—创新绩效"两大创新发展内源驱动路径的理论阐述。

通过以上关于创业导向所进行的分组回归结果，本书进一步揭示了创业企业内部不同类型的冗余资源向创新绩效转化的不同作用机制，分而言之：其一，对于非沉淀性冗余资源的绩效转化机制，由于非沉淀性冗余资源使用的流动性和灵活性较高，能够为企业在创新发展过程中更具有冒险性、风险承担性的自主研发型创业导向过程提供较多的流动性资源支配空间，为创业导向所面临的不确定性提供灵活的冗余资源条件保障，有效缓解自主创新研发所面临资源高消耗的后顾之忧，更加有助于自主研发型创业导向战略态势的形成，而一旦非沉淀性冗余资源累积超过阈值，也容易产生资源滥用等代理问题导致创新效果恶化；其二，对于沉淀性冗余资源向创新绩效的转化机制，沉淀性冗余资源由于其流动性和灵活性较低，已内嵌于企业的关键业务流程，企业对这类资源利用的随意性必将受到制约，不易诱发资源滥用等代理问题，一般更加适用于技术引进创业导向下对特定情境进行的资源再升级或改善等利用式开发性创新行为，因此，创业企业创新发展过程中累积的沉淀性冗余资源更加需要通过技术引进型创业导向对创新绩效产生显著促进作用，但同样地，沉淀性冗余资源的累积一旦超过适量范围，容易导致组织创新行为的僵化或停滞等不利结果。综上所述，通过对创业导向的分组回归进行实证分析检验，进一步对"资源—绩效"的两大内部转换的理论过程进行了验证，支持了前述的关于创业企业两大不同类型的创新成长内部路径："非沉淀性冗余资源—自主研发型创业导向—创新绩效"路径下的自主研发创新模式，以及"沉淀性冗余资源—技术引进型创业导向—创新绩效"路径下的模仿超越创新模式。

（四）稳健性检验

为了减少创业企业冗余资源与创新绩效之间可能存在的"反向因果"或"遗漏变量"等内生性问题干扰，比如创业企业对于创新研发的积极程度有助于其对冗余资源的获得与累积；抑或是可能存在某些遗漏变量导致冗余资源和创新绩效同时受到影响，本书进一步采取以下方法进行稳健性检验：首先，本书借鉴 Herold 和 Jayaraman（2006）、Iyer 和 Miller（2008）、李晓翔和刘春林（2013）、解维敏和魏化倩（2016）等学者的研究方法，选用"速动比率"指标作为非沉淀性冗余资源的代理变量，该指标反映了企业速动资产与流动负债的比率，其中速动资产是企业的流动资产减去存货和预付费用后的余额；其次，选取"管理费用/营业收入"指标作为沉淀性冗余资源的代理变量。通过以上代理变量进行回归分析，回归结果与表4-4基本一致，说明数据的稳健性较好。稳健性结果如表4-7所示：

表 4-7　稳健性检验

因变量	R&D		patent		EO		R&D		patent	
模型	M1	M2	M3	M4	M5	M6	M7	M8	M9	M10
constant	0.684** (0.317)	1.111*** (0.293)	1.432*** (0.243)	1.324*** (0.245)	-1.174*** (0.359)	-1.750*** (0.373)	1.632*** (0.251)	0.184*** (0.021)	1.510*** (0.242)	1.474*** (0.247)
asset	0.019 (0.025)	0.040* (0.023)	-0.122*** (0.020)	-0.121*** (0.020)	1.071*** (0.287)	1.232*** (0.285)	-0.062*** (0.020)	-0.014*** (0.002)	-0.132*** (0.019)	-0.132*** (0.020)
intangible	2.135*** (0.334)	1.871*** (0.307)	-0.009 (0.249)	-0.062 (0.248)	1.834*** (0.362)	1.724*** (0.376)	1.110*** (0.267)	0.032 (0.021)	-0.161 (0.250)	-0.170 (0.248)
ROA	1.636*** (0.316)	2.058*** (0.291)	-0.103 (0.249)	-0.010 (0.243)	-2.370*** (0.330)	-2.304*** (0.325)	0.936*** (0.242)	0.075*** (0.020)	0.009 (0.228)	-0.059 (0.242)
LEVER	-0.632*** (0.115)	-0.305** (0.118)	-0.129 (0.089)	0.008 (0.098)	-3.551*** (1.320)	-1.521 (1.433)	-0.452*** (0.086)	-0.010 (0.008)	-0.050 (0.083)	0.002 (0.098)
OUT	0.087 (0.243)	0.008 (0.223)	0.035 (0.188)	0.024 (0.187)	-0.871 (2.744)	-2.606 (2.722)	0.260 (0.193)	-0.003 (0.020)	0.052 (0.186)	0.043 (0.186)
TobinQ	-0.002 (0.007)	-0.001 (0.006)	0.004 (0.005)	0.006 (0.005)	0.323*** (0.074)	0.327*** (0.073)	-0.003 (0.005)	0.001 (0.000)	0.003 (0.005)	0.006 (0.005)
GDP	0.018 (0.416)	-0.035 (0.381)	0.479 (0.322)	0.452 (0.320)	0.655 (0.467)	0.616 (0.461)	0.173 (0.329)	-0.011 (0.026)	0.459 (0.317)	0.448 (0.315)
unabsorb	0.005** (0.002)	0.010** (0.004)	0.001 (0.002)	0.006* (0.003)	0.408*** (0.026)	0.490*** (0.049)		0.002*** (0.001)		0.004 (0.003)
absorb	0.378*** (0.151)	0.680*** (0.228)	0.119 (0.086)	0.707*** (0.003)	0.198*** (0.020)	0.433*** (0.043)		0.017 (0.018)		0.160 (0.215)

续表

因变量	R&D		patent		EO		R&D		patent	
模型	M1	M2	M3	M4	M5	M6	M7	M8	M9	M10
unabsorb^2		-0.000** (0.000)		-0.000* (0.000)		-0.001** (0.001)		-0.001*** (0.000)		-0.001* (0.000)
absorb^2		-0.290*** (0.172)		-0.295*** (0.068)		-0.005*** (0.001)		-0.006* (0.007)		-0.124* (0.081)
EO							0.074*** (0.002)	0.004*** (0.001)	0.009*** (0.002)	0.009*** (0.002)
Industry	YES	YES	YES	YES	YES	YES	YES	YES	YES	YES
Year	YES	YES	YES	YES	YES	YES	YES	YES	YES	YES
F值	75.70	95.06	9.42	9.76	44.22	43.29	170.94	81.21	11.76	10.07
R-squared	0.5043	0.5846	0.1122	0.1260	0.3739	0.3917	0.6857	0.5566	0.1303	0.1347
N	2325	2325	2325	2325	2325	2325	2325	2325	2325	2325

注：***、**、* 分别表示在1%、5%、10%水平上显著；括号内为标准误。

四、本章小结

本章主要基于创业企业内源式驱动创新发展的视角，通过"资源—能力—绩效"的研究范式，对冗余资源、创业导向与创新绩效三者的关系进行理论机制阐述。首先，基于资源使用灵活性的不同，从资源供给的角度将冗余资源划分为非沉淀性冗余资源与沉淀性冗余资源两大类，探究了两种类型的冗余资源对创新绩效的作用机制，提出非沉淀性冗余资源、沉淀性冗余资源分别与创新绩效之间存在"倒U"形关系；其次，进一步将资源基础观与创业机会观相结合，以内部冗余资源作为创业导向的前置因素，通过组织自身情境与管理者认知情境的相互融合，明晰了非沉淀性冗余资源、沉淀性冗余资源分别对创业导向具有"倒U"形作用的内在机理；再次，通过管理者认知对组织创新发展的作用机制，明确了创业导向对创新绩效具有显著促进作用；最后，在上述逻辑关系构建的基础上，以战略管理动态认知视角，通过创新路径的差异将创业导向更加细致地划分为自主研发型创业导向和技术引进型创业导向两种类型，并以其各自特征明确了作为管理者认知的两种创业导向分别在不同类型冗余资源与战略决策中所具有的差异化中介作用，即以创业导向作为"资源—绩效"转化的中介变量，明晰了"非沉淀性冗余资源—自主研发型创业导向—创新绩效"和"沉淀性冗余资源—技术引进型创业导向—创新绩效"两条中介路径，从而构建了更加明晰、完整的创业企业创新发展的差异化内在路径模型。

第五章　正式制度环境：知识产权保护的调节效应

> "没有完善的专利法的国家就像一只螃蟹，这只螃蟹不能前进，而只能横
> 行和倒退。"
>
> ——马克·吐温

"以经济结构战略性调整为主攻方向加快转变经济发展方式，是当前和今后一个时期我国经济发展的重要任务"，保护知识产权是实现这一愿景的重要因素。党的二十大报告中强调"加强知识产权法治保障，形成支持全面创新的基础制度"，保护知识产权就是保护创新。自党的十八大以来，以习近平同志为核心的党中央高度重视知识产权工作，中国特色知识产权事业发展取得了历史性成就、发生了历史性变革。党的十九大报告中提出"要强化知识产权创造、保护、运用，激发企业家精神，提升国家的创新能力"。2019 年 11 月，国务院办公厅印发《关于强化知识产权保护的意见》再次强调"加强知识产权保护，是完善我国产权保护制度最核心的重要内容，同时也是增强我国创新经济竞争力的最有效激励"。2021 年 9 月，国务院进一步印发《知识产权强国建设纲要（2021-2035 年）》，提出"要从完善法律制度、加强源头保护、创新保护规则等方面部署工作，建设支撑国际一流营商环境的知识产权保护体系"。根据国务院《"十四五"国家知识产权保护和运用规划》报告显示，"截至 2020 年末，我国国内每万人口发明专利拥有量从'十二五'末的 6.3 件增加到 15.8 件，质量稳步提升；知识产权运用效益持续提高，交易运营更加活跃，转移转化水平不断提升，专利密集型产业增加值占国内生产总值（GDP）

比重超过 11.6%，版权产业增加值占 GDP 比重超过 7.39%。知识产权保护力度明显加大，保护体系不断完善，保护能力持续提升，知识产权保护社会满意度提高到 80.05 分"。《二〇二一年中国知识产权保护状况》（简称"白皮书"）显示，截至 2021 年我国知识产权保护成效十分显著，知识产权保护社会满意度持续提高，世界知识产权组织发布的 2021 年全球创新指数报告显示，中国排名较上年上升 2 位，列第 12 位，连续 9 年保持创新引领积极态势；同时我国知识产权保护建设不断完善，各类知识产权审批登记数量持续增长，截至 2021 年，我国发明专利授权 69.6 万件，同比增长 31.3%；商标注册量 773.9 万件，同比增长 34.3%；著作权登记总量为 626.44 万件，同比增长 24.30%。由此可见，随着我国经济发展从要素驱动转向创新驱动，深化要素市场化配置改革、构建以知识产权保护等为保障的更加完善的要素市场化配置体制机制，对于形成生产要素从低质低效领域向优质高效领域流动的机制，提高要素质量和配置效率，引导各类要素协同向先进生产力集聚，加快完善社会主义市场经济体制具有重大意义，因此，推动经济高质量转型发展，必须深化要素市场化改革，知识产权保护作为保护创新要素的"护身符"，愈发成为实现经济高质量发展的关键制度保障。

值得注意的是，有关知识产权保护与企业创新绩效二者关系的理论歧见在学术界仍旧显著存在：一些人将知识产权视为"自由的悖论"，也有学者则将其淡化为"某种假冲突"；争论的背后实际隐含着更深层次关于知识外部性及其产权保护的理论问题。具体来讲，如前文所述，正式制度的演进难以避免会遇到外部性和"搭便车"等问题，不同于传统有形生产要素，由于知识具有溢出效应，"知识"资产不会出现规模报酬递减，是外部性的特殊形式。黄先海和刘毅群（2014）指出，知识外部性根据其影响对象可划分为"创新外部性、生产外部性、收益外部性"三种类型。但与此相悖的是，产权作为外部性问题的关键，知识产权保护就是将这种准公共产品私有化，强调对创新的独占性，导致个人利益与集体利益相排斥，而外部性的加剧又催生了某种制度，在一定程度上能够降低外部性，使个人理性逐渐接近集体理性；但环境的变化又可能打破平衡再次加大外部性，使个人理性再次背离集体理性，矛盾达到一定程度再次诱发制度的完善，如此循环，如图 5-1 所示。

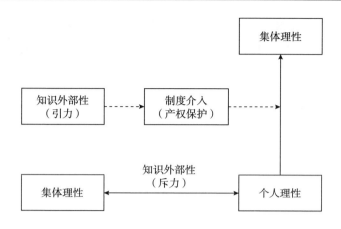

图 5-1　知识外部性示意图

产权保护机制带来的最直接效应就是垄断的出现，知识产权保护催生了创新垄断，垄断者与其他使用者之间既存在外部性，与此同时又是对外部性内生化的一个自发解。可见，由于知识外部性同时产生了"外部性收益"及"外部性成本"，知识产权保护由此具有两种效应——知识产权保护的"正效应"和"负效应"，并且其正负效应可能同时存在。其中，正效应便是"外部经济"，即知识产权保护能够给其他使用者带来某种未付报酬的效用或增加的利益；而负效应则是"外部不经济"，即知识产权保护对其他使用者造成某种未获补偿的效用或减少的损失。由此可见，基于知识外部性视角有助于对知识产权保护的正负效应，以及其对微观组织的资源能力等要素配置影响进行解构；进而言之，知识产权保护制度的产权理论基础正是从正式制度上对知识产权主体产生激励、约束及协调三大作用，由此影响市场参与主体的资源配置、行为决策及交易效率等具体活动（Lu 等，2008）。尤其对于创业企业而言，作为推动我国产业结构转型升级的重要载体，其所拥有的知识产权、高新技术等特有异质性资源更是企业核心价值与竞争优势之所在。Luo 等（2010）指出，在中国经济制度转型发展的背景下，社会、技术、组织、政策、市场（STORM）等方面都具有独有特征；与此同时，这一转型过程必然伴随着市场之间利益的重新分配，地方政府对企业活动的外在调节使企业发展面临更大的不确定性。陈晓红等（2012）指出，外部环境动态性会对组织内部的资源投入及配置使用等战略行为产生显著影响。胡海青等（2017）进一步以创业企业为对象指出,环境动态性对创业企业既定的目标安排等都可能带来强烈冲击。当前我国正式制度体系还不够完善,地区之间知识产权保护状况等存在显著差异,因此,以经济制度转型时期为背景,探究知识产权保护制度对创业企业内部冗余资源与创业导向的影响具有十分重要的现实意义。

一、知识产权保护对冗余资源和创业导向的调节效应

新制度经济学强调产权的重要性,有别于"法律产权"的概念,经济意义上的"产权"概念更加宽泛:既包括依法获得的产权,也涵盖依据社会习惯及排斥力而获得的产权。我国经济制度深化转型情境的独特性使企业创新战略更加具有动态不确定性,尤其作为市场"后发者"的创业企业,由于其经营时间较短、关于绩效等记录有限、缺乏足够的市场背书,难以获得足够的市场认证,不得不面临更加严峻的"新进入缺陷"。受制于新进入缺陷与合法性约束,创业企业在市场竞争中必须采取合法化战略行为获得利益相关者的认可和信任,才能跨越"合法性门槛",提高企业生存率并增强成长稳定性。因此,创业企业成长过程是嵌入制度环境中的合法化过程,合法性已成为连接组织微观行为和外部宏观环境的桥梁,体现了组织与其所嵌入社会情境价值观所具有的一致性。赵晶和孟维烜(2016)指出,创业企业的合法性正是在客观制度约束的情境下,创业企业被外部社会接受及认可的程度,体现了企业行为符合外部通行规范化法则的程度。由此可见,组织合法性是新企业成长过程中最为关键的作用机制之一,更是创业企业能否获得创业认可的重要资本,对组织资源配置方式与创业导向形成过程必然产生重要影响。然而,不容忽视的是,当前我国不同地区的知识产权保护水平仍然十分不均衡,在经济制度深化转型时期为企业发展留下了较大的寻租空间,同时也必然对企业研发创新等资源配置与行为决策产生不尽相同的影响。

(一)知识产权保护对非沉淀性冗余资源与创业导向的调节效应

知识产权保护制度作为正式制度约束下的一种博弈规则,是以市场为基

础、按照要素价值进行资源分配，能够对经济主体相互间行为的权、责、利关系进行明晰界定，通过赋予创新成果一定的垄断权，在有限时间内排斥模仿者对创新行为产生影响，激发创新创业活力的制度机制。然而，当前我国技术产业正面临相当程度的规模竞争，产业附加值不断减少，只有依靠技术创新推动产业升级以摆脱低增长率陷阱，而以知识产权保护为核心的正式制度环境将抬高对于技术"后来者"的合法化门槛；尤其对于创业企业来讲，初始阶段的技术创新过程需要通过对新知识的"引进—吸收—再创新"模式进行，或者通过"路径跟随—跳跃—创造"的"跳板模型"实现从模仿者向创新者的转型。而严厉的知识产权保护制度会强化市场先入者对于专利的市场垄断地位，在一定程度上形成垄断扭曲阻碍技术扩散传播，加剧了帕累托法则下的不公平，由此可能降低后发企业对竞争及研发等创业导向行为的积极性。在此情况下，由于非沉淀性冗余资源的流动性特征决定了企业管理者能够通过对资源可适用范围的扩大以增加企业的投资选择权，而知识产权保护制度所具有的负外部性效应恰恰可能触发主动选择权下的规避或寻租行为。

　　具体而言，一方面，知识产权保护制度的不断完善抬高了政府管制等规范合法性门槛，同时也为机会主义行为提供了寻租空间，即创业者作为企业资源的代理者同时又是创业行为的决策者，为了快速获取组织合法性，可能放弃通过政府、资信机构等制定的需要付出较高成本的规范合法性途径，如以创新研发等生产性活动获取知识产权认定等，转而选择通过拓展社会关系等非生产性活动满足认知合法性要求。尤其是在知识产权保护尚不完善的地区，对于自主支配空间更大的非沉淀性冗余资源而言，如果寻租活动带来的利润足够大或者付出的成本足够小，那么组织资源将更加可能被置于非生产性寻租活动而不是创新活动（Marco 和 Baumol，2011），导致非沉淀性冗余资源用于关系导向下的"寻租战略"而非创业导向下的"创新战略"，再加上创新的高风险性和正外部性，企业的创新投入就愈发随之降低，即知识产权保护的负外部性增加了企业进行流动资源寻租的可能，而削弱了资源向生产性创业导向的转移。另一方面，随着知识产权保护制度不断规范，企业申请知识产权保护可能并不仅仅是为了获得创新回报而是用以进行形象"粉饰"，当非沉淀性冗余资源较多时，创业企业的管理者更加有可能从"研发导向型"转为"专利导向型"，将更大部分的流动性资源用于对更多无效专利的申请、注册、获取和维持，以及可能出现的法律咨询和诉讼费用，以期用企业的专利申请量在一定程度上掩盖（transcend）企业核心价值匮乏等不良事件，即以无效专利作为一种符号性行为，虚增创业企业的社会认可程度。基于此，本书提出研究假设：

H5a：知识产权保护在非沉淀性冗余资源和创业导向的"倒 U"形关系中具有调节作用，在弱化二者正向关系的同时也弱化了其负向关系。

（二）知识产权保护对沉淀性冗余资源与创业导向的调节效应

良好的知识产权保护等市场化环境对于微观企业最直接的影响在于能够有助于提高资源配置效率，使制度保护切实成为企业技术创新的外部推动力量。不同于流动性更强的非沉淀性冗余资源更加易于被投入至非生产性活动，对于沉淀性冗余资源而言，其使用范围受限的特点反而更加有助于企业的精一战略实施。具体来讲，由于组织的人力资本、核心技术、生产流程等内部沉淀性资源是构成企业差异化竞争优势的重要来源，Lu 等（2008）分析了正式制度因素在企业核心资产和创新过程中所扮演的重要角色，指出知识创造的有效性取决于制度基础。沈红波等（2010）基于资源配置的视角指出，知识产权保护的正式制度效应能够提升知识、技术等关键要素在正规市场的自由流动性，使创新资源能够更多地通过知识产权保护制度框架由市场进行分配，创业企业获取资源的便利性及竞争公平性明显提高。由此可见，知识产权保护制度能够有效降低资源的交易成本，缓解企业对内部冗余资源的依赖性，使企业决策更加规范化、合理化及程序化，基于市场导向下的战略选择更加灵活。尤其对于创业企业，正式制度下受法律约束的规则、条款等能够更加明确交易双方的权利义务，因此，通过知识产权保护制度对企业核心资源进行正式规范，实现企业资源高效配置，能够有效促进企业更加愿意主动采取创业导向型战略决策，进而有助于捕捉先动机会，通过开发现存市场下潜在的非均衡空间确立创新产品的品牌认知地位及企业声誉，进而成为获取外部合法性支持的重要途径，使之成为创业企业获得合法性的一种符号性行为，能够在知识产权保护制度约束力不断增强的情形下，帮助创业企业提高创业导向性。

但值得注意的是，肖土盛等（2016）研究发现沉淀性冗余资源在一定程度上呈现出了"成本黏性"（Cost Stickiness）特征，并基于资源调整成本理论指出，成本黏性与组织进行资源调整的成本息息相关，由于削减企业内部资源的成本往往会高于向上增加时的调整成本，因此，当企业内部积累了一定程度的沉淀性冗余资源时却难以降低冗余资源的管理成本。与此同时，Jim 和 Frances（2009）指出，企业的发展也是外部环境与组织自身的一种匹配关系，一旦超越了适度的匹配关系容易导致创新过程中出现技术锁定或认知偏差。换言之，当创业企业内部积累了一定程度的难以进行转换的沉淀性冗余资源，不仅不利于对资源的有效管理与合理配置，增加了企业内部管理营运成本；同时也禁锢住了市场竞争下创业企业创业导向的先动优势，尤其环境动态性越大，企业失去创业机会的可能性越强，加剧了沉淀性冗余资源对创业导向行为的抑制作用。基于此，本书提出假设：

H5b：知识产权保护在沉淀性冗余资源和创业导向的"倒 U"形关系中具有调节作用，在强化二者正向关系的同时也强化了其负向关系。

关于知识产权保护的调节效应如图 5-2 所示。

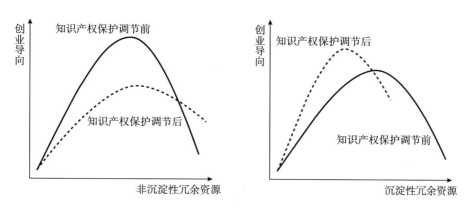

图 5-2　知识产权保护的调节效应

二、模型设定与变量说明

（一）模型设定

基于前文所述，本书拟进一步采用以下多元回归方程模型对创业企业内部冗余资源与创业导向的关系进行实证检验，并在此基础上对知识产权保护所具有的调节效应进行实证分析，具体相关回归模型设计如下：

$$Y_{it}=\alpha_0+\alpha_1 X_{it}+\alpha_2 X_{it}^2+\alpha_3 Control_{it}+\alpha_4 Year_{fixed}+\alpha_5 Industry_{fixed}+\varepsilon$$

$$Y_{it}=\beta_0+\beta_1 X_{it}+\beta_2 X_{it}^2+\beta_3 M_{ijt}+\beta_4 X_{it}M_{ijt}+\beta_5 X_{it}^2 M_{ijt}+\beta_6 Control_{it}$$
$$+\beta_7 Year_{fixed}+\beta_8 Industry_{fixed}+\varepsilon$$

我们采用面板数据分层回归方法，同时控制了年份及行业的固定效应。其中，被解释变量 Y_{it} 为企业的创业导向；核心解释变量 X_{it} 表示 i 企业第 t 年的冗余资源，包括非沉淀性冗余资源和沉淀性冗余资源。为检验相关变量之间是否具有非线性相关性，本书进一步加入了各自变量的二次项 X_{it}^2；调节变量为知识产权保护，并通过自变量与调节变量二者的交互项以验证知识产权保护的调节效应；而选取控制变量的具体定义前文已述。

（二）知识产权保护水平测度

由于知识产权保护制度与知识产权司法、执法、管理、规范、运用等多种因素相关，直接度量知识产权保护水平存在一定难度，因此，基于前文关于知识产权保护测度指标的文献梳理与分析，本研究在综合已有文献的基础上，进一步通过以下五个方面的分指标重新构建了知识产权保护指数，以对我国省际知识产权保护水平进行度量，具体包括：①司法保护水平（IPR1）：是以"专业律师比率"作为衡量指标，即"一省专职律师数占该省总人口数（万人）"；②知识产权保护执法力度（IPR2）：是以"专利侵权案件的结案率"作为衡量指标，即"当年累计专利纠纷结案数除以当年累计立案数"；③知识产权中介机构发展情况（IPR3）：是以"知识产权代理公司密度"作为衡量指标，具体测度方法为"一省知识产权代理公司数除以当年该省总人口数"；④知识产权市场规范化程度（IPR4）：是以"技术市场转让规模"作为衡量指标，具体测度方法为"一省技术市场成交合同金额除以当年该省地区生产总值"；⑤知识产权保护社会意识（IPR5）：是以"知识产权保护未被侵权率"作为衡量指标，具体测度方法为"1减去一省当年受理的专利侵权纠纷案件数除以该省截至当年累计授权专利数"，专利未被侵权率越大表示社会知识产权保护意识越好。在基于上述五个分指标（IPR1～IPR5）的基础上，采用主成分分析方法构建我国"各省知识产权保护指数"。具体是按照五个分指标的解释百分比加权计算出我国各省份的知识产权保护水平指数，并以2015~2019年五年间各省份总得分的算术平均数作为省际知识产权保护平均水平指数。本书认为，相较某一单一代理变量，通过以上分指标进行合成来度量我国省际知识产权保护水平主要具有以下两大方面优势：一是合成的指标更加具有客观合理性，一定程度有助于缓解主观度量指标因人而异的问题；二是合成指标也更加具有综合全面性优势，能够较为全面地涵盖司法水平、执法水平、市场发展水平、地区技术交易市场环境及公众意识水平等多方面的信息。表5-1为本书关于我国省际知识产权保护指数的具体构建方法。

表5-1 知识产权保护指数构建

变量名称	变量定义
司法保护水平 （IPR1）	专业律师比率 $=\dfrac{\text{一省专职律师数}}{\text{该省总人口数（万人）}}$
知识产权保护执法力度 （IPR2）	专利侵权案件的结案率 $=\dfrac{\text{当年累计专利纠纷结案数}}{\text{当年累计立案数}}$
知识产权中介机构发展情况 （IPR3）	知识产权代理公司密度 $=\dfrac{\text{一省知识产权代理公司数}}{\text{当年该省总人口数}}$
知识产权市场规范化程度 （IPR4）	技术市场转让规模 $=\dfrac{\text{一省技术市场成交合同金额}}{\text{当年该省GDP}}$
知识产权保护社会意识 （IPR5）	知识产权保护未被侵权率 $=1-\dfrac{\text{一省当年受理的专利侵权纠纷案件数}}{\text{该省截至当年累计授权专利数}}$

根据表5-1所列示的关于构建"知识产权保护指数"的五个分项指标（IPR1~IPR5），本书进一步测算并构建出了关于当前我国"各省份知识产权保护指数"。具体关于知识产权保护水平的指标合成方法是：首先基于上述五个指标（IPR1~IPR5），采用主成分分析方法构建"各省份知识产权保护指数"（IPR）。在主成分分析中，前三个主成分的特征值分别为2.944、0.991和0.953，累计解释百分比达到97.756%，能够对大部分信息进行较为充分的解释，因此，本书是将提取的主成分按照各自的解释百分比加权构造出知识产权保护的IPR指数。为保证测度的信效度，本书进一步对知识产权保护水平所选取的五个变量进行信效度检验分析，并且该合成指标较好地通过了信效度检验，信度检验显示Cronbach's Alpha值为0.764，说明选取变量信度较高；在

效度检验方面，采用因子分析法进行检验，结果显示 KMO 值为 0.702，说明效度较好。表 5-2 列示了五个分指标之间的相关系数。结果显示，个别变量间可能高度相关，主要是由于我国省际知识产权保护立法一致，各省份差异性主要存在于执法力度及社会意识方面，因此可能出现指标间存在一些共同成分，如代理公司数量及技术市场成交规模，但二者侧重点如上所述还是有所差别，能够基于不同的视角对某省份的知识产权保护水平进行反映。

表 5-2　知识产权保护指标相关系数

	IPR1	IPR2	IPR3	IPR4	IPR5
IPR1	1.000				
IPR2	0.317**	1.000			
IPR3	0.940***	0.170	1.000		
IPR4	0.867***	0.059	0.961***	1.000	
IPR5	0.149	0.041	0.184	0.220	1.000

注：***、**、* 分别表示在 1%、5%、10% 水平上显著。

表 5-3 所示的是对"2015~2019 年我国省际知识产权保护水平"的描述性分析，该指数是通过"各指标的解释百分比加权计算，并以各省份五年间的总得分算术平均数作为知识产权保护指数"。如表 5-3 所示，各省份知识产权保护水平之间的横向差异十分显著，即呈现出典型的"东强西弱"现象；同时时间序列纵向差异也显著，其中平均得分、标准差分别根据各省份五年时间的得分求得。可以看出，我国各省份知识产权保护水平在五年时间内均得到稳步提高。其中，北京市的知识产权保护水平遥遥领先于其他地区，平均得分达到 4.2256；上海市、浙江省、天津市、广东省、宁夏回族自治区分别列第二到六位，该排名基本与我国地区的经济发展水平相符合；而江西省的知识产权保护水平最弱，甚至落后于青海省、甘肃省、贵州省等省份，其平均得分仅为 0.4188。

表 5-3　2015~2019 年我国省际知识产权保护水平

排名	地区名称	2015 年 IPR 水平	2019 年 IPR 水平	平均 IPR 水平	标准差
1	北京	3.4805	5.3985	4.2256	0.2105
2	上海	2.2835	3.9882	2.9298	0.2418

续表

排名	地区名称	2015 年 IPR 水平	2019 年 IPR 水平	平均 IPR 水平	标准差
3	浙江	1.1761	1.9779	1.4818	0.1231
4	天津	1.0871	1.8658	1.3912	0.1103
5	广东	0.9096	1.3712	1.0830	0.0788
6	宁夏	0.8641	1.2875	1.0225	0.0880
7	江苏	0.7738	1.2684	0.9634	0.0778
8	重庆	0.7187	1.0637	0.8566	0.0531
9	辽宁	0.6988	1.0798	0.8510	0.0522
10	内蒙古	0.6976	1.1477	0.8763	0.0631
11	山东	0.6577	1.1235	0.8431	0.0632
12	福建	0.6490	1.1385	0.8435	0.0636
13	海南	0.5656	0.7066	0.6292	0.0288
14	四川	0.6231	1.1280	0.8232	0.0715
15	陕西	0.6098	1.1565	0.8298	0.0707
16	湖北	0.5763	1.4017	0.9183	0.0764
17	新疆	0.5757	0.8009	0.6657	0.0429
18	湖南	0.5919	1.1378	0.8089	0.0643
19	云南	0.5548	0.6932	0.6095	0.0465
20	山西	0.5444	0.8159	0.6567	0.0463
21	吉林	0.5249	0.7971	0.6392	0.0274
22	河北	0.4913	0.4747	0.4881	0.0113
23	河南	0.5329	0.9612	0.6998	0.0614
24	广西	0.4810	0.7318	0.5866	0.0319
25	黑龙江	0.4582	0.6404	0.5370	0.0179
26	安徽	0.4269	0.6737	0.5266	0.0323
27	青海	0.4092	0.6519	0.5128	0.0290
28	甘肃	0.3616	0.5632	0.4587	0.0245
29	贵州	0.3728	0.5662	0.4554	0.0433
30	江西	0.3442	0.5288	0.4188	0.0242

三、实证检验与结果分析

（一）实证检验

本书根据上述已建立的关于调节效应的回归模型，采用 STATA15.0 统计软件，选取混合回归估计的方法进行多元回归分析，检验过程中同时控制了年份效应及行业效应。具体回归结果如表 5-4 所示：

表 5-4　知识产权保护调节效应的回归分析

模型	M1	M2	M3	M4	M5
constant	-1.079^{***}	-0.690^{**}	1.130^{***}	0.017^{***}	1.111^{***}
	(0.300)	(0.284)	(0.147)	(0.013)	(0.149)
asset	0.059^{***}	0.059^{***}	-0.047^{***}	-0.001^{**}	-0.001^{**}
	(0.013)	(0.013)	(0.007)	(0.001)	(0.001)
intangible	0.539^{**}	0.570^{***}	-0.342^{***}	0.012	0.014
	(0.211)	(0.199)	(0.103)	(0.009)	(0.009)
ROA	-0.088	-0.209^{**}	-0.150^{***}	0.016^{***}	0.016^{***}
	(0.104)	(0.098)	(0.050)	(0.005)	(0.005)
LEVER	-0.129^{**}	-0.535^{***}	0.026	-0.006^{*}	-0.004
	(0.063)	(1.457)	(0.028)	(0.003)	(0.003)
OUT	-0.092	-0.268	-3.037	-2.042	-1.248
	(0.277)	(0.274)	(3.001)	(2.117)	(2.084)
TobinQ	0.010^{**}	0.331^{***}	0.001	0.002^{***}	0.002^{***}
	(0.004)	(0.065)	(0.002)	(0.000)	(0.000)
GDP	0.536	0.549	2.212	2.967	2.582
	(0.452)	(0.454)	(2.176)	(2.660)	(2.610)
unabsorb	0.032^{***}	0.034^{***}		0.216^{***}	0.304^{***}
	(0.003)	(0.006)		(0.037)	(0.105)
absorb	0.285^{***}	0.289^{***}		0.523^{***}	0.442^{***}
	(0.047)	(0.065)		(0.018)	(0.028)

续表

模型	M1	M2	M3	M4	M5
$unabsorb^2$		-0.002^{*} （0.002）		-0.001^{**} （0.000）	-0.009^{***} （0.003）
$absorb^2$		-0.323^{***} （0.029）		-0.002^{***} （0.000）	-0.002^{***} （0.000）
IPR			-0.382^{***} （0.168）	-0.391^{***} （0.140）	-0.322^{**} （0.233）
$unabsorb * IPR$					-0.028 （0.035）
$absorb * IPR$					0.105^{***} （0.020）
$unabsorb^2 * IPR$					0.004^{***} （0.001）
$absorb^2 * IPR$					-0.001^{***} （0.000）
Industry	YES	YES	YES	YES	YES
Year	YES	YES	YES	YES	YES
F 值	29.66	42.47	25.48	32.38	28.70
R-squared	0.2363	0.3246	0.2450	0.2757	0.2795
N	2325	2325	2325	2325	2325

注：＊＊＊、＊＊、＊分别表示在1%、5%、10%水平上显著。

如表5-4所示，模型 M1、模型 M2 为自变量冗余资源与因变量创业导向二者的主效应分析。结果显示：模型 M1 中，非沉淀性冗余资源（$r_{unabsorb}$ = 0.032，$P_{unabsorb} < 0.01$）、沉淀性冗余资源（r_{absorb} = 0.285，$P_{absorb} < 0.01$）分别对创业导向具有显著的正向影响；模型 M2 在模型 M1 的基础上引入自变量的二次项后，一次项正向系数增强（$r_{unabsorb}$ = 0.034，$P_{unabsorb} < 0.01$；r_{absorb} = 0.289，$P_{absorb} < 0.01$）且非沉淀性冗余资源的二次项（$r_{unabsorb^2}$ = -0.002，$P_{unabsorb^2} < 0.1$）、沉淀性冗余资源的二次项系数（r_{absorb^2} = -0.323，$P_{absorb^2} < 0.01$）均显著为负，说明两种类型的冗余资源与创业导向的"倒 U"形关系均具有显著性。模型 M3 为单独引入调节变量知识产权保护（IPR）的回归结果，结果显示知识产权保护对创业导向有显著抑制作用（r_{IPR} = -0.382，$P_{IPR} < 0.01$）。

模型 M4、模型 M5 为知识产权保护（IPR）对冗余资源与创业导向所具有的调节效应检验结果。其中模型 M4 包括所有控制变量、自变量非沉淀性冗余资源（unabsorb）及其平方项（unabsorb^2）、沉淀性冗余资源（absorb）及其平方项（absorb^2），以及调节变量知识产权保护（IPR）；模型 M5 分别加入自变量与调节变量所对应的交乘项。可以看出，模型 M5 受调节变量知识产权保护水平（IPR）作用的自变量非沉淀性冗余资源、沉淀性冗余资源对因变量创业导向仍有显著正向影响（$r_{unabsorb} = 0.304$，$P_{unabsorb} < 0.01$；$r_{absorb} = 0.442$，$P_{absorb} < 0.01$）；自变量非沉淀性冗余资源的平方项（$r_{unabsorb^2} = -0.009$，$P_{unabsorb^2} < 0.05$）、沉淀性冗余资源的平方项（$r_{unabsorb^2} = -0.002$，$P_{unabsorb^2} < 0.01$）对创业导向仍然具有显著负向影响；非沉淀性冗余资源与知识产权保护的一次交乘项（unabsorb * IPR）为负，而二次交乘项系数（unabsorb^2 * IPR）显著为正（$r_{unabsorb^2} = 0.004$，$P_{unabsorb^2} < 0.01$），说明知识产权保护弱化了创业企业非沉淀性冗余资源与创业导向之间的"倒 U"形关系，前文假设 H5a 成立；而沉淀性冗余资源与知识产权保护的一次交乘项系数为正（absorb * IPR），而二次交乘项系数（absorb^2 * IPR）显著为负（$r_{absorb^2} = -0.001$，$P_{absorb^2} < 0.01$），说明知识产权保护强化了沉淀性冗余资源与创业导向之间的"倒 U"形关系，前文研究假设 H5b 同样成立。

（二）稳健性检验

为了保证调节效应回归结果的稳健性，本书在之前实证检验的基础上采用同样的指标替换方法，即选用"速动比率"指标作为非沉淀性冗余资源的代理变量，用"管理费用/营业收入"指标作为沉淀性冗余资源的代理变量，引入调节变量"技术转让市场规模"作为知识产权保护的代理变量，其测度方法为"一省技术市场成交合同金额除以该省当年地区生产总值"，进行非线性多元回归分析，回归结果基本一致，说明数据的稳健性较好。

具体的稳健性检验结果如表 5-5 所示：

表 5-5　稳健性检验

模型	M6	M7	M8	M9	M10
constant	-0.067*** (0.014)	-0.068*** (0.013)	0.030** (0.013)	1.153*** (0.149)	1.111*** (0.149)

续表

模型	M6	M7	M8	M9	M10
asset	0.003***	0.003***	-0.001***	-0.047***	-0.046***
	(0.001)	(0.001)	(0.001)	(0.007)	(0.007)
intangible	0.016	-0.010	0.024**	-0.424***	-0.428***
	(0.010)	(0.009)	(0.009)	(0.104)	(0.105)
ROA	-0.011**	-0.001	0.006	-0.107**	-0.101**
	(0.005)	(0.004)	(0.004)	(0.051)	(0.052)
LEVER	-0.000	-0.016***	-0.006**	-0.035	-0.032
	(0.003)	(0.003)	(0.002)	(0.034)	(0.037)
OUT	-0.092	-0.268	-3.048	-2.042	-1.248
	(0.277)	(0.274)	(3.011)	(2.117)	(2.084)
TobinQ	-0.000	0.000	0.002***	0.002***	0.002***
	(0.000)	(0.000)	(0.000)	(0.000)	(0.000)
GDP	0.634	0.584	2.115	1.967	2.582
	(0.470)	(0.464)	(1.961)	(2.660)	(3.610)
unabsorb	0.002***	0.002***		0.009***	0.005***
	(0.000)	(0.000)		(0.003)	(0.006)
absorb	0.046***	0.126***		0.073**	0.178***
	(0.003)	(0.006)		(0.034)	(0.066)
$unabsorb^2$		-0.000***		-0.000*	-0.001*
		(0.000)		(0.000)	(0.002)
$absorb^2$		-0.038***		-0.010**	-0.045**
		(0.002)		(0.015)	(0.036)
IPR			-0.365**	-0.002*	-0.009**
			(0.169)	(0.004)	(0.008)
unabsorb * IPR					-0.001***
					(0.006)
absorb * IPR					-0.063**
					(0.034)
$unabsorb^2$ * IPR					0.001***
					(0.001)
$absorb^2$ * IPR					0.042***
					(0.027)
Industry	YES	YES	YES	YES	YES
Year	YES	YES	YES	YES	YES

模型	M6	M7	M8	M9	M10
F 值	30.01	57.34	25.58	13.50	11.92
R-squared	0.2385	0.3935	0.2447	0.1369	0.1388
N	2325	2325	2325	2325	2325

注：＊＊＊、＊＊、＊分别表示在1%、5%、10%水平上显著。

四、本章小结

本章首先对我国经济制度转型情境下知识产权保护正式制度的调节效应进行理论逻辑推理与假设提出，即分别阐述了知识产权保护制度对创业企业非沉淀性冗余资源与创业导向、沉淀性冗余资源与创业导向的差异化调节机制，并提出了相应的研究假设。其次通过构建回归模型进行了调节效应的实证检验分析：第一，对调节变量"知识产权保护水平"进行数据测度，即通过"司法保护水平、知识产权保护执法力度、知识产权中介机构发展情况、知识产权市场规范化程度及知识产权保护社会意识"五大指标进行主成分分析，构建了2015~2019年我国省际知识产权保护水平指数；第二，通过构建多元回归模型进行了知识产权保护调节效应的实证分析，分别验证了知识产权保护的正式制度在弱化了非沉淀性冗余资源和创业导向的正向关系的同时也弱化了二者间的负向关系，而在强化了沉淀性冗余资源和创业导向的正向关系的同时也强化了二者间的负向关系；第三，进一步通过稳健性检验，增强了前述调节效应实证结果的可靠性，由此为相关研究假设提供了支持。

第六章　非正式制度环境：社会网络的调节效应

> "没有人是一座孤岛，可以自全，每个人都是大陆的一片，整体的一部分。"
>
> ——约翰·多恩

20世纪90年代以后，随着新制度经济学的不断渗透，以及经济社会学及社会网络理论等研究的相继兴起，社会网络与非正式制度逐渐进入企业管理相关研究的中心。新经济社会学研究指出，现代经济的生产、交换等互动关系是一种开放的社会关系，非正式制度本质是"由社会主体相互交往而逐渐形成的社会关系网络"，可见，以社会网络为核心的非正式制度作为社会主体长期生产实践活动中逐步形成的惯例规范、习俗传统、意识形态、道德观念等，对市场主体的行为决策活动具有不容忽视的影响。具体来讲，基于社会网络的视角探究创业企业的成长与发展一定程度上对个人、组织与外部环境之间的边界进行了抽象性模糊；企业之间通过社会网络所形成的非正式制度环境，作为其在经营活动中必须遵守的一系列行为规范及道德准则的集合，对企业资源配置同时具有激励及约束作用。不同的社会关系网络对应不同的社会资本类型，为网络主体提供了不尽相同的资源，并且能够通过信任、互惠、合作等自治机制，降低网络主体相互之间的交易及监督成本，从而有助于提高嵌入社会网络中的行为主体的经济行为确定性，并不断演化形成一种作为经济制度的整体性社会网络资本，因此，社会网络本质承载的是合作的价值，其在协调资源、识别市场、把握机遇等方面发挥着重要非正式制度作用（王传征和葛玉辉，

2022)，外部环境不确定越高，这种非正式制度的作用效果越明显；特别是在我国制度转型过程中，市场经济发展尚未完全成熟时，专利保护等正式制度还没有在实际上形成十分有效的创新激励机制，非正式制度对降低市场主体经济行为成本、应对不确定性风险、维持交易秩序等方面起着重要的补充作用。由此可见，社会环境是非正式制度的核心，而社会网络则是社会环境与关系体系的关键，资源往往就蕴含在不同的社会关系中，为企业之间进行信息交流、资源交换提供了渠道或捷径，例如，即使一个企业不具有领先成本或差异化产品等先动优势，仍然可以通过以非正式关系为主导的社会性制度环境降低成本、追赶取得先机。因此，社会网络能够用以解释多层次情境下微观主体之间社会关系交互的过程及结果，进一步，市场主体的行为活动嵌入社会网络之中，社会网络作为社会资源的重要载体，能够促进组织合作、降低创新成本、提高资源价值，其重要性不言而喻；尤其对于受到资源约束与合法性缺失的创业企业，创业过程通常都嵌入社会网络之中，其成长过程更加离不开对外部网络所提供资源的吸收与获取。应瑛等（2018）强调，开放的社会网络有助于创业企业将内外部创新资源进行整合，成为保障"弱小者"克服成长劣势、对抗组织内部熵增、实现价值增长的重要战略环境。因此，社会网络关系在创新创业领域研究中日渐兴盛。

创业企业由于人力资本有限，其社会网络关系往往依靠董事关系进行最初联结，而相较于内部董事而言，外部独立董事之间的弱联结关系更加有助于异质性资源的获取；与此同时，独立董事作为对上市公司经营管理的一种权力制衡与监督的制度性安排，成为我国公司法人治理体系的关键，需要对全体股东负责，通过关系规范下的独立董事社会网络更加具有"声誉抵押"的非正式治理机制。企业独立董事将其声誉作为参与网络不可收回的抵押品，以此构成社会网络的可置信承诺，有助于进一步发挥非正式制度作用。尤其是独立董事制度的引入更是为了满足制度性监管的需要，2001年中国证监会发布的《关于在上市公司建立独立董事制度的指导意见》中对上市公司独立董事定义为是"不在上市公司担任除董事以外的任何职务，并与其所受聘的上市公司及其主要股东不存在可能妨碍其进行独立客观判断关系的董事"。因此，理论上讲，我国独立董事一般具有"职务独立、利益独立、任免规则独立及人际关系独立"这四个主要特点，其制度不仅是改善上市公司治理结构、遏制高管层投机行为倾向、降低公司交易与摩擦成本、维护中小股东利益的关键；而且在转型制度下与正式性法律制度相互渗透影响，能够有效弥补政策性失灵，对企业的资源配置与行为导向等产生重要影响（高凤莲和王志强，2016）。因此，基于独立董事关系架构而成的社会网络非正式制度并非简单依赖于某种正式制度安排或教化途径为基础关联，而是源于主体间互动过程中以"隐性或开放式契约"为标定，以信任互惠为核心展开的关系合作（见图6-1）。

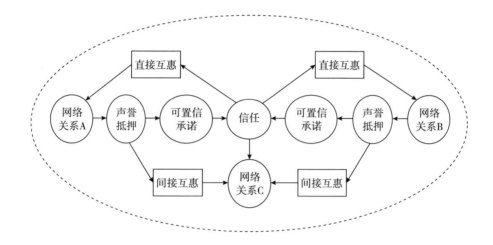

图6-1 社会网络的非正式制度作用

一、社会网络对冗余资源和创业导向的调节机制

创新理论强调，创新的过程需要企业之间的信息资源相互流动（Feldman和Audretsch，1999），创业功能（entrepreneurial function）正是社会网络理论不断延伸发展而产生的一个基本假设，即创业活动往往伴随着组织网络关系的不断演化。因此，组织资源配置与创新研发等活动不仅需要法律法规等正式制度安排，同时也离不开社会网络等方面的非正式制度安排，社会网络作为一种社会资源观的拓展，是企业所拥有的社会关系数量的集合，为创业企业提供有

效的信息、资源甚至情感乃至精神的鼓励与支持。韩炜等（2014）指出，创业企业的成长是持续性构建、治理并维持其外部社会网络的过程，为了克服创新发展困境，创业企业往往寄希望于通过关系网络获取创新资源支持和完善网络治理保护，因而企业创新的另一个重要特征便是网络性，其所实施的一系列具体战略行为必然是内嵌入于社会网络之中。Peng（2004）基于我国转型发展的经济背景研究指出，由于经济转型时期市场机构不够完备，管理者更加需要通过社会网络联结进行市场信息获取，因此在法律法规等正式制度约束不够完善的环境下，以社会网络为代表的非正式制度对公司行为理应具有显著影响。冯军政等（2015）进一步研究了社会网络对创业导向的积极作用，由于创业导向需要以资源或能力为支撑，社会关系网络为创业导向提供了高质量及多样化信息保障。

在此基础上，董事会作为企业的管理决策机构，牢牢占据企业信息"上游"地位，基本掌握着关于行业趋势、市场状况、资源分布等关键市场信息，董事关系被视为创业企业最为重要的社会关系。而在董事关系中，内部董事与独立董事在组织战略决策中具有不同作用，对应其网络关系的作用机制同样具有显著差异性。其中，企业内部董事之间由于通常具有较为相似的信息获取渠道以及趋同的认知及管理能力，彼此之间形成的是一种强联结关系；而独立董事往往具有在多个企业进行兼任的特征，与董事会成员更有可能形成弱联结关系，具有不同于内部董事的知识结构和信息来源，尤其为了更加有效地保证公司的治理效应，证监会要求独立董事必须具有外部独立属性以发挥监管职能，因而相较于内部董事成员，独立董事同时扮演着"社会人"与"企业人"双重角色，其相互之间所保持的弱联结关系更加能够为企业提供广泛的异质性资源及信息，对人力资本有限的创业企业更加关键，是促进企业内外部沟通的重要黏合剂，成为企业互通有无有效传递信息的关键。陈运森和谢德仁（2011）进一步研究指出，独立董事社会网络在董事关系中更加具有主导作用，有助于弥补管理者的认知经验不足，缓解创业导向所面临的后顾之忧，激发管理者的主观能动性与风险承担性，进而提升创业导向所带来的创业杠杆收益。由此可见，独立董事社会网络作为一种非正式制度，必然能够对创业企业内部资源与战略导向相互关系产生显著影响。值得注意的是，由于非沉淀性冗余资源与沉淀性冗余资源具有不同的特征属性，因此社会网络对二者与创业行为导向的调节机制理应存在差异性。

（一）社会网络对非沉淀性冗余资源与创业导向的调节机制

以社会关系为核心的非正式制度往往是对行为主体在意识层面及精神层面产生一定影响，从而带动其具体的活动表现，胡珺等（2017）在对非正式制度因素与企业创业水平二者关系的研究中指出，非正式制度因素对冒险精神等意识领域的影响十分明显，而冒险精神作为创业导向的重要特征，与企业战略态势选择密切相关。对于资源特征来讲，非沉淀性冗余资源由于其流动性强等特性能够有效缓解创业情境下的不确定性等后顾之忧，是创业企业推动创业导向的重要需求；并且由于企业识别创业机会的过程通常与其所掌握的信息资源密切相关，网络联结多寡的差异性在一定程度上决定了机会的清晰度在企业间的不同，因而丰富的社会网络往往蕴含着更多高质量及多样性的资源，企业也更有可能发现新的机会，提升创业导向的先动优势。另外，社会网络作为对资源由组织内部向外部的重要拓展，不仅能够为企业带来资源流、信息流和关系流，并且具有信号传递功能（Zaheer 等，2010），能够通过向外界传递信号进而调节组织内部资源配置与创新行为导向的动态关系，显著降低创业企业资源交易的边际成本，提高对资源的获取效率和效果，并且能够进一步挖掘某些潜在的隐性知识或边际利润，提升交易关系深度以及资源编配范围，缓解要素市场扭曲对创新路径的锁定，有助于提升企业的创业导向战略实施的预期收益，进而对冗余资源与创业导向的范式构建具有重要作用。尤其对于使用灵活性较强的非沉淀性冗余资源，更加有助于企业主动进行创业资源"搜寻行动"，增强了外部资源所有者对积极信号的感知力。独立董事社会关系越丰富，其所掌握的信息、资源等优势越明显，并且"声誉抵押"所具有的治理机制能够有效增强网络成员间的相互信任程度，成为企业获取关键要素稳定延续的关键（Owen 和 Powell，2004）。但值得注意的是，创业企业的社会网络联结也并非越多越好，具体来讲：首先，网络关系的构建必然是建立在相应的成本付出之上，社会网络关系联结越多，企业越需要消耗相当的资源用以进行网络关系的构建、维系、保养与拓展，进而容易诱使创业企业将可支配空间较大的非沉淀性冗余资源盲目消耗于网络关系中，使企业战略态势从创业导向型转变为关系导向型；抑或是基于代理理论视角，非沉淀性冗余资源也容易诱发管理者盈余操纵等自利行为，进而分散了非沉淀性冗余资源对创业导向的支持。其次，由于社会网络具有传染效应，"新生劣势"的创业企业的战略安排更加容易受到社会关系的干扰，如独立董事可能受"逐名动机"（Grandstanding）的影响，过度关注于其任职在位期间企业的短期经营结果，这必将致使企业难以做出合理的冗余资源配置决策，以致降低冗余资源对创业导向决策的支持程度。另外，高凤莲和王志强（2016）指出，社会网络为公司带来社会资源的同时也可能削弱信息披露质量，当非沉淀性冗余资源过多时，企业管理者如果将大量资源投入于高风险探索领域，容易使外部资源所有者对企业经营稳定性与发展持续性产生质疑，从而感知为消极的信号信息，不仅增加了创业企业的代理成本，并进一步加剧对创业导向的削弱效应。基于此，本书提出研究假设：

H6a：创业企业社会网络在非沉淀性冗余资源和创业导向的"倒 U"形关系中具有调节作用，在强化二者正向关系的同时也强化了其负向关系。

（二）社会网络对沉淀性冗余资源与创业导向的调节机制

企业社会网络作为一种非正式制度，能够为企业带来更丰富的资源和机会，对于组织内部的沉淀性冗余资源与创业导向关系同样具有外部效应。其具体调节机制主要在于以下方面：首先，基于融资约束与信息不对称的相关视角，创业企业大多属于知识密集型或技术密集型企业，通常以其特有的关键知识、技术等作为企业核心沉淀性资源，为了保证这些"内核"的安全性与企业的竞争性，创业企业往往不愿过多披露相关信息，由此导致创业企业内外部更加严重的信息不对称等问题。李莉等（2014）研究指出，对于外部资金的提供者，由于其无法充分获取或掌握组织内部信息，容易降低其投资意愿，影响创业企业外部融资效果。在此情况下，社会网络作为一束非正式关系的集合，不仅能够通过连锁董事的网络嵌入进而发挥积极的网络自主治理效应，同时也能够通过声誉抵押机制提高企业之间及其与供应商之间的关系承诺，提高信任程度并缓解信息不对称水平。其次，网络资源观认为，社会网络具有资源配置效应，在日益激烈的市场竞争中，企业的核心竞争力不仅源于资源的异质性，同时也源于社会网络对资源的配置方式及由此产生的使能优势。企业在创新决策制定的过程中主要依靠对项目的了解与评估，社会网络关系越丰富，其掌握的项目信息越翔实，即社会网络通过赋予创业企业更多资源、蕴含更多的机会以及主观能动性进而保障创业导向战略决策的有效实施。Moran（2005）指出，社会网络联结越多越有助于特定情境之下企业之间隐性资源相互交流，拓宽了企业资源编配、拼凑或整合的范围渠道，同时网络主体间能够通过资源交换降低不确定性风险，从而促进了创业导向能力。Moss等（2015）则强调了创业导向本身所具有的信号传递功能，即企业在不同情境下的创业导向战略不仅能够对内部资源配置与创新战略关系产生直接影响，并能够通过社会网络向外界释放信号，调节资源配置转换效率；尤其独立董事所拥有的社会网络势能优势越明显，越有助于提升内部异质性资源的配置效率，同时有助于获取广泛信息进行深入分析以解决创新过程中的棘手问题，进而成为创业企业进行创业导向决策所需要素获得稳定延续的关键。最后，通常而言，由于沉淀性冗余资源专用性较强，不仅不容易诱发盲目决策及其他代理问题，而且社会网络所具有的声誉抵押效应更加有助于组织从外部获取异质性资源，有效减少机会主义行为发生概率。例如通过信任或声誉等为载体的"隐形和开放式"治理机制能够增加对于创新失败的容错空间，减少"搭便车"等机会主义行为，缓解企业创业导向战略对风险承担所产生的代理问题，因而在社会网络资源的调节下，不仅强化了创业企业非沉淀性冗余资源对创业导向的促进作用，同时也削弱了其对创业导向的抑制作用。基于此，本书提出研究假设：

H6b：创业企业社会网络在沉淀性冗余资源和创业导向的"倒U"形关系中具有调节作用，在强化二者正向关系的同时也弱化了其负向关系。

关于社会网络的调节效应如图6-2所示。

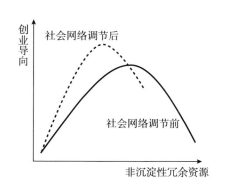
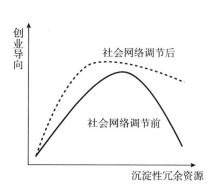

图6-2 社会网络的调节效应

二、模型设定与变量说明

（一）模型设定

与正式制度调节效应相类似，本书通过以下多元回归方程模型对创业企业内部冗余资源与创业导向的关系进行实证检验，并进一步对社会网络的调节效应进行检验分析，具体的模型设计如下：

$$Y_{it}=\alpha_0+\alpha_1 X_{it}+\alpha_2 X_{it}^2+\alpha_3 Control_{it}+\alpha_4 Year_{fixed}+\alpha_5 Industry_{fixed}+\varepsilon$$

$$Y_{it}=\beta_0+\beta_1 X_{it}+\beta_2 X_{it}^2+\beta_3 M_{ijt}+\beta_4 X_{it}M_{ijt}+\beta_5 X_{it}^2 M_{ijt}+\beta_6 Control_{it}$$
$$+\beta_7 Year_{fixed}+\beta_8 Industry_{fixed}+\varepsilon$$

本书采用面板数据分层回归方法，同时控制了年份及行业的固定效应。其中，被解释变量 Y_{it} 为创业企业的创业导向；核心解释变量 X_{it} 表示 i 企业第 t 年的冗余资源，包括非沉淀性冗余资源和沉淀性冗余资源两种。类似地，为检验二者之间是否存在非线性关系，分别在方程中加入了各自自变量的平方项 X_{it}^2；调节变量 M_{ijt} 为样本企业独立董事的社会网络，交互项用以验证调节效应；相关控制变量的定义前文已述。

（二）社会网络的测度

如前文所述，独立董事之间的弱联结关系作为创业企业相互之间最为重要的一种异质性社会交往关系，通常表现为较弱的个人主观情感、不频繁的互相联系，以及中短期的相互合作（Larcker 等，2013），可基于"连锁独立董事"架构形成的某种社会网络关系，并通过"中心度"等指标对网络弱联结程度进行测度。"中心度"是社会网络分析法中衡量网络权力最为核心的指标，独立董事在董事网络中的中心度越高，表明其越处于社会网络核心的位置，社会资本越丰富，进而掌握越多的资源信息优势。考虑到本书主要研究目的是对独立董事的网络联结数量进行评估，联结数量越多意味着该企业获取信息的渠道越广泛，因此选取"程度中心度"（degree）指标作为创业企业网络联结程度的测度依据。关于社会网络联结的考量方法，借鉴陈运森等（2015）的研究定义，即"至少有一名独立董事同时在两个董事会任职，或虽然某两个企业之间没有直接的董事相联，但这两家企业分别与第三个企业同时雇用着共同的独立董事，那么视为这两个企业之间同样具有社会网络联结关系"。

基于以上关于社会网络的定义，本书的相关数据是通过手工翻阅所筛选的创业板上市公司五年间的年报，收集整理了 2015～2019 年 465 家创业板上市公司全部独立董事的背景资料，具体的数据整理过程为：首先，根据研究样本建立一个"465×465"的矩阵；其次，如果在研究时间内同一独立董事同时在两个或多个企业任职，或尽管两个企业之间没有共同的独立董事，但它们分别同时与第三个企业拥有同一独立董事，则认为这两个企业相互之间也具有网络联结，在这两种情况下在矩阵中对其赋值为 1，否则赋值为 0，由此构建了全部样本企业之间的独立董事社会网络关系的 [0，1] 矩阵；最后，以该矩阵为基础，利用 UCINET 6.0 软件对样本企业的社会网络进行测度。

三、实证检验与结果分析

（一）实证检验

本书基于已建立的数据模型选取 OLS 混合回归估计方法，采用 STATA 15.0 统计软件对创业企业社会网络的调节机制进行多元回归分析，检验过程中同时控制了年份及行业效应。回归结果如表 6-1 所示。

表 6-1 多元回归分析

模型	M1	M2	M3	M4	M5
constant	-1.079^{***}	-0.690^{**}	1.173^{***}	1.153^{***}	1.111^{***}
	（0.300）	（0.284）	（0.170）	（0.149）	（0.149）
asset	0.059^{***}	0.059^{***}	-0.050^{***}	1.249^{***}	1.228^{***}
	（0.013）	（0.013）	（0.008）	（0.221）	（0.219）

模型	M1	M2	M3	M4	M5
intangible	0.539 ** (0.211)	0.570 *** (0.199)	-0.360 *** (0.091)	1.064 *** (0.808)	1.064 *** (0.776)
ROA	-0.088 (0.104)	-0.209 ** (0.098)	-0.129 ** (0.056)	0.854 ** (0.751)	0.503 ** (0.734)
LEVER	-0.129 ** (0.063)	-0.535 *** (1.457)	0.037 (0.037)	0.482 (1.127)	0.952 ** (1.125)
OUT	-0.092 (0.277)	-0.268 (0.274)	-0.267 (0.017)	-2.105 (2.121)	-3.237 (2.107)
TobinQ	0.010 ** (0.004)	0.331 *** (0.065)	0.001 (0.002)	0.055 (0.059)	0.048 (0.059)
GDP	0.536 (0.452)	0.549 (0.454)	-1.136 (4.151)	-0.053 (3.635)	0.052 (3.595)
unabsorb	0.032 *** (0.003)	0.034 *** (0.006)		0.224 *** (0.037)	0.154 *** (0.056)
absorb	0.285 *** (0.047)	0.289 *** (0.065)		0.626 *** (0.018)	0.562 *** (0.025)
$unabsorb^2$		-0.002 * (0.002)		-0.001 ** (0.000)	-0.003 * (0.002)
$absorb^2$		-0.323 *** (0.029)		-0.002 *** (0.000)	-0.002 *** (0.000)
degree			0.005 ** (0.002)	0.110 * (0.067)	-0.565 *** (0.195)
unabsorb * degree					0.057 * (0.034)
absorb * degree					0.032 * (0.016)
$unabsorb^2$ * degree					-0.003 ** (0.001)
$absorb^2$ * degree					0.001 * (0.000)
Industry	YES	YES	YES	YES	YES
Year	YES	YES	YES	YES	YES
F 值	29.66	42.47	24.35	87.91	72.53
R-squared	0.2363	0.3246	0.2370	0.5261	0.5347
N	2325	2325	2325	2325	2325

注： *** 、 ** 、 * 分别表示在 1%、5%、10% 水平上显著。

基于表6-1回归结果可以看出，模型 M1、模型 M2 为自变量冗余资源与因变量创业导向的主效应分析，结果显示：模型 M1 中，非沉淀性冗余资源（$r_{unabsorb} = 0.032$，$P_{unabsorb} < 0.01$）、沉淀性冗余资源（$r_{absorb} = 0.285$，$P_{absorb} < 0.01$）分别对创业导向具有显著正向影响，模型 M2 在模型 M1 的基础上引入自变量的二次项后，一次项系数的正向效应明显增强（$r_{unabsorb} = 0.034$，$P_{unabsorb} < 0.01$；$r_{absorb} = 0.289$，$P_{absorb} < 0.01$），且非沉淀性冗余资源的二次项系数（$r_{unabsorb^2} = -0.002$，$P_{unabsorb^2} < 0.1$）、沉淀性冗余资源的二次项系数（$r_{absorb^2} = -0.323$，$P_{absorb^2} < 0.01$）均显著为负，说明冗余资源与创业导向的"倒U"形关系显著。模型 M3 为单独引入调节变量独立董事社会网络（degree）的回归结果，结果显示社会网络对创业导向具有显著的促进作用（$r_{degree} = 0.005$，$P_{degree} < 0.05$）。模型 M4、模型 M5 为社会网络（degree）的调节效应检验结果，其中模型 M4 包括所有控制变量、自变量非沉淀性冗余资源（unabsorb）及其平方项（unabsorb^2）、沉淀性冗余资源（absorb）及其平方项（absorb^2），以及调节变量社会网络（degree）；模型 M5 分别加入了自变量与调节变量对应的交乘项。可以看出，在模型 M5 中，受调节变量社会网络（degree）作用的自变量非沉淀性冗余资源、沉淀性冗余资源对因变量创业导向仍有显著正向影响（$r_{unabsorb} = 0.154$，$P_{unabsorb} < 0.01$；$r_{absorb} = 0.562$，$P_{absorb} < 0.01$）；自变量非沉淀性冗余资源的平方项系数（$r_{unabsorb^2} = -0.003$，$P_{unabsorb^2} < 0.1$）、沉淀性冗余资源的平方项系数（$r_{absorb^2} = -0.002$，$P_{absorb^2} < 0.01$）对创业导向仍然分别具有显著的负向影响；非沉淀性冗余资源与社会网络的一次交乘项（unabsorb * degree）为正而二次交乘项系数（unabsorb^2 * degree）显著为负，说明社会网络在强化了非沉淀性冗余资源与创业导向的正向关系也强化了其负向关系，前文假设 H6a 成立；而沉淀性冗余资源与社会网络的一次交乘项为正（absorb * degree）且二次交乘项系数（absorb^2 * degree）显著为正，说明社会网络强化了沉淀性冗余资源与创业导向的正向关系同时也弱化了其负向关系，前文假设 H6b 成立。

（二）稳健性检验

同样，在研究中为了保证关于独立董事社会网络所具有的调节效应回归结果的稳健性，本书在上述实证检验的基础上采用关键指标替换的方法，具体选用"速动比率"指标作为非沉淀性冗余资源的代理变量,用"管理费用/营业收入"指标作为沉淀性冗余资源的代理变量,引入样本企业独立董事的社会网络"中介中心度"(between)指标作为调节变量的替换变量进行非线性多元回归分析,回归结果与表6-1基本一致,说明数据结果的稳健性程度较好。

具体稳健性检验结果如表6-2所示:

表6-2 稳健性检验

模型	M6	M7	M8	M9	M10
constant	−0.067 *** (0.014)	−0.068 *** (0.013)	−1.003 (0.924)	−1.274 *** (0.579)	−1.115 *** (0.581)
asset	0.003 *** (0.001)	0.003 *** (0.001)	1.091 *** (0.315)	1.261 *** (0.285)	1.292 *** (0.283)
intangible	0.016 (0.010)	−0.010 (0.009)	1.944 *** (0.985)	1.137 *** (1.573)	1.023 *** (1.550)
ROA	−0.011 ** (0.005)	−0.001 (0.004)	−2.253 *** (1.631)	−2.246 *** (1.252)	−2.211 *** (1.242)
LEVER	−0.000 (0.003)	−0.016 *** (0.003)	−1.727 *** (0.296)	−1.657 (1.432)	−1.521 (1.431)
OUT	−0.092 (0.277)	−0.268 (0.274)	−3.267 (3.017)	−2.630 (2.719)	−2.965 (2.707)
TobinQ	−0.000 (0.000)	0.000 (0.000)	0.335 *** (0.081)	0.327 *** (0.072)	0.310 *** (0.072)
GDP	0.634 (0.470)	0.584 (0.464)	−1.136 (0.151)	1.441 (0.618)	1.692 (0.602)
unabsorb	0.002 *** (0.000)	0.002 *** (0.000)		0.491 *** (0.049)	0.355 *** (0.076)
absorb	0.046 *** (0.003)	0.126 *** (0.006)		0.432 *** (0.043)	0.446 *** (0.060)
$unabsorb^2$		−0.000 *** (0.000)		−0.001 * (0.001)	−0.004 * (0.002)
$absorb^2$		−0.038 *** (0.002)		−0.005 *** (0.001)	−0.007 *** (0.001)

续表

模型	M6	M7	M8	M9	M10
degree			0.165* (0.096)	0.179** (0.085)	−0.124 (0.182)
unabsorb * between					0.105** (0.046)
absorb * between					0.021 (0.025)
$unabsorb^2$ * between					−0.004** (0.002)
$absorb^2$ * between					0.001** (0.001)
Industry	YES	YES	YES	YES	YES
Year	YES	YES	YES	YES	YES
F 值	30.01	57.34	24.35	41.69	36.84
R-squared	0.2385	0.3935	0.2367	0.3935	0.4029
N	2325	2325	2325	2325	2325

注：***、**、*分别表示在1%、5%、10%水平上显著。

四、本章小结

本章首先在对我国经济制度转型情境下以独立董事社会网络为表征的非正式制度情境所具有的调节效应进行理论逻辑推理与假设提出，即分别阐述了创业企业通过独立董事关系架构而成的社会网络对非沉淀性冗余资源与创业导向、沉淀性冗余资源与创业导向分别所具有的差异化调节机制，并提出了相应研究假设。其次，进一步进行了调节效应的实证检验分析，对调节变量"独立董事社会网络"进行数据测度，通过明确社会网络联结的定义，经手工翻阅查看样本企业五年间全部独立董事的背景资料，构建了研究样本之间的独立董事社会网络，并分别计算了网络程度中心度、中介中心度等指标。再次，建立社会网络调节效应模型进行实证分析，分别验证了社会网络所具有的非正式制度在强化非沉淀性冗余资源和创业导向正向关系的同时也强化了二者间的负向关系，在强化了沉淀性冗余资源和创业导向正向关系的同时也弱化了二者间的负向关系。最后，进一步通过稳健性检验，增强了前述调节效应实证结果的可靠性。

第七章　转型情境：正式制度与非正式制度的动态效应

　　经济制度转型是一个涉及正式制度和非正式制度不同体系的有机组合，诺斯在其著作《制度、制度变迁与经济绩效》中指出，"正式制度可能在一夜之间发生改变，但非正式制度的改变却是缓慢进行的，并且正式制度与非正式制度二者相互作用"。如前文所述，创业企业的战略决策体现了制度环境所蕴藏的机会或局限，从制度变迁理论的视角出发，二元性并存的经济制度转型情境具有动态调整特征，对于市场规律、组织行为及实施过程均具有显著影响，一方面，公平高效的市场经济发展离不开完善的要素市场化配置机制，所有权是社会交换的根本基础，政府通过正式制度规则对所有权结构及其运行效率进行规范；另一方面，社会习俗、意识形态等能够通过非正式制度提供一种道德规则或普遍信念，通过某种开放式或隐性协议强化组织合法性、提高资源配置效率，节约交易及监督成本。由此可见，在我国经济制度转型发展的特殊情境下，知识产权保护的正式制度规则与社会网络的非正式制度规则二者相互交织动态演化，共同对企业资源配置与创新行为产生直接影响，对转型情境的适应性分析与规律性把握成为创业企业创新战略有效性的重要保障。进而言之，基于当前我国经济制度转型发展的特殊情境下，由政府层面主导的正式制度仍处于渐进式持续完善过程中，知识产权保护等政府职能尚未能有效充分发挥，市场正规化及透明度还有待健全；与此同时，以组织层面的社会关系网络为核心的非正式制度成为后发企业获取外部资源、降低交易费用的无法忽视的重要选择。因此，中国市场经济转型发展的特殊性决定了政府资源配置和社会关系网络调节两种机制具有鲜明的交互性动态特征，即不仅能够通过公开透明的正式法律制度进行强制性规范，也无法忽视较为隐蔽的社会网络关系对社会主体之间经济互动关系的作用（李胜兰和何朝丹，2007）。因此，我国经济制度转型情境可以从正式制度和非正式制度的相互作用中得到有效解释。基于此，本书通过对知识产权保护与社会网络两种制度规则相互关系的研究，进一步揭示经济制度转型情境对创业企业资源配置与创业导向的调节效应。

一、制度转型的协同互补与平衡契合效应

基于系统论中的协同理论，任何生态系统都包含着各式各样相互勾稽的子系统，而子系统之间通过相互协作，产生比单独个体影响更大的作用效果即表现出了协同效应（陈晨等，2022）。创业企业作为驱动创新的主体，进行资源配置或战略选择是外部制度环境与内部要素相互作用的结果，因而制度的动态叠加与相互协同必然影响市场主体的战略选择与行为活动，由此可见，制度理论对于解释转型背景下创业企业的创新战略至关重要。基于前文所述，尽管正式制度下的知识产权保护与非正式制度下的社会网络各自分别对创业企业的资源配置与战略导向具有外部影响，但在经济制度转型情境下，两者之间理应产生相互作用的动态协同效应，即一方面，知识产权保护是创业企业提高冗余资源优化配置、促进创业导向形成的关键基础性市场制度保障，而另一方面，基于社会网络所形成的非正式制度为资源提供了更多的市场机会以及获取渠道。因此，对于创业企业而言，在知识产权保护的正式制度规范下能够有效促进企业竞争公平性、提升资源配置效率，同时通过社会网络的非正式制度能够进一步挖掘外部关系的潜在价值、拓宽资源编配范围，降低市场交易"摩擦"成本。即二者之间的协同效应不仅存在协同互补机制，同时也具有平衡契合机制，其中，"协同互补效应"侧重于强调两种要素相互之间协同性互补，即某要素不仅能够发挥自身价值并且能够提高另一要素的边际价值，即正式制度下的知识产权保护与非正式制度下的社会网络二者之间具有相互补充相互促进的协同关系；而"平衡契合效应"并非强调实现对称性平衡，而是在二者之间

追求杠杆（leveraging）性平衡契合，即创业企业在创新发展过程中兼顾正式制度与非正式制度的作用，以促进战略平衡的实现。

（一）制度转型的协同互补效应

正式市场制度有效性一定程度反映了资本等要素在市场中的自由流动程度，知识产权保护的重要性就在于有利于提升知识要素市场的正规化及透明度，提高知识等核心要素经济交易的效率与效果；但值得注意的是，社会网络作为一项非正式社会性制度安排，同样内嵌于整体性制度框架之中，企业通过社会关系网络获取资源的便利性及多样化程度必然与正式制度规则密切相关，特别是当专利保护等正式制度还没有在实际上形成十分有效的创新激励机制，以社会关系为准绳的非正式制度对降低经济行为成本、应对不确定性风险、维持交易秩序等方面起着重要的补充作用。McMillan 等（2002）研究指出，当产权保护等正式制度不够完善时，企业由于外部融资成本的增加而更加倾向于通过社会网络或社会资本组建企业集团。基于前文分析，企业创业发展离不开资源的有效保障，创业导向需要冗余资源为基础，当前我国知识产权保护等正式制度不够完善，各地区知识产权保护水平差异较大，如在整体保护水平较高的地区，企业可以通过自身研发投入获取预期的创新回报或收益，进而提高组织创新动力，促进创新资源的再投入，如此形成良性的创新循环，社会网络关系更多是起到"锦上添花"的作用。而在知识产权保护水平较低的地区，却可能难以获得足够的创新预期，即产生知识产权保护对组织创新的"负效应"，创业企业依靠正式市场难以获得资源支持，转而寻求以寻租或建立社会网络等非正式制度降低沟通成本、节约交易成本、解决资源约束困境，应对较高的创新不确定性风险，即通过"网络关联"的形式或渠道有效缓解信息不对称程度及可能存在的机会主义行为，社会网络等非正式制度显示出了"雪中送炭"的作用。在此基础上，随着我国市场化与法治化程度不断增强，作为"创新之法"的知识产权保护正在以越来越快的速度逐渐归位，对以创新为核心竞争力的创业企业影响力不断提高，显著提升了要素市场流动性，使创新资源能够更多地通过知识产权保护制度框架由市场进行分配，后发企业获取流动性资源的便利性及竞争公平性明显提高，对社会网络等非正式制度框架下的资源获取渠道形成了更加有效的互补机制。

另外，组织合法性缺失会对创新收益产生影响，因此无论对于正式制度下的知识产权保护，还是对于非正式制度下的社会关系网络，前者通过契约制度后者通过声誉传播等方式均能够有效塑造并提升组织合法性帮助企业更加有效地搜寻和利用外部资源，即对外部资源获取发挥"虹吸效应"；并且企业研发创新活动能够向外传递积极信号，进一步有效强化创业企业的声誉认可度及组织合法性，因而对冗余资源和创业导向二者关系形成相互弥补的交互效应。此外，不断完善的知识产权保护制度体系能够有效促进知识产权交易市场的健全以及相关专业化中介组织机构的快速发展，不仅能够有效降低交易及监督成本，而且能够通过知识产权质押等方式有效拓宽契约融资渠道，缓解创新所面临的不确定性风险。基于上述分析可以看出，经济制度转型情境下，知识产权保护的正式制度与社会网络的非正式制度二者能够发挥协同互补效应（见图7-1）。基于此，本书提出研究假设：

H7a：转型情境下，知识产权保护与社会网络对创业企业冗余资源与创业导向二者关系具有协同互补效应。

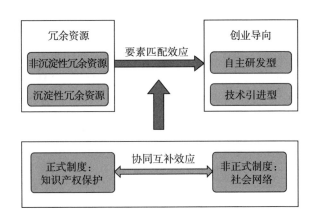

图7-1 协同互补效应

（二）制度转型的平衡契合效应

尽管知识产权保护与社会网络两种具有内在差异性的制度要素相互作用并能够产生协同效应，但企业战略发展若顾此失彼则难以充分发挥二者之间的互补机制，因此，创业企业创新战略的有效性应进一步关注正式制度与非正式制度之间所具有的平衡契合效应（Fit as Matching）。具体来讲，经济社会学认为，企业日常经营管理都是处于一定的社会场域之中，并受到场域内隐性及显性制度的规范与约束。一方面，尽管正式产权保护制度能够基于立法促进正式契约形成，但对市场后发者的创业企业而言，完全通过正式制度的法律机制往往需要承担更高的成本，例如专利的申请、注册、咨询和诉讼等活动都需要负担高昂的交易成本及时间成本，容易导致创业企业陷入创新窘境之中，在此情况下，创业企业不能完全忽视非正式制度规则下基于社会网络所发挥的隐性担保作用，如在进行技术引进等创新战略选择时可以基于社会关系网络寻求更加可靠稳定的交易对象或方式，降低交易费用和监督成本，进而将更多的资源高效配置于自主研发或技术引进等创新战略活动中。另一方面，尽管社会网络等非正式制度的存在增强了资源在创业企业之间进行共享传播，但过度关注于非正式制度亦可能导致创业企业对于法治精神的忽视甚至缺失，诱发企业寻租等不规范行为，诱致其将更多的资源用于拓展社会关系等非创新性投资活动中，进而造成关键要素资源的错配。特别是随着我国市场重心不断向创业企业倾斜，正式制度性支持政策不断出台能够极大促进企业资源的可获得性，优化创业创新活动的市场融资环境及资源配置效率，通过资源的"集约效应"更加有助于激励创业企业进行研发测试、产品创新等市场化推广行为，有效提升企业在正规要素市场中的核心竞争力，尤其是知识产权保护制度能够同时具有"事前威慑"及"事后惩罚"的双向治理机制，更为企业创新创业行为提供了直接性正式制度保证（阳镇等，2021），对创业企业冗余资源与创业导向的相互关系产生影响。基于上述分析可以看出，经济制度转型情境下，知识产权保护的正式制度与社会网络的非正式制度二者在协同互补效应的基础上还具有平衡契合效应，对于创业企业创新发展具有重要意义（见图7-2）。基于此，本书提出研究假设：

H7b：转型情境下，知识产权保护与社会网络对创业企业冗余资源与创业导向二者关系具有平衡契合效应。

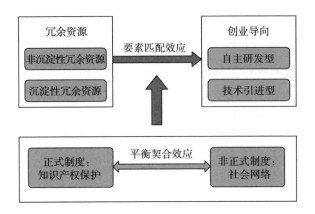

图 7-2　平衡契合效应

二、模型设定与实证分析

（一）模型设定

基于前文所述，本书拟以创业企业冗余资源和创业导向所形成的要素匹配效应为基础，并进一步采用以下多元回归方程模型对知识产权保护与社会网络二者可能具有的协同效应进行实证分析检验，具体相关回归模型设计如下：

$$Y_{it} = \beta_0 + \beta_1 X_{it} + \beta_2 X_{it}^2 + \beta_3 M_{ijt} + \beta_4 N_{ijt} + \beta_5 M_{ijt} N_{ijt} + \beta_6 X_{it} M_{ijt} N_{ijt} + \beta_7 X_{it}^2 M_{ijt} N_{ijt} +$$
$$\beta_8 Control_{it} + \beta_9 Year_{fixed} + \beta_{10} Industry_{fixed} + \varepsilon$$

$$Y_{it} = \beta_0 + \beta_1 X_{it} + \beta_2 X_{it}^2 + \beta_3 M_{ijt} + \beta_4 N_{ijt} + \beta_5 (\mid M_{ijt} - N_{ijt} \mid) + \beta_6 X_{it} (\mid M_{ijt} - N_{ijt} \mid) +$$
$$\beta_7 X_{it}^2 (\mid M_{ijt} - N_{ijt} \mid) + \beta_8 Control_{it} + \beta_9 Year_{fixed} + \beta_{10} Industry_{fixed} + \varepsilon$$

本书采用面板数据分层回归方法，同时控制了年份及行业的固定效应。其中，被解释变量 Y_{it} 为企业的创业导向，基于前文关于创业导向的分组，分别选取"自主研发型创业导向"和"技术引进型创业导向"作为回归模型的因变量；核心解释变量 X_{it} 表示 i 企业第 t 年的冗余资源，分别包括非沉淀性冗余资源和沉淀性冗余资源，为检验相关变量之间是否具有非线性相关性，本书进一步加

入了各自变量的二次项 X_{it}^2；调节变量 M_{ijt}、N_{ijt} 分别为制度环境要素知识产权保护与社会网络，并通过自变量与调节变量二者的交互项以验证知识产权保护的调节效应；在此基础上，采用两个调节变量的交互乘积项 $M_{ijt} * N_{ijt}$ 对其协同互补效应进行验证，采用两个调节变量的差额绝对值（$|M_{ijt}-N_{ijt}|$）对其平衡契合效应进行验证；选取控制变量的具体定义前文已述。

（二）实证检验

本书基于前文已建立的数据模型，经过 Hausman 检验选取 OLS 混合回归估计方法，采用 STATA 15.0 统计软件对知识产权保护与社会网络二者的协同效应进行多元回归分析。具体如前文关于创业导向的研究，按照"创业导向"的不同类型进行分组回归分析，具体划分为"自主研发型创业导向"和"技术引进型创业导向"两个组别，自变量分别为非沉淀性冗余资源和沉淀性冗余资源，并分别引入二者的二次项系数进行"倒 U"形检验，检验过程中同时控制了年份及行业效应。回归结果如表 7-1 所示。

表 7-1　多元回归分析

模型	EO_RD（自主研发型创业导向）				EO_II（技术引进型创业导向）			
	M1	M2	M3	M4	M5	M6	M7	M8
constant	−1.389***	−1.286***	−1.366***	1.238***	−0.866***	−0.948***	−0.886***	−0.911***
	(0.262)	(0.259)	(0.263)	(0.264)	(0.245)	(0.243)	(0.245)	(0.245)
asset	0.753***	0.771***	0.753***	0.727***	0.074***	0.079***	0.075***	0.075***
	(0.206)	(0.203)	(0.206)	(0.205)	(0.019)	(0.019)	(0.019)	(0.019)
intangible	1.123***	1.190***	1.107***	1.070***	1.016***	1.069***	1.026***	1.007***
	(0.286)	(0.281)	(0.286)	(0.284)	(0.267)	(0.263)	(0.267)	(0.264)
ROA	0.749***	0.667**	0.746***	0.777***	−0.005	0.013	−0.007	0.020
	(0.272)	(0.268)	(0.272)	(0.271)	(0.254)	(0.251)	(0.254)	(0.252)
LEVER	1.099	1.920	1.171	1.686	−0.025	0.068**	−0.027	0.036
	(0.148)	(1.197)	(1.148)	(1.153)	(0.107)	(0.112)	(0.107)	(0.107)
OUT	−1.554	−1.788	−1.506***	−2.127	−0.016	−0.026	−0.017	−0.036
	(2.145)	(2.110)	(2.721)	(2.139)	(0.201)	(0.197)	(0.201)	(0.199)
TobinQ	−0.006	−0.007	−0.009	−0.018	0.004	0.004	0.004	0.004
	(0.052)	(0.051)	(0.052)	(0.052)	(0.005)	(0.005)	(0.005)	(0.005)

续表

模型	EO_RD（自主研发型创业导向）				EO_II（技术引进型创业导向）			
	M1	M2	M3	M4	M5	M6	M7	M8
GDP	2.521 (2.846)	2.434 (2.820)	2.662 (2.850)	2.710 (2.840)	0.555** (0.266)	0.562** (0.264)	0.554** (0.266)	0.554** (0.264)
unabsorb	0.233*** (0.037)	0.324*** (0.003)	0.235*** (0.037)	0.320*** (0.076)	0.013*** (0.003)	0.025*** (0.008)	0.013*** (0.003)	0.021*** (0.007)
absorb	0.657*** (0.176)	0.546*** (0.233)	0.657*** (0.176)	0.573*** (0.251)	0.735*** (0.164)	0.577*** (0.218)	0.736*** (0.164)	0.614*** (0.234)
$unabsorb^2$	−0.001*** (0.000)	−0.004 (0.003)	−0.001*** (0.000)	−0.044** (0.002)	−0.000** (0.000)	−0.001*** (0.000)	−0.000** (0.000)	−0.001*** (0.000)
$absorb^2$	−0.218*** (0.738)	−0.176*** (0.939)	−0.218*** (0.739)	−0.188*** (0.976)	0.687*** (0.069)	0.889*** (0.879)	0.686*** (0.069)	0.859*** (0.907)
ipr	0.816*** (0.208)	0.587*** (0.208)	0.515*** (0.150)	0.526*** (0.149)	−0.023 (0.019)	−0.025 (0.019)	−0.003 (0.014)	0.001 (0.014)
degree	0.314** (0.126)	0.227** (0.125)	0.049 (0.127)	−0.006 (0.127)	−0.013 (0.012)	−0.014 (0.012)	0.007 (0.012)	0.004 (0.012)
ipr * degree	0.120* (0.117)	0.851*** (0.169)			0.012 (0.011)	0.016* (0.016)		
ABS |ipr−degree|			0.117 (0.150)	−0.491** (0.230)			−0.012 (0.014)	−0.039** (0.021)
unabsorb * ipr * degree		−0.022 (0.021)		−0.045 (0.034)		−0.000 (0.002)		−0.003 (0.003)
absorb * ipr * degree		0.637*** (0.089)		0.609*** (0.134)		0.198*** (0.083)		0.302** (0.124)
$unabsorb^2$ * ipr * degree		0.001 (0.001)		0.002 (0.001)		0.000** (0.000)		0.000** (0.000)
$absorb^2$ * ipr * degree		−0.301*** (0.054)		−0.265*** (0.086)		−0.246*** (0.050)		−0.418*** (0.080)
Industry	YES	YES	YES	YES	YES	YES	YES	YES
Year	YES	YES	YES	YES	YES	YES	YES	YES
F 值	63.49	63.49	63.07	53.81	61.21	52.11	61.16	51.01
R-squared	0.5046	0.5040	0.5040	0.5101	0.3640	0.3858	0.3639	0.3808
N	760	760	760	760	1565	1565	1565	1565

注：***、**、*分别表示在1%、5%、10%水平上显著。

如表7-1所示，模型 M1 至模型 M4 是因变量为自主研发型导向的回归结果，模型 M5 至模型 M8 为有技术引进型导向组别的回归结果。可以看出，在模型 M1 中，两个调节变量知识产权保护与社会网络的交互乘积 ipr * degree 显著为正（r=0.120，P<0.1）；模型 M2 进一步引入调节变量交乘项及其与自变量一次项和二次项的乘积，可以看出该系数显著为正（r=0.851，P<0.01），并且对与沉淀性冗余资源的"倒 U"形关系具有弱化作用，而对于沉淀性冗余资源与因变量的"倒 U"形关系具有增强作用。表明经济制度转型情境下，知识产权保护与社会网络二者对"冗余资源与自主研发型创业导向"具有协同互补效应。另对模型 M3 和模型 M4，引入两个调节变量的差额绝对值项（│ipr-degree│）以验证知识产权保护与社会网络的平衡契合效应，模型 M4 中的差额绝对值系数在 0.05 水平上显著为负，并且对于冗余资源与创业导向的"倒 U"形关系均具有显著影响，说明知识产权保护和社会网络二者对于创业企业冗余资源与自主研发型创业导向具有平衡契合机制。类似的，模型 M5 至模型 M8 是因变量为技术引进型创业导向的回归结果，在模型 M6 中，两个调节变量知识产权保护与社会网络的交互乘积 ipr * degree 在 0.1 水平上显著为正，表明对于冗余资源与技术引进型创业导向，知识产权保护与社会网络同样具有协同互补效应，并且对于二者的"倒 U"形关系均具有显著影响；模型 M7 和模型 M8 则是对于知识产权保护与社会网络的平衡契合效应进行验证，可以看出，模型 M8 中二者的差额绝对值项（│ipr-degree│）显著为负（r=-0.039，P<0.05），即验证了知识产权保护与社会网络二者对"冗余资源与技术引进型创业导向"具有平衡契合效应。通过以上分析，验证了前文研究假设 H7a 和假设 H7b。即在经济制度转型情境下，正式制度的知识产权保护与非正式制度的社会网络相互之间具有协同效应，对创业企业冗余资源与创业导向二者关系不仅具有协同互补效应，而且具有平衡契合效应。

三、本章小结

本章基于协同理论，通过对经济制度转型情境所具有的不同制度动态交互性特征进行分析，进一步基于制度二元理论的理论推演，把握正式制度下的知识产权保护与非正式制度下的社会网络二者对于企业资源配置与战略导向的作用机理。在此基础上，利用制度变迁理论分析并阐释了知识产权保护与社会网络的动态交互性特征，从组织战略权衡视角揭示了两种制度要素之间不仅具有协同互补效应，同时产生平衡契合效应，影响创业企业的战略发展，并由此提出了相应研究假设。通过进一步对调节变量相互之间及其与关键要素分别进行的交互效应检验，验证了在经济制度转型情境下，知识产权保护与社会网络相互之间对创业企业的冗余资源与创业导向作用关系不仅具有协同互补效应，也具有平衡契合效应，从而为我国经济制度深化转型的外部情境研究与组织战略管理研究相互融合提供了理论与实证支撑。

第八章　研究结论、启示与展望

一、研究结论

随着我国市场经济的快速发展与创新升级，经济制度深化转型时期的动态环境加剧了企业之间的相互竞争，创新发展成为创业企业唯一的竞争之道，"小而弱"的天性如何能够突破成长瓶颈无疑是创业企业管理者亟待解决的关键问题。将资源价值的创造本源回归到企业内部，通过挖掘既有冗余资源，优化资源配置效率，并进一步增强对创业导向的使能培育成为企业创新发展切实可行的战略安排。由此，本书以创业企业的战略研究为出发点，通过组织认知与管理认知的匹配效应，明确了关于创业企业转型情境化的研究范畴，即首先以资源基础观为逻辑起点，将组织内部冗余资源分为非沉淀性冗余资源和沉淀性冗余资源两大类；其次，通过明晰企业动态能力观的使能作用，分析了创业导向所具有对资源配置的中介效应，揭示了关于创业企业"冗余资源—创业导向—创新绩效"构建而成的资源价值转换机制的内在成长机理；最后，考虑到企业的内部成长机制必然受到外部活动的影响，结合我国制度深入转型时期的阶段特征，同时引入以知识产权为表征的正式性市场制度与以社会网络为表征的非正式社会性制度作为制度要素，不仅完善了组织成长路径的全面性，而且提高了理论研究的现实性。在此基础上，经过多元逐层回归分析以及分组回归分析的实证检验，本书得出以下主要结论：

一是在组织自身资源禀赋下，以"资源—绩效"为研究范式，发现了创业企业内部非沉淀性冗余资源、沉淀性冗余资源对创新绩效均具有先升后降的"倒 U"形影响。该研究结果说明，一方面，"新生弱性"的创业企业在外部资源约束下，必须将企业成长的驱动要素回归于对组织内部资源的挖掘，其在满足正常经营之余累积的冗余资源是创新发展获得可持续竞争优势的关键，并且不同类型的冗余资源对创新发展的作用机理也不尽相同；另一方面，冗余资源自身也具有门槛效应，随着组织冗余资源积累超过阈值，企业会逐渐出现低效率甚至无效率的创新活动停滞现象。因此，创业企业需要认真审视自身资源要素禀赋，既不能无视冗余资源的价值，又不能过度追求资源的积累，只有充分发挥资源积累的真正价值，才能为企业创新发展提供更加高效的内部资源支持。

二是在引入管理者认知要素下，首先，基于"资源—能力"的视角，研究发现创业企业内部非沉淀性冗余资源、沉淀性冗余资源均对创业导向具有先升后降的"倒 U"形影响，并且管理者创业导向所体现的主观能动性，有助于提高企业创新绩效。由此明确了这两类冗余资源通过创业导向中介作用增强了"资源—绩效"的"倒 U"形效果。其次，通过心智模型对创业导向进行更加细致的分类，构建了"非沉淀性冗余资源—自主研发型创业导向—创新绩效"与"沉淀性冗余资源—技术引进型创业导向—创新绩效"两大理论路径，在一定程度上有效解释了冗余资源对战略绩效影响机制的"理论黑箱"。该研究结果说明，创业企业冗余资源的增加能够通过激发企业的创业导向，促进资源向创新地转化，创业导向在其中发挥了关键性的路径作用，并且不同类型的冗余资源能够通过差异化的创业导向对创新绩效发挥作用；但同样冗余资源的门槛效应可能导致企业管理者出现创业惰性等负面现象，最终影响创新绩效。尤其对于创业企业，创新发展是企业的必经之路，创业导向的重要性显得更加突出，只有通过与内部资源相匹配的创业导向战略选择，才能促进企业不断强化创新发展。

三是以经济制度转型情境为背景，通过知识产权保护与社会网络的外部调节变量丰富了冗余资源与企业创新互动的关系研究。作为正式制度的知识产权保护对冗余资源与创业导向二者关系具有调节效应。其中，知识产权保护制度削弱了非沉淀性冗余资源和创业导向之间的"倒 U"形关系，同时也加剧了沉淀性冗余资源和创业导向二者之间的"倒 U"形关系。由此可见，知识产权保护制度对创业企业以不同形式沉淀的内部资源向创业行为的转化过程具有不同的正负外部效应。企业在积极发挥正式制度所产生"激励效应"的同时，必须谨慎其可能带来的"挤出效应"。而作为非正式制度的社会网络关系对冗余资源与创业导向二者关系同样具有调节效应，其中，社会网络在强化了非沉淀性冗余资源和创业导向正向关系的同时也强化了二者的负向关系；而在强化了沉淀性冗余资源和创业导向正向关系的同时对二者之间的负向关系产生了弱化。可见，嵌入外部制度环境中的创业企业不能忽视外部社会情境对"资源—绩效"的差异化效果。

二、研究启示与创新之处

（一）研究启示

随着中国经济制度转型发展不断迈向深入，创业企业愈发成为了不容忽视的重要组织形态，然而，"小而弱"的创业企业成长发展过程往往面临着"创新悖论"，即一方面必须依靠创新发展构建可持续性竞争优势，另一方面却又面临着较为严重的外部资源约束的现实情况；同时，转型制度下环境不确定性又使得外部风险更加明显。基于此，本书同时基于组织创新成长的内外部视角，通过资源基础理论、动态能力理论、创新理论与制度理论等相互结合，构建了一个系统化、整体化的研究范式，探讨了在经济制度转型的现实背景下，创业企业"资源—能力—绩效"的关键内在路径机理，以及外部制度要素的作用机制，对创业企业缓解资源约束及应对环境变化提供了管理实践的参考借鉴。

首先，通过对创业企业内部冗余资源与创业导向的深入分析，揭示了内源性创新驱动的演化过程，并结合冗余资源对创业导向和创新绩效的分析结果，使企业内部冗余资源的管理战略更加贴合实际，不仅有助于创业企业内部冗余资源的合理开发及优化配置，也能够缓解创业企业面临的外部资源约束，对指导创业企业通过优化资源配置、提高主观能动性进而构建持续性竞争优势、推动创新发展的管理实践具有实践意义。

其次，创业企业创新发展的过程既要合理利用资源，又要突破冗余资源的藩篱，准确把握关键要素规律。本书通过对资源、能力要素特征的深入剖析，并基于资源与能力两大要素的相互匹配机制，明确了创业企业创新发展的路径并非单一的，需要管理者根据组织内部冗余资源禀赋匹配不同类型的创业导向，客观定位自主研发或引进模仿两大创新战略选择，并通过互补整合机制促进要素之间的良性互动，寻求更加合理的创新路径模式；同时要注重加强与外部环境的互动关系，"内外兼修"促进企业创新发展。

最后，现实经济活动对于企业资源配置均为"双重调节"，既不存在单一的非正式制度调节，也没有单一的正式制度调节。因此，本书探究创业企业冗余资源对创业导向的驱动机制，需要将正式制度及非正式制度二者视为矛盾统一体。在重视发挥正式制度的积极引导作用的同时，也要依靠非正式制度对资源配置的关键导向作用，充分发挥和完善市场机制的作用。通过两种不同机制"双管齐下"的共同作用，不仅能够抑制可能出现的"政策性调节失灵"，还能够有效纠正潜在的"市场调节失灵"，对指导创业企业创新发展具有实践意义。

（二）创新之处

本书以我国经济制度深入转型时期为研究背景，以创业企业为研究对象，通过对创业企业成长的内部驱动与外部调节两条路径进行动态整合，不仅从企业微观视角厘清创业企业内部冗余资源、创业导向与创新绩效的内涵及构成，而且结合宏观制度视角，以知识产权保护、社会网络分别作为正式制度、非正式制度的权变因素，在一定程度上提升以创业企业为研究对象的组织"资源—能力—绩效"研究范式的系统性及严谨性，为创业企业创新发展提供参考和方向。具体而言，本书具有以下主要创新之处：

首先，既有多数研究往往忽略了情境因素的边界限制，或者主要侧重于某一特定情境对冗余资源的作用进行研究，如对组织内部情境或外部产业环境等单一情境的关注，尤其是关于冗余资源的研究方面，往往关注于国有企业或大中型企业的研究，而忽略了对创业企业冗余资源的探究，实际上在转型时期创业企业具备了冗余资源的存在可能。因此，对于本书的研究对象——创业企业，我们深入探究了其本质特性，通过对制度转型情境进行剖析，明确了创业企业内部冗余资源存在的现实可能，提出了将创业企业作为冗余资源研究的主体，并进一步创新性地将创业企业内外部情境进行整合，以企业组织情境、管理者认知情境、社会制度情境相互结合，探究了一个较为完整的创业企业创新发展研究模式，为创业企业的持续性成长提供了重要的理论视角。

其次，不同于既有大多文献对企业创新战略较为笼统的研究，本书更加辩证地对创业企业内部冗余资源与创业导向不同的结构特征及作用价值进行分析，并以此明晰了组织内部"资源"和"能力"两大可识别要素共同形成的组织行为过程的有规律可循的主张，明确了创业企业内部成长的规律性。并以此为基础，进一步通过对不同要素特征下资源能力的匹配效应，以及资源价值转换的差异化机理进行剖析，明晰了创业企业冗余资源向创新绩效转换的非线性作用效果与形成机制，创新性地构建了"非沉淀性冗余资源—自主研发型创业导向—创新绩效"与"沉淀性冗余资源—技术引进型创业导向—创新绩效"两大内部成长路径，增加了对组织战略管理"资源—能力—绩效"整合观的理解，更有助于打开资源与创新关系的理论黑箱，为创业企业"自主研发"与"技术引进"的差异化创新路径选择提供了理论参考。

再次，现有关于组织战略管理的相关研究较少同时基于企业内部价值创造过程与外部动态环境之间的战略关系进行系统分析，难以充分揭示企业创新发展的要素关系与行为特征。因此，本书针对我国经济制度转型的特定情境特征，分别通过对正式制度与非正式制度环境对创业企业创新影响的深入剖析，基于制度二元性的外部调节路径视角，分别明晰了知识产权保护的正式社会性制度，以及社会网络的非正式市场性制度分别对组织内部"资源—能力"关系所具有的差异化调节机制，由此将组织内部战略管理研究向外拓展至制度观视角下的战略动态路径管理模式，为创业企业的创新发展的战略体系构建提供了更加系统且全面的视角。

最后，在经济制度转型情境下，正式制度与非正式制度相互之间的战略平衡演进特征值得深入分析，但既有关于制度环境的研究大多基于单一制度环境，较少考虑制度二元性的动态特征。由此，本书进一步引入知识产权保护正式制度与社会网络非正式制度进行动态交互效应分析，通过协同互补效应及平衡契合效应，揭示了经济制度转型情境下两种制度环境所具有的战略协同效应。不仅对创业企业战略管理的内部动态路径及外部制度要素的整合具有一定程度的理论贡献，而且通过强化一个关于我国经济制度转型情境下影响创业企业创新发展的逻辑推演，为优化创新创业生态环境，突破创业企业发展瓶颈，强化创新政策供给提供理论依据；进而有助于充分释放创业企业发展潜能，更加有效地推进我国"大众创业、万众创新"战略实施。

三、研究局限与未来展望

本书通过"特征识别—现状梳理—理论推演—实证研究—政策建议"的规范化技术路线，以资源基础理论、动态能力理论、创新理论、制度理论、社会网络理论等为基础，构建了创业企业创新发展的内源性中介机制模型和外源性制度调节模型。在此基础上，利用统计软件对理论模型和研究假设逐一进行实证检验，获得一些具有理论和实际意义的研究结论，实现了预期的研究目标。但从文章整体的研究过程来看，受制于研究的篇幅、时间及笔者自身水平等条件限制，本书仍存在着一些缺陷和不足之处，尚有许多问题未能给予充分阐释，对部分关键问题未能进行充分考虑，研究方案的设计存在一些局限性，需要在后续相关的研究中进一步完善并不断拓展深化。

第一，关于创业企业的确定，本书基于企业生命周期相关理论视角，将创业企业的成长发展分为初创阶段与快速成长阶段，而对处于不同阶段的创业企业而言，组织内部的冗余资源累积状况和作用效果，以及创业者的创业导向决策倾向性必然具有显著的内在差异性。而在本书的研究中未能对以上两个阶段进行区分，研究结论可能存在一定的笼统性。因此，在未来的研究中，可以针对创业企业两大阶段特征，深入分析各自阶段下资源、能力等关键要素的作用效果，以及"资源—能力—绩效"的路径机制的差异化效果，进一步对创业企业的成长演化规律进行刻画，以期能够为创业企业的战略管理实践提供更有实践意义的理论参考。

第二，本书在对创业企业成长发展路径的外源性调节要素进行分析的过程中，仅仅考虑了制度环境的两大要素。而实际上，企业的成长发展过程必然还受到其他关键外部要素的影响，如环境动态性、产业结构、吸收能力等，因此，在未来的研究中可以从以下两方面进行深入研究：一方面对理论要素进行横向拓宽，即引入其他情境要素对外源性作用机制进行探讨，以拓展外部关键要素的影响视角；另一方面可以进行纵向的理论延伸，比如对创业企业所处产业或行业特征进行分类剖析，以探究不同行业对创业企业产生的异质性影响，从而更加有助于完善冗余资源的价值创造路径，为创业企业的创新发展提供更科学、合理且具有差异化的阐释与论证。

第三，本书对于有关数据变量的分析与测度存在一定局限性。比如，通过财务指标对创业导向进行测度尽管能够避免主观因素干扰，但却可能无法充分体现其先动性、冒险性及风险承担性等不同维度的差异化特征；而以独立董事之间的社会网络关系作为非正式制度的代理变量也无法全面地对企业社会网络嵌入性进行刻画，存在一定片面性等。因此，在未来的研究中可以通过对创业导向的维度特征进行更加细致的刻画反映；另外，可以借鉴网络关系动态演进方法，考虑企业之间可能存在的其他社会关系，即对网络联结的多样性特征进行深入挖掘，从而能够提高实证分析结论的准确性。

参考文献

［1］ Adler P, Kwon S. Social Capital: Prospects for a New Concept ［J］. Academy of Management Review, 2002, 27 (1): 17-40.

［2］ Aggarwal V A, Hsu D H. Entrepreneurial Exits and Innovation ［J］. Management Science, 2013, 60 (4): 867-887.

［3］ Alchian A, Demsetz H. Production, Information Costs, and Economic Organization ［J］. American Economics Review, 1972, 62 (5): 777-795.

［4］ Aldrich H E, Martinez M. Many are Called, but Few are Chosen: An Evolutionary Perspective for the Study of Entrepreneurship ［J］. Entrepreneurship Theory and Practice, 2001, 25 (4): 41-56.

［5］ Alegre J, Chiva R. Linking Entrepreneurial Orientation and Firm Performance: The Role of Organizational Learning Capability and Innovation Performance ［J］. Journal of Small Business Management, 2013, 51 (4): 491-507.

［6］ Allen F, Qian J, Qian M. Law, Finance, and Economic Growth in China ［J］. Journal of Financial Economics, 2005, 77 (1): 57-116.

［7］ Aloulou W, Fayolle A. A Conceptual Approach of Entrepreneurial Orientation within Small Business Context ［J］. Journal of Enterprising Culture, 2005, 13 (1): 21-45.

［8］ Alvarez-Torres F J, Lopez-Torres G C, Schiuma G. Linking Entrepreneurial Orientation to SMEs' Performance ［J］. Management Decision, 2019, 57 (12): 3364-3386.

［9］ Ambrosini V, Bowman C, Collier N. Dynamic Capabilities: An Exploration of How Firms Renew Their Resource Base [J]. British Journal of Management, 2009 (20): 9-24.

[10] Amit R, Schoemaker J H. Strategic Assets and Organizational Rent [J]. Strategic Management Journal, 1993, 14 (1): 33-46.

[11] Anderson B S, Kreiser P M, Kuratko D F. Reconceptualizing Entrepreneurial Orientation [J]. Strategic Management Journal, 2015, 36 (10): 1579-1596.

[12] Anderson N, Potocnik K, Zhou J. Innovation and Creativity in Organizations: A State - of - the - Science Review, Prospective Commentary and Guiding Framework [J]. Journal of Management, 2014, 40 (5): 1297-1333.

[13] Ang S, Cheng Y, Wu C. Does Enforcement of Intellectual Property Rights Matter in China? Evidence from Financing and Investment Choices in the High - Tech Industry [J]. Review of Economics and Statistics, 2014 (96): 332-348.

[14] Anton J, Yao D. The Sale of Ideas Strategic Disclosure Property Rights and Contracting [J]. Review of Economic Studies, 2002 (69): 513-531.

[15] Ardichvli A, Cardozo R, Ray S. A Theory of Entrepreneurial Opportunity Identification and Development [J]. Journal of Business Venturing, 2003, 18 (1): 105-123.

[16] Arthur W B. Increasing Returns and Path Dependency in the Economy [M]. The University of Michigan Press, 1994.

[17] Aspelund A, Berg-Utby T, Skjevdal R. Initial Resources' Influence on New Venture Survival: A Longitudinal Study of New Technology-based Firms [J]. Technovation, 2005 (25): 1137-1347.

[18] Bamford C E, Dean J, Mcdougall P. An Examination of Founding Conditions and Decisions upon the Performance of New Bank Start-ups [J]. Journal of Business Venturing, 2000, 15 (3): 253-277.

[19] Barney J. Firm Resources and Sustained Competitive Advantage [J]. Journal of Management, 1991, 17 (1): 99-120.

[20] Barringer B R, Jones F F, Neubaum D O. A Quantitative Content Analy-

sis of the Characteristics of Rapid Growth Firms and Their Founders ［J］. Journal of Business Venturing, 2005, 20 (5): 663-687.

［21］ Battilana J, Casciaro T. Change Agents, Networks, and Institutions: A Contingency Theory of Organizational Change ［J］. Academy of Management Journal, 2012, 55 (2): 381-398.

［22］ Baum J R, Bird B J, Singh S. The Practical Intelligence of Entrepreneurs: Antecedents and a Link with New Venture Growth ［J］. Personnel Psychology, 2011, 64 (2): 397-425.

［23］ Baum J R, Locke E A. The Relationship of Entrepreneurial Traits, Skill and Motication to Subsequent Venture Growth ［J］. Journal of Applied Psychology, 2004, 89 (4): 587-598.

［24］ Baumol W J, Strom R J. Entrepreneurship and Economic Growth ［J］. Strategic Entrepreneurship Journal, 2007, 1 (3-4): 233-237.

［25］ Ben-Oz C, Greve H R. Shortand Long-term Performance Feedback and Absorptive Capacity ［J］. Journal of Management, 2015, 41 (7): 1827-1853.

［26］ Beverly K B, Robert M M. The Role of Existing Knowledge in New Product Innovativeness and Performance ［J］. Decision Science, 2003, 34 (2): 385-419.

［27］ Bitektine A, Haack P. The "Macro" and the "Micro" of Legitimacy: Toward a Multilevel Theory of the Legitimacy Process ［J］. Academy of Management Review, 2015, 40 (1): 49-75.

［28］ Bourgeois J. On the Measurement of Organizational Slack ［J］. Academy of Management Review, 1981, 6 (1): 29-39.

［29］ Bradley S W, Shepherd D A, Wiklund J. The Importance of Slack for New Organizations Facing "Tough" Environments ［J］. Journal of Management Studies, 2011, 48 (5): 1071-1097.

［30］ Bradley S W, Wiklund J, Shepherd D A. Swinging a Double-edged Sword: The Effect of Slack on Entrepreneurial Management and Growth ［J］. Journal of Business Venturing, 2011, 26 (5): 537-554.

［31］ Brown B, Butler J E. Competitors as Allies: A Study of Entrepreneurial

Strategies in the U. S. Wine Industry [J]. Journal of Small Business Management, 1995, 33 (3): 67-83.

[32] Brush G, Greene G, Hart M, et al. From Initial Idea to Unique Advantage: The Entrepreneurial Challenge of Constructing A Resource Base [J]. The Academy of Management Executive, 2001, 15 (1): 64-80.

[33] Burt R. Structural Holes: The Social Structure of Competition [M]. Cambridge: Harvard University Press, 1992.

[34] Bylund P L, McCaffrey M. A Theory of Entrepreneurship and Institutional Uncertainty [J]. Journal of Business Venturing, 2017, 32 (5): 461-475.

[35] Cai W, Li G. The Drivers of Eco-innovation and Its Impact on Performance: Evidence from China [J]. Journal of Cleaner Production, 2018 (176): 110-118.

[36] Carlos C, Carmen I, Jesús C. Entrepreneurs' Social Capital and the Economic Performance of Small Businesses: The Moderating Role of Competitive Intensity and Entrepreneurs' Experience [J]. Strategic Entrepreneurship Journal, 2017, 11 (1): 61-89.

[37] Cepeda G, Vera D. Dynamic Capabilities and Operational Capabilities: A Knowledge Management Perspective [J]. Journal of Business Research, 2007 (5): 426-437.

[38] Chen C C, Chen X P, Huang S. Chinese Guanxi: An Integrative Review and New Directions for Future Research [J]. Management and Organization Review, 2013, 3 (1): 167-207.

[39] Cheng J C, Kesner I F. Organizational Slack and Response to Environmental Shifts: The Impact of Resource Allocation Patterns [J]. Journal of Management, 1997, 23 (1): 1-18.

[40] Chen W R, Miller K D. Situational and Institutional Determinants of Firms' R&D Search Intensity [J]. Strategic Management Journal, 2007, 28 (4): 369-381.

[41] Chen X, Shao Y. Product Life-cycle, Knowledge Capital, and Comparative Advantage [J]. Review of International Economics, 2020 (106): 239-

249.

［42］ Chesbrough H W. Open Business Models: How to Thrive in the New Innovation landscape ［M］. Boston: Harvard Business Review Press, 2006.

［43］ Chrisman J J, Bauerschmidt A, Hofer C W. The Determinants of New Venture Performance: An Extended Model ［J］. Entrepreneurship Theory and Practice, 1998 (3): 5-29.

［44］ Covin G, Slevin P. A Conceptual Model of Entrepreneurship as Firm Behavior ［J］. Entrepreneurship Theory and Practice, 1991, 16 (1): 7-26.

［45］ Cyert R, March J. A Behavioral Theory of the Firm ［M］. Englewood Cliffs, NJ: Prentice Hall, 1963.

［46］ Damanpour F. Organizational Innovation: A Meta-analysis of Effects of Determinants and Moderators ［J］. Academy of Management Journal, 1991, 34 (3): 555-590.

［47］ Dan M, Scott G. A Reexamination of the Organizational Slack and Innovation Relationship ［J］. Journal of Business Research, 2015, 68 (12): 2683-2690.

［48］ Das T, Teng B. Between Trust and Control: Developing Confidence in Partner Cooperation in Alliances ［J］. Academy of Management Review, 1998, 23 (3): 491-512.

［49］ Deb P, Wiklund J. The Effects of CEO Founder Status and Stock Ownership on Entrepreneurial Orientation in Small Firms ［J］. Journal of Small Business Management, 2017, 55 (1): 32-55.

［50］ Deng F, Smyth H. Contingency-based Approach to Firm Performance in Construction: Critical Review of Empirical Research ［J］. Journal of Construction Engineering and Management, 2013, 139 (10): 401-404.

［51］ Dinopoulos E, Segerstrom P. Intellectual Property Rights, Multinational Firms and Economic Growth ［J］. Journal of Development Economics, 2010, 92 (1): 13-27.

［52］ Donna M, De Carolis, Patrick S. Social Capital, Cognition, and Entrepreneurial Opportunities: A Theoretical Framework ［J］. Entrepreneurship Theory and Practice, 2006, 5 (1): 41-56.

[53] Drucker P F. The Discipline of Innovation [J] . Harvard Business Review, 2002, 80 (8): 95-103.

[54] Edelman L F, Brush C G, Manolova T S. Start－up Motivations and Growth Intentions of Minority Nascent Entrepreneurs [J] . Journal of Small Business Management, 2010, 48 (2): 174-196.

[55] Eisenhardt K M. Dynamic Capabilities: What Are They? [J] . Strategic Management Journal, 2000, 21 (10/11): 1105-1121.

[56] Engelen A, Gupta V, Strenger L, Brettel M. Entrepreneurial Orientation, Firm Performance and the Moderating Role of Transformational Leadership Behaviors [J] . Journal of Management, 2015, 41 (4): 1069-1097.

[57] Estrin S, Aidis R. Institutions and Entrepreneurship Development in Russia: A Comparative Perspective [J] . Journal of Business Venture, 2008, 23 (6): 656-672.

[58] Feldman M P, Audretsch D B. Innovation in Cities, Science-based Diversity, Specialization and Localized Competition [J] . European Economic Review, 1999, 43 (2): 409-429.

[59] Fiol M. Revisiting an Identity-based View of Sustainable Competitive Advantage [J] . Journal of Management, 1991, 27 (3): 691-699.

[60] Freeman L. Centrality in Social Networks: Conceptual Clarification [J]. Social Networks, 1979 (1): 215-239.

[61] Geiger S W, Cashen L H. A Multinational Examination of Slack and Its Impact on Innovation [J] . Journal of Managerial Issues, 2002, 14 (1): 68-84.

[62] Geoffrey D, Sandip B. Optimization or Bricolage? Overcoming Resource Constraints in Global Social Entrepreneurship [J] . Strategic Entrepreneurship Journal, 2013, 7 (1): 26-49.

[63] George G. Slack Resources and the Performance of Privately Held Firms [J] . Academy of Management Journal, 2005, 48 (4): 661-676.

[64] George J A, Helen E S. Entrepreneurial Orientation of SMEs, Product Innovativeness, and Performance [J] . Journal of Business Research, 2007, 60

(5): 566-575.

[65] Ginarte J C, Park W G. Determinants of Patent Rights: A Cross National Study [J]. Research Policy, 1997 (26): 283-301.

[66] Granovetter M. The Strength of Weak Ties [J]. American Journal of Sociology, 1973, 78 (6): 1360-1380.

[67] Greenberger D B, Sexton D L. An Interactive Model of New Venture Creation [J]. Journal of Small Business Management, 1988 (26): 107-113.

[68] Gulati R. Does Familiarity Breed Trust? The Implications of Repeated Ties for Contractual Choice in Alliances [J]. Academy of Management Journal, 1995, 38 (1): 85-112.

[69] Hagedoorn J, Cloodt M. Measuring Innovative Performance: Is There an Advantage in Using Multiple Indicators? [J]. Research Policy, 2003, 32 (8): 1365-1379.

[70] Hall B H, Jaffe A, Trajtenberg M. Market Value and Patent Citations [J]. Rand Journal of Economics, 2005 (36): 16-38.

[71] Haunschild P M, Beckman C M. When Do Interlocks Matter? Alternate Sources of Information and Interlock Influence [J]. Administrative Science Quarterly, 1998, 43 (4): 815-844.

[72] Hayes A F, Scharkow M. The Relative Trustworthiness of Inferential Tests of the Indirect Effect in Statistical Mediation Analysis: Does Method Really Matter? [J]. Psychological Science, 2013 (24): 1918-1927.

[73] Heavey C, Simsek Z, Roche F. Decision Comprehensiveness and Corporate Entrepreneurship: The Moderating Role of Managerial Uncertainty Preferences and Environmental Dynamism [J]. Journal of Management Studies, 2009, 46 (8): 1289-1314.

[74] Heidi W. Intellectual Property Rights and Innovation: Evidence from the Human Genome [J]. Journal of Political Economy, 2013, 121 (1): 1-25.

[75] Helfat C E. Know-how and Asset Complementarity and Dynamic Capability Accumulation: The Case of R&D [J]. Strategic Management Journal, 1997, 18 (5): 339-360.

[76] Helmke G, Levisky S. Informal Institution and Comparative Politics: A Research Agenda [J] . Perspective on Politics, 2004, 2 (4): 725-740.

[77] Helpman E. Innovation Imitation and Intellectual Property Rights [J]. Econometrica, 1993, 61 (6): 1247-1280.

[78] Henderson M, Clark B. Architectural Innovation: The Reconfiguration of Existing Product Technologies and the Failure to Establish Firms [J] . Administrative Science Quarterly, 1990, 29 (1): 26-42.

[79] Henkel J. Selective Revealing in Open Innovation Processes: The Case of Embedded Linux [J] . Research Policy, 2006, 35 (7): 953-969.

[80] Herold D M, Jayaraman N, Narayanaswamy C R. What Is the Relationship between Organizational Slack and Innovation? [J] . Journal of Managerial Issues, 2006, 18 (3): 372-392.

[81] Hitt A, Ireland D, Sirmon G. Strategic Entrepreneurship: Creating Value for Individuals, Organizations and Society [J] . Academy of Management Perspectives, 2011, 25 (2): 57-75.

[82] Hitt M A, Hoskisson R E, Johnson R A. The Market for Corporate Control and Firm Innovation [J] . Academy of Management Journal, 1996, 39 (5): 1084-1119.

[83] Hoang H, Yi A. Network-Based Research in Entrepreneurship: A Decade in Review [J] . Foundations and Trends in Entrepreneurship, 2015, 11 (1): 1-54.

[84] Ireland R D, Covin J G, Kuratko F. Conceptualizing Corporate Entrepreneurship Strategy [J] . Entrepreneurship Theory and Practice, 2009, 33 (1): 19-46.

[85] Iyer D N, Miller K D. Performance Feedback, Slack and the Timing of Acquisitions [J] . Academy of Management Journal, 2008, 51 (4): 808-822.

[86] Jackson G, Apostolakou A. Corporate Social Responsibility in Western Europe: An Institutional Mirror or Substitute? [J] . Journal of Business Ethics, 2010 (94): 371-394.

[87] Jaffe A, Trajtenberg M, Henderson R. Geographic Localization of

Knowledge Spillovers as Evidenced by Patent Citations [J]. Quarterly Journal of Economics, 1993, 108 (3): 577-598.

[88] Janssen O, Job D. Perceptions of Effort-reward Fairness and Innovative Work Behaviour [J]. Journal of Occupational and Organizational Psychology, 2000, 73 (3): 287-302.

[89] Jie W, Zhen Z M, Zhi Y L. The Moderated Mediating Effect of International Diversification, Technological Capability, and Market Orientation on Emerging Market Firms' New Product Performance [J]. Journal of Business Research, 2019 (99): 524-533.

[90] Jim D, Frances B. Storm Clouds and Silver Linings: Responding to Disruptive Innovations through Cognitive Resilience [J]. Entrepreneurship Theory and Practice, 2009, 3 (1): 197-216.

[91] Johns G. The Essential Impact of Context on Organizational Behavior [J]. Academy of Management Review, 2006, 31 (2): 396-408.

[92] Jones C, Hesterly S, Borgatti P. A General Theory of Network Governance: Exchange Conditions and Social Mechanisms [J]. The Academy of Management Review, 1997, 22 (4): 911-945.

[93] Ju M, Zhao H. Behind Organizational Slack and Firm Performance in China: The Moderating Roles of Ownership and Competitive Intensity [J]. Asia Pacific Journal of Management, 2009, 26 (4): 701-717.

[94] Kafouros M, Wang C, Piperopoulos P, Zhang M. Academic Collaborations and Firm Innovation Performance in China: The Role of Region-Specific Institutions [J]. Research Policy, 2015 (44): 803-817.

[95] Kaustia M, Rantala V. Social Learning and Corporate Peer Effects [J]. Journal of Financial Economics, 2015, 117 (3): 653-669.

[96] Kaya N, Syrek I H. Performance Impacts of Strategic Orientations: Evidence from Turkish Manufacturing Firms [J]. Journal of American Academy of Business, 2005 (6): 68-71.

[97] Khanagha S, Ramezan Zadeh M T, Mihalache O R, et al. Embracing Bewilderment: Responding to Technological Disruption in Heterogeneous Market En-

vironments [J]. Journal of Management Studies, 2018, 55 (7): 1079-1121.

[98] Khedhaouria A, Guru C, Torrès O. Creativity, Self-efficacy and Small Firm Performance: The Mediating Role of Entrepreneurial Orientation [J]. Small Business Economics, 2015, 44 (3): 485-504.

[99] Kiss A N, Barr P S. New Product Development Strategy Implementation Duration and New Venture Performance: A Contingency-Based Perspective [J]. Journal of Management, 2017, 43 (4): 1185-1210.

[100] Klotz C, Hmieleski M, Bradley H, et al. New Venture Teams: A Review of the Literature and Roadmap for Future Research [J]. Journal of Management, 2014, 40 (1): 226-255.

[101] Kreiser P M, Marino L D, Weaver K M. Assessing the Psychometric Properties of the Entrepreneurial Orientation Scale: A Multi-country Analysis [J]. Entrepreneurship Theory and Practice, 2002, 26 (4): 71-93.

[102] Kristof A L. Person-Organization Fit: An Integrative Review of Its Conceptualizations, Measurement, and Implications [J]. Personnel Psychology, 1996, 49 (1): 1-49.

[103] La Porta R, Lopez-de-Silanes F, Shleifer A, Vishny R W. Law and Finance [J]. Journal of Political Economy, 1998 (106): 1113-1155.

[104] Larcker D F, Eric C, Wang C Y. Boardroom Centrality and Firm Performance [J]. Journal of Accounting and Economics, 2013, 55 (2): 225-250.

[105] Laursen K, Salter A. Open for Innovation: The Role of Openness in Explaining Innovation Performance among UK Manufacturing Firm [J]. Strategic Management Journal, 2006, 27 (2): 131-150.

[106] Leary M T, Roberts M R. Do Peer Firms Affect Corporate Financial Policy? [J]. The Journal of Finance, 2014, 69 (1): 139-178.

[107] Leibenstein H. Organizational or Frictional Equilibria, X-efficiency, and the Rate of Innovation, Quarterly Journal of Economies, 1969 (83): 600-623.

[108] Lei Z, Wang L. Construction of Organizational System of Enterprise Knowledge Management Networking Module Based on Artificial Intelligence [J].

Knowledge Management Research & Practice, 2020, 28 (10): 1-13.

［109］Liao J J, Kickul J R, Ma H. Organizational Dynamic Capability and Innovation: An Empirical Examination of Internet Firms ［J］. Journal of Small Business Management, 2009, 47 (3): 263-286.

［110］Li D Y, Liu J. Dynamic Capabilities, Environmental Dynamism and Competitive Advantage: Evidence from China ［J］. Journal of Business Research, 2014, 67 (1): 2793-2799.

［111］Li Y H, Huang J W, Tsai M T. Entrepreneurial Orientation and Firm Performance: The Role of Knowledge Creation Process ［J］. Industrial Marketing Management, 2009, 38 (4): 440-449.

［112］Lumpkin G T, Dess G G. Clarifying the Entrepreneurial Orientation Construct and Linking It to Performance ［J］. Academy of Management Review, 1996, 21 (1): 135-172.

［113］Luo Y, Xue Q, Han B. How Emerging Market Governments Promote Outward FDI: Experience from China ［J］. Journal of World Business, 2010, 45 (1): 68-79.

［114］Lu Y, Tsang E W, Peng M W. Knowledge and Innovation Strategy in the Asia Pacific: Toward an Institution-based View ［J］. Asia Pacific Journal of Management, 2008, 25 (3): 361-374.

［115］March G. Exploration and Exploitation in Organizational Learning ［J］. Organization Science, 1991, 2 (1): 71-87.

［116］Marco V, Baumol W J. The Microtheory of Innovative Entrepreneurship ［J］. Journal of Economics, 2011, 103 (2): 199-202.

［117］Matsuno K, Mentzer J T, Zsomer A. The Effects of Entrepreneurial Proclivity and Market Orientation on Business Performance ［J］. Journal of Marketing, 2002, 66 (3): 18-32.

［118］McMillan S, Woodruff J. Property Rights and Finance ［R］. National Bureau of Economic Research, 2002.

［119］Meyer E, Peng M W. Theoretical Foundations of Emerging Economy BusinessResearch ［J］. Journal of International Business Studies, 2016, 47 (1):

3-22.

[120] Miles R E, Snow C C. Organizational Strategy, Structure, and Process [M]. New York: McGraw-Hill, 1978.

[121] Miller D, Friesen H. Strategy – making and Environment: The Third Link [J]. Strategic Management Journal, 1983 (4): 221-235.

[122] Miller D. The Correlates of Entrepreneurship in Three Types of Firms [J]. Management Science, 1983, 29 (7): 770-792.

[123] Mintzberg H. Patterns in Strategy Formation [J]. Management Science, 1978, 24 (9): 934-948.

[124] Mishina Y, Pollack T, Porac J. Are More Resources Always Better for Growth? Resource Stickiness in Market and Product Expansion [J]. Strategic Management Journal, 2004, 25 (12): 1179-1197.

[125] Moran P. Structural vs Relational Embeddedness: Social Capital and Managerial Performance [J]. Strategic Management Journal, 2005, 26 (12): 1129-1151.

[126] Moss W, Neubaum O, Meyskens M. The Effect of Virtuous and Entrepreneurial Orientations on Micro-finance Lending and Repayment: A Signaling Theory Perspective [J]. Entrepreneurship Theory and Practice, 2015, 39 (1): 27-52.

[127] Mousa F T, Reed R. The Impact of Slack Resources on High – Tech IPOs [J]. Entrepreneurship Theory & Practice, 2013, 37 (5): 1123-1147.

[128] Mumford M D. Managing Creative People: Strategies and Tactics for Innovation [J]. Human Resource Management Review, 2000, 10 (3): 313-351.

[129] Nadkarni S, Barr S. Environmental Context, Managerial Cognition and Strategic Action: An Integrated View [J]. Strategic Management Journal, 2008 (29): 1395-1427.

[130] Narayanan K, Zane L J, Kemmerer B. The Cognitive Perspective in Strategy: An Integrative Review [J]. Journal of Management, 2011, 37 (1): 305-351.

[131] Nelson R, Winter S. An Evolutionary Theory of Economic Change

[M]. Cambridge: Harvard University Press, 1982.

[132] Niu F, Zhang Y L. Acquisition of Resources, Formal Organization and Entrepreneurial Orientation of New Ventures [J]. Journal of Chinese Entrepreneurship, 2009, 1 (1): 40-52.

[133] Nohria N, Gulati R. Is Slack Good or Bad for Innovation? [J]. Academy of Management Journal, 1996, 39 (5): 1245-1264.

[134] North D C. Institutions, Institutional Change and Economic Performance [M]. Cambridge University Press, 1990.

[135] Noshua W. Not Just Compliance or Resistance: Performance Feedback and Strategic Responses to Institutional Pressure [J]. Academy of Management Proceedings, 2009 (3): 46-63.

[136] Omorede A, Thorgren S, Wincent J. Entrepreneurship Psychology: A Review [J]. International Entrepreneurship and Management Journal, 2015, 11 (4): 743-768.

[137] Owen J, Powell W. Knowledge Networks as Channels and Conduits: The Effects of Spillovers in the Boston Biotechnology Community [J]. Organization Science, 2004, 15 (1): 5-21.

[138] Pang C, Shen H, Li Y. How Organizational Slack Affects New Venture Performance in China: A Contingent Perspective [J]. Chinese Management Studies, 2011, 5 (2): 181-193.

[139] Papageorgiadis N, Sharma A. Intellectual Property Rights and Innovation: A Panel Analysis [J]. Economics Letters, 2016 (141): 70-72.

[140] Peng M W, Heath P S. The Growth of the Firm in Planned Economies in Transition: Institutions, Organizations, and Strategic Choice [J]. Academy of Management Review, 1996 (21): 492-528.

[141] Peng M W, Sun S L, Pinkham B. The Institution-Based View as a Third Leg for a Strategy Tripod [J]. The Academy of Management Perspectives, 2009, 23 (3): 63-81.

[142] Peng M W. Institutional Transitions and Strategic Choices [J]. Academy of Management Review, 2003, 28 (2): 275-296.

[143] Peng M W. Outside Directors and Firm Performance during Institutional Transitions [J]. Strategic Management Journal, 2004, 25 (5): 453-471.

[144] Penrose E T. The Theory of the Growth of the Firm [M]. London: Basil Blackwell, 1959.

[145] Peteraf M A. The Cornerstones of Competitive Advantage: A Resource-based View [J]. Strategic Management Journal, 1993, 14 (3): 179-191.

[146] Portes A. Social Capital: Its Origins and Applications in Modern Sociology [J]. Annual Review of Sociology, 2004, 22 (6): 1-24.

[147] Prahalad C K, Hamel G. The Core Competence of the Corporation [J]. Harvard Business Review, 1990, 68 (3): 79-91.

[148] Pratono A H. Strategic Orientation and Information Technological Turbulence: Contingency Perspective in SMEs [J]. Business Process Management Journal, 2016, 22 (2): 368-382.

[149] Rapp R T, Rozek R P. Benefits and Costs of Intellectual Property Protection in Developing Countries [J]. Journal of World Trade, 1990 (24): 75-102.

[150] Rasmussen E, Mosey S, Wright M. The Evolution of Entrepreneurial Competencies: A longitudinal Study of University Spinoff Venture Emergence [J]. Journal of Management Studies, 2011, 48 (6): 1314-1345.

[151] Riviezzo A, Garofano A. Accessing External Networks: The Role of Firm's Resources and Entrepreneurial Orientation [J]. International Journal of Entrepreneurship and Small Business, 2018, 34 (1): 1-19.

[152] Rogers A, Schoemaker P. Strategic Assets and Organizational Rent [J]. Strategic Management Journal, 1993, 14 (1): 33-46.

[153] Rothwell R. Developments towards the Fifth Generation Model of Innovation [J]. Technology Analysis & Strategic Management, 1992, 4 (1): 73-115.

[154] Rumelt R P. How Much Does Industry Matter? [J]. Strategic Management Journal, 1991 (12): 167-186.

[155] Saito Y. On the Trade, Growth, and Welfare Effects of Intellectual Property Rights Protection [J]. Southern Economic Journal, 2018, 85 (1):

235-254.

[156] Sambrook S, Roberts C. Corporate Entrepreneurship and Organizational Learning: A Review of the Literature and the Development of A Conceptual Framework [J]. Strategic Change, 2005, 14 (3): 141-155.

[157] Sarsah S A, Tian H Y, Dogbe K. Effect of Entrepreneurial Orientation on Radical Innovation Performance among Manufacturing SMEs: The Mediating Role of Absorptive Capacity [J]. Journal of Strategy and Management, 2020, 13 (4): 551-570.

[158] Schumpeter J. The Theory of Economic Development [M]. Harvard University Press, 1912.

[159] Scott W R. Approaching Adulthood: The Maturing of Institutional Theory [J]. Theory and Society, 2008, 37 (5): 427-442.

[160] Semrau T, Ambos T, Kraus S. Entrepreneurial Orientation and SME Performance across Societal Cultures: An International Study [J]. Journal of Business Research, 2016, 69 (5): 1928-1932.

[161] Shahzad M, Mousa T, Sharfman P. The Implication of Slack Heterogeneity for the Slack Resources and Corporate social Performance Relationship [J]. Journal of Business Research, 2016, 69 (12): 5964-5971.

[162] Shane S, Venkataraman S. The Promise of Entrepreneurship as a Field of Research [J]. Academy of Management Review, 2000 (25): 217-226.

[163] Shen G. Nominal Level and Actual Strength of China's Intellectual Property Protection under TRIPS Agreement [J]. Journal of Chinese Economic and Foreign Trade Studies, 2010 (3): 71-88.

[164] Shimizu K, Hitt A. What Constrains or Facilitates Divestitures of Formerly Acquired Firms? The Effects of Organizational Inertia [J]. Journal of Management, 2005, 31 (1): 50-72.

[165] Simsek Z, Hsu P H, Heavey C, et al. Executive Succession and Organizational Innovation [J]. Academy of Management Annual Meeting Proceedings, 2013 (1): 11459-11459.

[166] Singh J V. Performance, Slack, and Risk Taking in Organizational De-

cision Making [J]. Academy of Management Journal, 1986, 29 (3): 562-585.

[167] Sirmon D G, Hitt M A, Ireland R D. Managing Firm Resources in Dynamic Environments to Create Value: Looking inside the Black Box [J]. Academy of Management Review, 2007, 32 (1): 273-292.

[168] Slater S F, Narver J C. The Positive Effect of a Market Orientation on Business Profitability: A Balanced Replication [J]. Journal of Business Research, 2000 (48): 69-73.

[169] Smart D T, Conant J S. Entrepreneurial Orientation, Distinctive Marketing Competencies and Organizational Performance [J]. Journal of Applied Business Research, 1994, 10 (3): 1-28.

[170] Smith K, Tushman L. Managing Strategic Contradictions: A Top Management Model for Managing Innovation Stream [J]. Organization Science, 2005 (16): 522-536.

[171] Stam W, Arzlanian S, Elfring T. Social Capital of Entrepreneurs and Small Firm Performance: A Meta-analysis of Contextual and Methodological Moderators [J]. Journal of Business Venturing, 2014, 29 (1): 152-173.

[172] Su Z, Xie E, Li Y. Entrepreneurial Orientation and Firm Performance in New Ventures and Established Firms [J]. Journal of Small Business Management, 2011, 49 (4): 558-577.

[173] Tang J, Tang Z, Marino L, Zhang Y, Li Q. Exploring an Inverted U-shape Relationship between Entrepreneurial Orientation and Performance in Chinese Ventures [J]. Entrepreneurship Theory and Practice, 2008, 32 (1): 219-239.

[174] Tan J, Peng M W. Organizational Slack and Firm Performance during Economic Transitions: Two Studies from an Emerging Economy [J]. Strategic Management Journal, 2003, 24 (13): 1249-1263.

[175] Teece D J, Pisano G, Shuen A. Dynamic Capabilities and Strategic Management [J]. Strategic Management Journal, 1997, 18 (7): 509-533.

[176] Teece D J. Explicating Dynamic Capabilities: The Nature and Microfoundations of Enterprise Performance [J]. Strategic Management Journal, 2007, 28 (13): 1319-1350.

［177］ Thompson J. Organizations in Action ［M］. New York： McGraw - Hill, 1967.

［178］ Tierne P, Farmer S M. Creative Self-efficacy： Its Potential Antecedents and Relationship to Creative Performance ［J］. Academy of Management Journal, 2002, 45 (6)： 1137-1148.

［179］ Troilo G, De Luca M, Atuahene-Gima K. More Innovation with Less? A Strategic Contingency View of Slack Resources, Information Search, and Radical Innovation ［J］. Journal of Product Innovation Management, 2014, 31 (2)： 259-277.

［180］ Tsui A S. Contributing to Global Management Knowledge： A Case for High Quality Indigenous Research ［J］. Asia Pacific Journal of Management, 2004, 21 (4)： 491-513.

［181］ Tushman M L, O' Reilly C A. The Ambidextrous Organizations： Managing Evolutionary and Revolutionary Change ［J］. California Management Review, 1996, 38 (4)： 8-30.

［182］ Venkataraman S. The Distinctive Domain of Entrepreneurship Research ［J］. Advances in Entrepreneurship, Firm Emergence and Growth, 1997, 3 (1)： 119-138.

［183］ Voss B, Sirdeshmukh D. The Effects of Slack Resources and Environmental Threat on Product Exploration and Exploitation ［J］. Academy of Management Journal, 2008, 51 (1)： 14-164.

［184］ Wales W J, Patel C, Parida V. Nonlinear Effects of Entrepreneurial Orientation on Small Firm Performance： The Moderating Role of Resource Orchestration Capabilities ［J］. Strategic Entrepreneurship Journal, 2013, 7 (2)： 93-121.

［185］ Walter A, Auer M, Ritter T. The Impact of Network Capabilities and Entrepreneurial Orientation on University Spin - off Performance ［J］. Journal of Business Venturing, 2006, 21 (4)： 541-567.

［186］ Wang C L, Ahmed P K. The Development and Validation of the Organizational Innovation Construct Using Confirmatory Factor Analysis ［J］. European Journal of Innovation Management, 2005, 17 (3)： 375-390.

[187] Wang Y, Rajagopalan N. Alliance Capabilities: Review and Research Agenda [J]. Journal of Management, 2015 (41): 236-260.

[188] Wei D, Wiboon K. How Are Different Slack Resources Translated into Firm Growth? Evidence from China [J]. International Business Research, 2014, 7 (2): 1-11.

[189] Weiss L. Start-up Business: A Comparison of Performance [J]. Sloan Management Review, 1981, 23 (1): 37-53.

[190] Welter F. Contextualizing Entrepreneurship: Conceptual Challenges and Ways Forward [J]. Entrepreneurship Theory and Practice, 2011, 35 (1): 165-184.

[191] Wernerfelt B. A Resource-based View of the Firm [J]. Strategic Management Journal, 1984, 5 (2): 171-180.

[192] Whetten D A. An Examination of the Interface between Context and Theory Applied to the Study of Chinese Organizations [J]. Management and Organization Review, 2009, 5 (1): 29-55.

[193] Wiklund J, Shepherd D A. Where to from Here? EO as Experimentation, Failure and Distribution of Outcomes [J]. Entrepreneurship Theory and Practice, 2011, 35 (5): 925-946.

[194] Wiklund J, Shepherd D. Aspiring for, and Achieving Growth: The Moderating Role of Resources and Opportunities [J]. Journal of Management Studies, 2003, 40 (8): 1919-1941.

[195] Wiklund J, Shepherd D. Knowledge-based Resources, Entrepreneurial Orientation, and the Performance of Small and Medium-sized Businesses [J]. Strategic Management Journal, 2003, 24 (13): 1307-1314.

[196] William J W, Pankaj C P, Vinit P, Patrick M K. Nonlinear Effects of Entrepreneurial Orientation on Small Firm Performance: The Moderating Role of Resource Orchestration Capabilities [J]. Strategic Entrepreneurship Journal, 2013, 7 (2): 93-121.

[197] Williams C, Lee H. Resource Allocations, Knowledge Network Characteristics and Entrepreneurial Orientation of Multinational Corporations [J]. Re-

search Policy, 2009, 38 (8): 1376-1387.

[198] Winter S G. Understanding dynamic capabilities [J]. Strategic Management Journal, 2003, 24 (10): 991-995.

[199] Xu D, Meyer K E. Linking Theory and Context: "Strategy Research in Emerging Markets" after Wright et al. (2005) [J]. Journal of Management Studies, 2013, 50 (7): 1322-1346.

[200] Yin J Y, Jin C. Do Slack Resources Matter in Chinese Firms' Collaborative Innovation? [J]. International Journal of Innovation Studies, 2017, 1 (4): 207-218.

[201] Zaheer A, Gzby R, Milanov H. It's the Connections: The Network Perspective in Interorganizational Research [J]. Academy of Management Perspectives, 2010, 24 (1): 62-77.

[202] Zahra S A, Covin J G. Contextual Influences on the Corporate Entrepreneurship Performance Relationship: A Longitudinal Analysis [J]. Journal of Business Venturing, 1995, 10 (1): 43-58.

[203] Zahra S A, Garvis D M. International Corporate Entrepreneurship and Firm Performance: The Moderating Effect of International Environmental Hostility [J]. Journal of Business Venturing, 2000, 15 (5-6): 469-492.

[204] Zahra S A, George G. Absorptive Capacity: A Review, Reconceptualization and Extension [J]. Academy of Management Review, 2002, 27 (2): 185-203.

[205] Zajac E J, Krattz M S, Bresser R F. Modeling the Dynamics of Strategic Fit: A Normative Approach to Strategic Change [J]. Strategic Management Journal, 2000, 21 (4): 429-453.

[206] Zhao Y, Li Y, Lee S H, Chen L B. Entrepreneurial Orientation, Organizational Learning and Performance: Evidence from China [J]. Entrepreneurship Theory and Practice, 2011, 35 (2): 293-317.

[207] Zhou K Z, Li C B. How Knowledge Affects Radical Innovation: Knowledge Base, Market Knowledge Acquisition and Internal Knowledge Sharing [J]. Strategic Management Journal, 2012, 33 (9): 1090-1102.

［208］Zimmerman M，Zeitz G. Beyond Survival：Achieving New Venture Growth by Building Legitimacy ［J］. The Academy of Management Review，2002，27（3）：414-431.

［209］Zobel A K，Lokshin B，Hagedoorn J. Formal and Informal Appropria-tion Mechanisms：The Role of Openness and Innovativeness ［J］. Technovation，2017（59）：44-54.

［210］安舜宇，蔡莉，单标安. 新企业创业导向、关系利用及绩效关系研究 ［J］. 科研管理，2014，35（3）：66-74.

［211］白景坤，王健. 创业导向能有效克服组织惰性吗？［J］. 科学学研究，2019，37（3）：492-499.

［212］边燕杰，丘海雄. 企业的社会资本及其功效 ［J］. 中国社会科学，2002（2）：87-99+207.

［213］蔡莉，单标安. 中国情境下的创业研究回顾 ［J］. 管理世界，2013（12）：160-169.

［214］蔡莉，朱秀梅，刘预. 创业导向对新企业资源获取的影响研究 ［J］. 科学学研究，2011（4）：601-609.

［215］陈晨，李平，王宏伟. 国家创新型政策协同效应研究 ［J］. 财经研究，2022，48（5）：1-17.

［216］陈嘉文，姚小涛. 组织与制度的共同演化：组织制度理论研究的脉络剖析及问题初探 ［J］. 管理评论，2015，27（5）：135-144.

［217］陈锟. 创新者窘境形成机制及对策研究 ［J］. 科研管理，2010（2）：65-73.

［218］陈爽英，杨晨秀，井润田. 已吸收冗余、政治关系强度与研发投资 ［J］. 科研管理，2017，38（4）：46-53.

［219］陈晓红，王艳，关勇军. 财务冗余、制度环境与中小企业研发投资 ［J］. 科学学研究，2012（10）：1537-1545.

［220］陈晓萍，徐淑英，樊景立. 组织与管理研究的实证方法（第2版）［M］. 北京：北京大学出版社，2012.

［221］陈鑫强，沈颂东. 创业导向对商业模式创新的影响研究——基于战略柔性的中介效应分析 ［J］. 技术经济与管理研究，2020（7）：39-44.

[222] 陈钰芬，陈劲．开放度对企业技术创新绩效的影响［J］．科学学研究，2008（2）：419-426.

[223] 陈运森．社会网络与企业效率：基于结构洞位置的证据［J］．会计研究，2015（1）：48-55+97.

[224] 陈运森，谢德仁．网络位置、独立董事治理与投资效率［J］．管理世界，2011（7）：113-127.

[225] 陈运森，郑登津．董事网络关系、信息桥与投资趋同［J］．南开管理评论，2017，20（3）：159-171.

[226] 程聪，张颖，陈盈谢，洪明．创业者政治技能促进创业绩效提升了吗？——创业导向与组织公正的中介调节效应［J］．科学学研究，2014，32（8）：1198-1206.

[227] 程恩富，彭文兵．社会关系网络：企业新的资源配置形式［J］．上海行政学院学报，2002（2）：79-90.

[228] 迟冬梅．不确定环境下财务柔性对企业创业导向及其有效性的影响效应研究［D］．山东大学博士学位论文，2019.

[229] 戴维奇．组织冗余、公司创业与成长：解析不同冗余的异质影响［J］．科学学与科学技术管理，2012，33（6）：156-164.

[230] 戴维奇，赵慢．企业家新政感知、制度与创业导向［J］．科研管理，2020，41（9）：187-196.

[231] 道格拉斯·C.诺斯．制度、制度变迁与经济绩效［M］．杭行，译．上海：格致出版社，2014.

[232] 丁绒，孙延明，叶广宇．增强惩罚的企业联盟合作规范机制：自组织演化视角［J］．管理科学，2014，27（1）：11-20.

[233] 董保宝，李全喜．竞争优势研究脉络梳理与整合研究框架构建——基于资源与能力视角［J］．外国经济与管理，2013，35（3）：2-11.

[234] 董保宝，罗均梅，许杭军．新企业创业导向与绩效的倒U形关系——基于资源整合能力的调节效应研究［J］．管理科学学报，2019，22（5）：83-98.

[235] 董雪兵，史晋川．累积创新框架下的知识产权保护研究［J］．经济研究，2006（5）：97-105.

［236］董雪兵，朱慧，康继军，宋顺峰．转型期知识产权保护制度的增长效应研究［J］．经济研究，2012（8）：4-17.

［237］方润生．资源和能力的整合：一种新的企业竞争优势形成观［J］．研究与发展管理，2005（6）：21-28.

［238］冯军政，刘洋，金露．企业社会网络对突破性创新的影响研究——创业导向的中介作用［J］．研究与发展管理，2015，27（2）：89-100.

［239］傅皓天，于斌，王凯．环境不确定性、冗余资源与公司战略变革［J］．科学学与科学技术管理，2018（3）：92-105.

［240］高凤莲，王志强．独立董事个人社会资本异质性的治理效应研究［J］．中国工业经济，2016（3）：146-160.

［241］高照军，武常岐．制度理论视角下的企业创新行为研究——基于国家高新区企业的实证分析［J］．科学学研究，2014，32（10）：1580-1592.

［242］葛宝山，谭凌峰，生帆，马鸿佳．创新文化、双元学习与动态能力关系研究［J］．科学学研究，2016，34（4）：630-640.

［243］葛宝山，赵立仪．创业导向、精一战略与隐形冠军企业绩效［J］．外国经济与管理，2022，44（2）：117-135.

［244］耿新，王象路．企业的独立董事网络嵌入会影响到多元化战略吗？——冗余资源和环境不确定性的调节作用［J］．研究与发展管理，2021，33（5）：108-121.

［245］顾晓燕，薛平平，朱玮玮．知识产权保护的技术创新效应：量变抑或质变［J］．中国经济论坛，2021（10）：31-39.

［246］顾研，周强龙．政策不确定性、财务柔性价值与资本结构动态调整［J］．世界经济，2018（6）：102-126.

［247］关成华，袁祥飞，于晓龙．创新驱动、知识产权保护与区域经济发展——基于2007—2015年省级数据的门限面板回归［J］．宏观经济研究，2018（10）：86-92.

［248］郭春野，庄子银．知识产权保护与"南方"国家的自主创新激励［J］．经济研究，2012（9）：32-45.

［249］韩炜，杨俊，张玉利．创业网络混合治理机制选择的案例研究［J］．管理世界，2014（2）：118-136.

［250］韩玉雄，李怀祖．关于中国知识产权保护水平的定量分析［J］．科学学研究，2005（3）：377-382.

［251］何瑛，于文蕾，杨棉之．CEO 复合型职业经历、企业风险承担与企业价值［J］．中国工业经济，2019（9）：155-173.

［252］贺小刚，邓浩，吕斐斐，李新春．期望落差与企业创新的动态关系——冗余资源与竞争威胁的调节效应分析［J］．管理科学学报，2017，20（5）：13-34.

［253］贺小刚，吕霏霏，王博霖，杨昊．制度环境与创业企业的经营效率［J］．中国经济问题，2019（6）：86-103.

［254］贺小刚，朱丽娜，吕斐斐，贾植涵．创业者缘何退出：制度环境视角的研究［J］．南开管理评论，2019，22（5）：101-116.

［255］贺新闻，梁莱歆．不同产权性质下企业组织冗余与自主创新投入关系研究——来自中国上市公司的经验数据［J］．科学学与科学技术管理，2011（7）：140-147.

［256］胡海峰，宋肖肖，郭兴方．投资者保护制度与企业韧性：影响及其作用机制［J］．经济管理，2020，42（11）：22-39.

［257］胡海青，王兆群，张颖颖，张琅．创业网络、效果推理与创业企业融资绩效关系的实证研究——基于环境动态性调节分析［J］．管理评论，2017，29（6）：61-72.

［258］胡珺，宋建中，王红建．非正式制度、家乡认同与企业环境治理［J］．管理世界，2017（3）：76-94+187-188.

［259］胡凯，吴清，胡毓敏．知识产权保护的技术创新效应——基于技术交易市场视角和省级面板数据的实证分析［J］．财经研究，2012（8）：15-25.

［260］胡赛全，詹正茂，钱悦，刘茜．企业创新文化、战略能力对创业导向的影响研究［J］．科研管理，2014，35（10）：107-113.

［261］胡望斌，张玉利．新企业创业导向转化为绩效的新企业能力：理论模型与中国实证研究［J］．南开管理评论，2011，14（1）：83-95.

［262］胡望斌，张玉利，杨俊．同质性还是异质性：创业导向对技术创业团队与新企业绩效关系的调节作用研究［J］．管理世界，2014（6）：92-

109-187+188.

[263] 黄昊，王国红，邢蕊，李娜．创业导向与商业模式创新的匹配对能力追赶绩效的影响——基于增材制造企业的多案例研究［J］．中国软科学，2019（5）：116-130.

[264] 黄先海，胡馨月，陈航宇．知识产权保护、创新模式选择与我国贸易扩展边际［J］．国际贸易问题，2016（9）：110-120.

[265] 黄先海，刘毅群．知识外部性与创新竞争理论前沿研究述评［J］．社会科学战线，2014（12）：39-47.

[266] 黄永春，姚远虎，徐军海，胡世亮．规模扩张还是产品研发？——创业资助对新生企业家创业导向的影响［J］．科学学研究，2020，38（2）：296-305.

[267] 黄永春，张惟佳，徐军海．服务环境对新生企业家创业导向的影响［J］．科研管理，2021，42（2）：149-160.

[268] 黄越．冗余资源对双元创新的影响研究——规范化与分权化组织结构的调节作用［D］．西北工业大学博士学位论文，2016.

[269] 贾建锋，赵希男，于秀凤，王国锋．创业导向有助于提升企业绩效吗？［J］．南开管理评论，2013，16（2）：47-56.

[270] 江诗松，龚丽敏．转型经济中后发企业的创新能力追赶路径：国有企业和民营企业的双城故事［J］．管理世界，2011（12）：96-115+188.

[271] 姜滨滨，匡海波．基于"效率—产出"的企业创新绩效评价——文献评述与概念框架［J］．科研管理，2015，36（3）：71-78.

[272] 姜南，李鹏媛，欧忠辉．知识产权保护、数字经济与区域创业活跃度［J］．中国软科学，2021（10）：171-181.

[273] 姜卫涛．中小企业自主创新能力提升策略研究——基于企业家社会资本的视角［J］．中国工业经济，2012（6）：107-119.

[274] 蒋春燕，赵曙明．组织冗余与绩效的关系：中国上市公司的时间序列实证研究［J］．管理世界，2004（5）：108-115.

[275] 解维敏，魏化情．市场竞争、组织冗余与企业研发投入［J］．中国软科学，2016（8）：102-111.

[276] 靳巧花，严太华．自主研发与区域创新能力关系研究——基于知

识产权保护的动态门限效应 [J]. 科学学与科学技术管理, 2017, 38（2）: 148-157.

[277] 寇宗来, 李三希, 邵昱琛. 强化知识产权保护与南北双赢 [J]. 经济研究, 2021, 56（9）: 56-72.

[278] 李勃昕, 韩先锋, 李宁. 知识产权保护是否影响了中国 OFDI 逆向创新溢出效应？[J]. 中国软科学, 2019（3）: 46-60.

[279] 李德辉, 范黎波, 吴双. 企业市场地位、信息优势与创业导向: 基于法制环境调节效应的考察 [J]. 管理评论, 2019, 31（4）: 58-69.

[280] 李非, 祝振铎. 基于动态能力中介作用的创业拼凑及其功效实证 [J]. 管理学报, 2014, 11（4）: 562-568.

[281] 李贺. 基于知识管理的企业组织创新研究 [D]. 吉林大学博士学位论文, 2006.

[282] 李宏贵, 曹迎迎, 陈忠卫. 创业企业的生命周期、创新方式与关系网络 [J]. 外国经济与管理, 2017, 39（8）: 16-27.

[283] 李加鹏, 吴蕊, 杨德林. 制度与创业研究的融合: 历史回顾及未来方向探讨 [J]. 管理世界, 2020, 36（5）: 19+204-219.

[284] 李莉, 闫斌, 顾春霞. 知识产权保护、信息不对称与高科技企业资本结构 [J]. 管理世界, 2014（11）: 1-9.

[285] 李培楠, 赵兰香, 万劲波. 创新要素对产业创新绩效的影响——基于中国制造业和高技术产业数据的实证分析 [J]. 科学学研究, 2014, 32（4）: 604-612.

[286] 李平, 官旭红, 齐丹丹. 中国最优知识产权保护区间研究 [J]. 南开经济研究, 2013（3）: 123-138.

[287] 李胜兰, 何朝丹. 法律与社会网络——解读中国转轨经济中制度变迁过程的新视角 [J]. 制度经济学研究, 2007（3）: 1-30.

[288] 李晓翔, 刘春林. 困难情境下组织冗余作用研究: 兼谈市场搜索强度的调节作用 [J]. 南开管理评论, 2013, 16（3）: 140-148.

[289] 李颖, 赵文红, 薛朝阳. 创业导向、社会网络与知识资源获取的关系研究 [J]. 科学学与科学技术管理, 2018, 32（2）: 130-141.

[290] 李宇, 张雁鸣. 网络资源、创业导向与在孵企业绩效研究——基

于大连国家级创业孵化基地的实证分析［J］. 中国软科学，2012（8）：98-110.

［291］梁强，李新春，周莉. 创业企业内部资源与外部关系的战略平衡——中国情境下的经验研究［J］. 管理科学学报，2016，19（4）：71-87.

［292］梁强，邹立凯，宋丽红，李新春，王博. 组织印记、生态位与创业企业成长——基于组织生态学视角的质性研究［J］. 管理世界，2017（6）：141-154.

［293］林强. 基于创业企业绩效决定要素的高科技企业孵化机制研究［D］. 清华大学博士学位论文，2003.

［294］林强，姜彦福，张健. 创业理论及其架构分析［J］. 经济研究，2001（9）：85-94+96.

［295］刘海兵. 创新情境、开放式创新与创新能力动态演化［J］. 科学学研究，2019，37（9）：1680-1693.

［296］刘海兵，许庆瑞. 后发企业战略演进、创新范式与能力演化［J］. 科学学研究，2018，36（8）：1442-1454.

［297］刘海建，吕秀芹，董育森，张沫. 是否皆为利己——制度转型深入期企业家政治联系的双重角色［J］. 南开管理评论，2017，20（4）：114-128.

［298］刘力钢，姜莉莉. 企业衰落与创新行为的关系研究——冗余资源与CEO任期的调节效应［J］. 科研管理，2022，43（8）：119-128.

［299］刘思明，侯鹏，赵彦云. 知识产权保护与中国工业创新能力——来自省级大中型工业企业面板数据的实证研究［J］. 数量经济技术经济研究，2015（3）：40-57.

［300］刘伟，杨贝贝，刘严严. 制度环境对创业企业创业导向的影响——基于创业板的实证研究［J］. 科学学研究，2014，32（3）：421-430.

［301］刘鑫，毛昊. 知识产权国家安全治理：制度逻辑与体系建构［J］. 科学学研究，2022（网络首发）.

［302］刘洋. 转型经济背景下后发企业启发式规则、研发网络边界拓展与创新追赶［D］. 浙江大学博士学位论文，2014.

［303］卢启程，梁琳琳，贾非. 战略学习如何影响组织创新——基于动

态能力的视角 [J]．管理世界，2018（9）：109-129.

[304] 罗兴武，项国鹏，宁鹏，程聪．商业模式创新如何影响创业企业绩效？——合法性及政策导向的作用 [J]．科学学研究，2017，35（7）：1073-1084.

[305] 吕源，徐二明．制度理论与企业战略研究 [J]．战略管理，2009，1（1）：14-22.

[306] 马鸿佳，董保宝，葛宝山．创业导向、小企业导向与企业绩效关系研究 [J]．管理世界，2009（9）：109-115.

[307] 马天女．创业导向对创业企业绩效的作用机制研究——基于创业拼凑和创业机会识别的中介作用 [D]．吉林大学博士学位论文，2019.

[308] 毛其淋．外资进入自由化如何影响了中国本土企业创新？[J]．金融研究，2019（1）：72-90.

[309] 孟宣宇．创业者领导行为、组织学习能力与创业企业竞争优势关系研究 [D]．吉林大学博士学位论文，2013.

[310] 米黎钟，陈晴．CEO 持股比例和创始地位对企业创业导向的影响——基于中小板上市企业董事会独立性的调节作用 [J]．财经问题研究，2020（7）：78-85.

[311] 苗妙，魏建．知识产权行政执法偏好与企业创新激励——基于转型期"大调解"机制政策效果分析 [J]．产业经济研究，2014（6）：102-110.

[312] 倪昌宏．经济转型中的组织冗余与企业绩效：制度环境的调节作用 [J]．中国软科学，2010（11）：120-129.

[313] 裴云龙，江旭，刘衡．战略柔性、原始性创新与企业竞争力——组织合法性的调节作用 [J]．科学学研究，2013（3）：446-455.

[314] 彭云峰，薛娇，孟晓华．创业导向对创新绩效的影响——环境动态性的调节作用 [J]．系统管理学报，2019，28（6）：1014-1020.

[315] 饶远，刘海波，张亚峰．制度理论视角下的新型研发机构知识产权管理 [J]．科学学研究，2022，40（6）：1075-1084.

[316] 任兵，楚耀．中国管理学研究情境化的概念、内涵和路径 [J]．管理学报，2014，11（3）：330-336.

［317］单标安，鲁喜凤，郭海，杨亚倩．创始人的人格特质对科技型新企业成长的影响研究［J］．管理学报，2018，15（5）：687-694.

［318］沈红波，寇宏，张川．金融发展、融资约束与企业投资的实证研究［J］．中国工业经济，2010（6）：55-64.

［319］史宇鹏，顾全林．知识产权保护、异质性企业与创新：来自中国制造业的证据［J］．金融研究，2013（8）：136-149.

［320］苏芳，毛基业，谢卫红．资源贫乏企业应对环境剧变的拼凑过程研究［J］．管理世界，2016（8）：137-149.

［321］苏敬勤，高昕．情境视角下"中国式创新"的进路研究［J］．管理学报，2019，16（1）：9-16.

［322］苏敬勤，张琳琳．情境内涵、分类与情境化研究现状［J］．管理学报，2016，13（4）：491-497.

［323］苏昕，刘昊龙．多元化经营对研发投入的影响机制研究——基于组织冗余的中介作用［J］．科研管理，2018，39（1）：126-134.

［324］孙庆斌．从自我到他者的主体间性转换——现代西方哲学的主体性理论走向［J］．理论探索，2009（3）：35-38.

［325］孙永波，丁沂昕，杜双．冗余资源、资源拼凑与创业机会识别的非线性关系研究［J］．科研管理，2022，43（1）：105-113.

［326］孙中博．创业者网络关系对创业企业绩效的影响机制研究［D］．吉林大学博士学位论文，2014.

［327］田园，王静．非正式制度因素对创业的影响作用探讨［J］．中国软科学，2016（3）：24-34.

［328］王超发，史思雨，杨德林．沉淀资源、股权结构与企业研发产出效果［J］．科学学研究，2020，38（6）：1057-1066.

［329］王超，何建敏，姚鸿．基于社会网络的情绪扩散与股价波动风险研究［J］．管理评论，2022，34（12）：16-25.

［330］王传征，葛玉辉．TMT如何驱动探索式创新？——基于社会网络和认知交互的视角［J］．管理工程学报，2022（网络首发）.

［331］王国红，秦兰，邢蕊，周建林．新企业创业导向转化为成长绩效的内在机理研究［J］．中国软科学，2018（5）：135-146.

［332］王华．更为严厉的知识产权保护制度有利于技术创新吗？［J］．经济研究，2011（2）：124-135.

［333］王玲玲，赵文红，魏泽龙．创业制度环境、网络关系强度对新企业组织合法性的影响研究［J］．管理学报，2017，14（9）：1324-1331.

［334］王娜，衣长军．中国在美上市公司冗余资源对创新强度的影响和国际多元化程度的调节作用［J］．管理学报，2010（3）：440-446.

［335］王庆喜，宝贡敏．社会网络、资源获取与小企业成长［J］．管理工程学报，2007（4）：57-61.

［336］王涛，陈金亮，罗仲伟．二元情境下战略联盟形成的嵌入机制分析——社会网络与制度环境融合的视角［J］．经济管理，2015，37（8）：55-64.

［337］王晓文，张玉利，李凯．创业资源整合的战略选择和实现手段——基于租金创造机制视角［J］．经济管理，2009（1）：61-66.

［338］王新成，李垣，马凤连，郭文佳．环境动态性与创新战略选择——企业创业导向和技术能力的调节作用［J］．研究与发展管理，2021，33（4）：111-120+182.

［339］王亚妮，程新生．环境不确定性、沉淀性冗余资源与企业创新［J］．科学学研究，2014，32（8）：1242-1250.

［340］王怡，梁循，付虹蛟．社会网络中信息的扩散机理及其定量建模［J］．中国管理科学，2017，25（12）：147-157.

［341］魏谷，孙启新．组织资源、战略先动性与中小企业绩效关系研究——基于资源基础观的视角［J］．中国软科学，2014（9）：117-129.

［342］温忠麟，叶宝娟．中介效应分析：方法和模型发展［J］．心理科学进展，2014，22（5）：731-745.

［343］吴超鹏．知识产权保护薄弱的国家如何发展高科技产业［D］．厦门大学博士学位论文，2009.

［344］吴超鹏，唐莒．知识产权保护执法力度、技术创新与企业绩效——来自中国上市公司的证据［J］．经济研究，2016（11）：125-139.

［345］吴汉东．知识产权理论的体系化与中国化问题研究［J］．法制与社会发展，2014，20（6）：107-117.

［346］吴先明，高厚宾，邵福泽．当后发企业接近技术创新的前沿：国际化的"跳板作用"［J］．管理评论，2018，30（6）：40-53.

［347］吴小节，彭韵妍，汪秀琼．中国管理本土研究的现状评估与发展建议——以基于制度理论的学术论文为例［J］．管理学报，2016，13（10）：1435-1445.

［348］吴晓冰．集群企业创新网络特征、知识获取及创新绩效关系研究［D］．浙江大学博士学位论文，2009.

［349］吴延兵．自主研发、技术引进与生产率：基于中国地区工业的实证研究［J］．经济研究，2008（8）：51-64.

［350］肖土盛，靳庆鲁，陈信元．行业竞争与成本黏性：基于实物期权视角［J］．管理科学学报，2016，19（3）：48-63.

［351］谢学梅．中小企业协同创新网络与创新绩效的实证研究［J］．管理科学学报，2010，13（8）：51-64.

［352］辛琳，孟昕童，边婉婷．中国数字经济企业双重网络嵌入与创新绩效研究［J］．财贸研究，2022（12）：59-73.

［353］熊捷，孙道银．企业社会资本、技术知识获取与产品创新绩效关系研究［J］．管理评论，2017，29（5）：23-39.

［354］徐可，姚飞，孙涛，徐铮．创业导向转化为企业绩能的创新驱动过程［J］．科学学研究，2018，36（1）：176-182.

［355］许春明，单晓光．中国知识产权保护强度指标体系的构建及验证［J］．科学学研究，2008（4）：715-723.

［356］许晖，单宇．打破资源束缚的魔咒：新兴市场跨国企业机会识别与资源"巧"配策略选择［J］．管理世界，2019（3）：127-141+168+207.

［357］阳镇，陈劲，凌鸿程．地区关系文化、正式制度与企业双元创新［J］．西安交通大学学报（社会科学版），2021，41（5）：52-64.

［358］杨刚，王健权．创新文化：理论溯源、演化机理与中国展望［J］．科研管理，2022，43（11）：55-64.

［359］杨俊，张玉利，刘依冉．创业认知研究综述与开展中国情境化研究的建议［J］．管理世界，2015（9）：158-169.

［360］杨丽君．技术引进与自主研发对经济增长的影响——基于知识产

权保护视角［J］．科研管理，2020，41（6）：9-16.

［361］杨林．创业型企业高管团队垂直对差异与创业战略导向：产业环境和企业所有制的调节效应［J］．南开管理评论，2014，17（1）：134-144.

［362］杨震宁，赵红．中国企业的开放式创新：制度环境、"竞合"关系与创新绩效［J］．管理世界，2020，36（2）：139-160.

［363］姚艳红，孙芳琦，陈俊辉．知识结构、环境波动对突破式创新的影响——知识动态能力的中介作用［J］．科技进步与对策，2018（10）：1-8.

［364］叶琴，曾刚．不同知识基础产业创新网络与创新绩效比较：以中国生物医药产业与节能环保产业为例［J］．地理科学，2022（8）：1235-1244.

［365］易朝辉，段海霞，任胜钢．创业自我效能感、创业导向与科技型小微企业绩效［J］．科研管理，2018，39（8）：99-109.

［366］易靖韬，张修平，王化成．企业异质性、高管过度自信与企业创新绩效［J］．南开管理评论，2015，18（6）：101-112.

［367］易先忠，张亚斌．技术差距、知识产权保护与后发国技术进步［J］．数量经济技术经济研究，2006（10）：111-121.

［368］尹苗苗，毕新华，王亚茹．新企业创业导向、机会导向对绩效的影响研究——基于中国情境的实证分析［J］．管理科学学报，2015，18（11）：47-58.

［369］应瑛，刘洋，魏江．开放式创新网络中的价值独占机制：打开"开放性"和"与狼共舞"悖论［J］．管理世界，2018，34（2）：144-160+188.

［370］游家兴，邹雨霏．社会资本、多元化战略与公司业绩——基于企业家嵌入性网络的分析视角［J］．南开管理评论，2014，17（5）：91-101.

［371］于飞，刘明霞，王凌峰，李雷．知识耦合对制造企业绿色创新的影响机理——冗余资源的调节作用［J］．南开管理评论，2019，22（3）：54-65+76.

［372］于晓宇，陈颖颖．冗余资源、创业拼凑与瞬时竞争优势［J］．管理科学学报，2020，23（4）：1-21.

［373］余红剑．动态能力提升导向的创业企业组织学习研究［J］．科技进步与对策，2017，34（10）：90-97.

［374］袁平，刘艳彬，李兴森．互动导向、顾客参与创新与创新绩效的关系研究［J］．科研管理，2015，36（8）：52-59.

［375］韵江，马文甲，陈丽．开放度与网络能力对创新绩效的交互影响研究［J］．科研管理，2012，33（7）：8-15.

［376］约翰·霍兰德．隐秩序——适应性造就复杂性［M］．周晓牧，韩晖译．上海：上海科技教育出版社，2000.

［377］张吉昌，龙静，王泽民．中国民营上市企业的组织韧性驱动机制——基于"资源—能力—关系"框架的组态分析［J］．研究与发展管理，2022，43（2）：114-129.

［378］张建涛．冗余资源、双元创新对创新绩效的影响研究——资源编排的调节作用［D］．辽宁大学博士学位论文，2018.

［379］张江雪，蔡宁，毛建素，杨陈．自主创新、技术引进与中国工业绿色增长——基于行业异质性的实证研究［J］．科学学研究，2015，33（2）：181-194+271.

［380］张路，梁丽娜，苏敬勤，长青，张强．创业企业如何实现动态能力的演进——基于多层级认知与行为协奏视角的案例研究［J］．管理评论，2021，33（8）：341-352.

［381］张路，王岩，苏敬勤，长青，张强．资源基础理论：发展脉络、知识框架与展望［J］．南开管理评论，2021（网络首发）.

［382］张敏，童丽静，许浩然．社会网络与企业风险承担——基于我国上市公司的经验证据［J］．管理世界，2015（11）：161-175.

［383］张骁，胡丽娜．创业导向对企业绩效影响关系的边界条件研究：基于元分析技术的探索［J］．管理世界，2013（6）：99-110.

［384］张秀娥，张坤．创业导向对新创社会企业绩效的影响——资源拼凑的中介作用与规制的调节作用［J］．科技进步与对策，2018（9）：15-21.

［385］张玉利，李乾文．公司创业导向、双元能力与组织绩效［J］．管理科学学报，2009，12（2）：137-151.

［386］赵晶，孟维烜．官员视察对企业创新的影响：基于组织合法性的实证分析［J］．中国工业经济，2016（9）：109-126.

［387］周冬梅，陈雪琳，杨俊，鲁若愚．创业研究回顾与展望［J］．管

理世界，2020，36（1）：206-225+243.

［388］周萍，蔺楠．创业导向企业的成长性：激励型与监督型公司治理的作用——基于中国创业板上市公司的实证研究［J］．经济管理，2015，37（3）：44-55.

［389］周琪，苏敬勤，长青，张璐．战略导向对企业绩效的作用机制研究：商业模式创新视角［J］．科学学与科学技术管理，2020，41（10）：74-92.

［390］周文辉，杨笛，王鹏程，王昶．赋能、价值共创与战略创业：基于韩都与芬尼的纵向案例研究［J］．管理评论，2017，29（7）：258-272.

［391］周雪光，艾云．多重逻辑下的制度变迁：一个分析框架［J］．中国社会科学，2010（4）：132-150+223.

［392］朱建安，陈凌．传统文化、制度转型与家族企业成长——第十届创业与家族企业国际研讨会侧记［J］．管理世界，2015（6）：164-167.

［393］宗庆庆，黄娅娜，钟鸿钧．行业异质性、知识产权保护与企业研发投入［J］．产业经济研究，2015（2）：47-57.

［394］邹国庆，王京伦．转型经济体的制度情境及企业战略选择［J］．社会科学战线，2015（10）：66-73.